आद्यबिम्ब और गोदान

आद्यबिम्ब और गोदान

कृष्णमुरारि मिश्र

राधाकृष्ण प्रकाशन

ISBN : 978-81-19989-28-7

आद्यबिम्ब और गोदान

प्रथम संस्करण : 1992
पहली आवृत्ति : 2024

मूल्य : ₹495

प्रकाशक
राधाकृष्ण प्रकाशन प्राइवेट लिमिटेड
जी-17, जगतपुरी, दिल्ली-110 051
शाखाएँ : अशोक राजपथ, साइंस कॉलेज के सामने, पटना-800 006
पहली मंजिल, दरबारी बिल्डिंग, महात्मा गांधी मार्ग, प्रयागराज-211 001
1, अनमोल सोराबजी संतुक लेन, धोबी तलाव, मरीन लाइंस, मुम्बई-400 002
वेबसाइट : www.radhakrishnaprakashan.com
ई-मेल : info@radhakrishnaprakashan.com

मुद्रक
राजकमल प्रकाशन प्रा. लि.
नई दिल्ली-110 002

ADYABIMB AUR GODAN
by Krashanmurai Mishra

पितृकल्प प्रोफ़ेसर हरबंशलाल शर्मा
की पुण्य स्मृति में

स्वीकारोक्ति

1. सावधानी के बावजूद एकाध स्थल पर कुछेक वाक्य आवृत्त हो गये हैं।
2. द्वितीय निबन्ध में कुछेक संदर्भ निबंधांत के स्थान पर निबन्ध में ही कोष्ठकबद्ध हैं।

प्राक्कथन

प्रस्तुत ग्रंथ में मेरे तीन निबन्ध ग्रंथित हैं – आद्यबिम्ब, आद्यबिम्ब और उपन्यास तथा आद्यबिम्ब और गोदान। तीनों निबन्ध जैव कोशिकाओं की तरह स्वतंत्र भी हैं और परस्पर सम्बद्ध भी। अतः ऐसी कोई अनिवार्यता नहीं है कि ये उसी क्रम में पढ़े जायें जिस क्रम में प्रस्तुत किये गये हैं।

हिन्दी आलोचना के क्षेत्र में आद्यबिम्ब की युंगीय धारणा का महत्त्व सुज्ञात है। पुस्तक के पहले निबन्ध में आद्यबिम्ब का सैद्धान्तिक विवेचन है। यह निबन्ध कई मायनों में नया है। इसमें आद्यबिम्ब के विशिष्ट संदर्भ में युंग के ऊर्जीय दृष्टिकोण का अपेक्षित विस्तार से विवेचन है तथा युंग के यौगपत्य के सिद्धान्त का संक्षिप्त परिचय भी है जिसका हिन्दी की मिथकीय आलोचना में उल्लेख तक नहीं हुआ है।

'आद्यबिम्ब और उपन्यास' शीर्षक दूसरा निबन्ध हिन्दी उपन्यास की आलोचना के क्षेत्र में आद्यबिम्ब की धारणा के संप्रयोग से सम्बन्धित है। उसके सिद्धान्त-पक्ष में कथा-साहित्य के संदर्भ में आद्यबिम्बात्मक आलोचना की दृष्टि और पद्धति का संक्षिप्त विवेचन है तथा व्यवहार-पक्ष में लेखक के पूर्व प्रकाशित निबन्धों का संशोधित रूप प्रस्तुत है।

तीसरे निबन्ध में 'गोदान' का आद्यबिम्बात्मक अध्ययन है। इसमें मुख्यतः 'गोदान' के कथानक, उद्देश्य एवं भाषा के बिम्बत्व का विवेचन है। यह अध्ययन मूलतः निदेशित साहचर्य-पद्धति पर आधारित है। प्रसंगात् विस्तरीकरण का भी उपयोग किया गया है। 'गोदान' की संरचात्मक गहनताओं का यह अध्ययन उसके लगभग सभी विवादास्पद पहलुओं पर नयी रौशनी डालता है।

कविता की आद्यबिम्बात्मक आलोचना से सम्बन्धित अनेक ग्रंथों का प्रकाशन हिन्दी में हो चुका है; कथा-साहित्य के क्षेत्र में यह प्रथम प्रयास है। यह ग्रंथ उपन्यास के संदर्भ में आद्यबिम्बात्मक आलोचना के संप्रयोग के कुछ ही पक्षों को उजागर भर करता है अतः संप्रयोग की पूर्णता का कोई दावा नहीं है। यह 'अथ' है; 'इति' नहीं है।

हिन्दी के प्रख्यात भाषाविद् श्रद्धेय डॉ. महेन्द्र की शिष्य-वत्सलता मुझे

छात्र-जीवन से ही सुलभ रही है। इस ग्रंथ के संदर्भ में भी उन्होंने स्वयं कष्ट उठाकर जो आत्मीय सहयोग मुझे प्रदान किया है उससे आभार-प्रदर्शन मात्र से उऋण होना संभव नहीं है।

ख्यातिप्राप्त आलोचक आदरणीय प्रोफ़ेसर कुंवरपाल सिंह, अध्यक्ष, हिन्दी विभाग, अलीगढ़ मुस्लिम विश्वविद्यालय, अलीगढ़ के निजी पुस्तकालय का मैंने भरपूर उपयोग किया है। उनका अपनत्व मेरा संबल रहा है। उनके प्रति औपचारिक कृतज्ञता-ज्ञायन धृष्टता ही होगी।

बहन निरुपमा ने ध्यानयोगी की तरह इस ग्रंथ को अनेक असुविधाओं के बावजूद कंप्यूटर पर साधा है। इस अवसर पर उसे स्नेहाशीष ही प्रदान कर सकता हूँ।

ग्रंथ की शब्दानुक्रमणिका जीवन-सहचरी डॉ. मनीषा शर्मा, रीडर, हिन्दी विभाग, वीमेन्स कॉलेज, अलीगढ़ मुस्लिम विश्वविद्यालय, अलीगढ़, ने तैयार की है। धन्यवाद-ज्ञापन उन्हें रुष्ट ही करेगा।

सुरुचिसंपन्न प्रकाशक श्री अशोक महेश्वरी ने ग्रंथ को पाठकों तक पहुँचाने का गंभीर दायित्व सहर्ष वहन किया है। एतदर्थ साधुवाद।

यह ग्रंथ पितृकल्प स्व. प्रोफ़ेसर हरबंशलाल शर्मा, पूर्व निदेशक केन्द्रीय हिन्दी निदेशालय, पूर्व अध्यक्ष, वैज्ञानिक तथा तकनीकी शब्दावली आयोग, नयी दिल्ली एवं पूर्व कुलपति, बुन्देलखन्ड विश्वविद्यालय, झांसी की पावन स्मृति को समर्पित है। मेरे प्रति उनके वात्सल्य की कोई सीमा नहीं थी।

प्रत्येक नयी शुरुआत की खामियाँ निश्चित और खूबियाँ अत्यन्त संदिग्ध होती हैं। इसीलिये प्रबुद्धों के सुझावों का सदैव स्वागत है।

– कृष्णमुरारि मिश्र

श्री देवरहा कुटीर
दोधपुर, अलीगढ़ - 202002

रीडर, हिन्दी विभाग
अलीगढ़ मुस्लिम विश्वविद्यालय, अलीगढ़

अनुक्रम

1
आद्यबिम्ब

आद्यबिम्ब युंगीय मनोविज्ञान का परिव्यापी प्रत्यय है। युंग यह मानते थे कि चित्त में आद्यरूपों की सत्ता है और उनकी प्रतीति बिम्बों के रूप में ही संभव है। आद्यरूपों की बिम्ब–रूप प्रतीति ही आद्यबिम्ब है। 'आद्यरूप' और 'आद्यबिम्ब' शब्द, क्रमशः, अंग्रेजी के 'आर्केटाइप' और 'आर्केटाइपल इमेज' के हिन्दी प्रतिशब्द के रूप में प्रचिलित हैं।

आद्यरूप की धारणा के जन्मदाता कार्ल गुस्ताव युंग का जन्म 26 जुलाई, 1875 को स्विट्ज़रलैंड में हुआ था। युंग के युवा होने तक, अर्थात् उन्नीसवीं शताब्दी के अंत तक, मनोविज्ञान का सम्बन्ध प्रथमतः चेतन मन से था। मनोविज्ञान के इतिहास में पहला क्रांतिकारी परिवर्तन फ्रायड के मनोविश्लेषण से हुआ। फ्रायड ने मानव चित्त के जैविक और अचेतन स्तर की खोज की। एलफ्रेड एडलर और युंग फ्रायड के शिष्य थे किन्तु दोनों ने फ्रायड से अलग होकर मनोविज्ञान के इतिहास में नये संप्रदायों को जन्म दिया। एडलर का मनोविज्ञान 'व्यक्ति मनोविज्ञान' के नाम से जाना जाता है। युंगीय मनोविज्ञान को 'विश्लेषणात्मक मनोविज्ञान' अथवा 'ग्रंथि मनोविज्ञान' की अभिधा मिली। 'गहनता मनोविज्ञान' से अभिप्राय अचेतन के मनोविज्ञानों से है। 'ग्रंथि मनोविज्ञान' में अचेतन के गहनतर स्तरों पर विचार किया गया है। अतः 'गहनता मनोविज्ञान' मुख्यतः 'ग्रंथि मनोविज्ञान' के लिये और गौणतः 'मनोविश्लेषण' के लिये प्रयुक्त होता है। यहाँ ग्रंथि मनोविज्ञान का सारभूत आख्यान आद्यबिम्ब के विशिष्ट संदर्भ में निम्नलिखित शीर्षकों में किया जा रहा है –

1. प्रस्थान–बिन्दु,
2. चित्तीय संगठन और उसकी गतिमयता,
3. आद्यरूप,
4. आद्यबिम्ब,
5. आद्यबिम्बन–प्रक्रिया,
6. आत्मोपलब्धि,
7. आद्यबिम्ब और यौगपत्य।

1. प्रस्थान-बिन्दु

वक़्त से आगे चलने के कारण युंग को बार-बार यह सफ़ाई देनी पड़ी कि वे वैज्ञानिक हैं; दार्शनिक नहीं। फ्रायड से असहमत होकर उन्होंने ग्रंथि मनोविज्ञान की नींव रखी। आद्यबिम्ब ग्रंथि मनोविज्ञान का सर्वाधिक महत्त्वपूर्ण प्रत्यय है।

फ्रायड से युंग का मतभेद उनके कुछ सिद्धान्तों को लेकर नहीं था बल्कि उनके मूल दृष्टिकोण को लेकर था। फ्रायड के यांत्रिकतावादी, हेतुवादी और निश्चिततावादी विज्ञान-दर्शन के स्थान पर युंग ने अंत्यवादी, अनिश्चिततावादी और ऊर्जीय दृष्टिकोण को वरीयता दी। वरीयता देने का अर्थ अन्य दृष्टिकोण की पूर्ण अस्वीकृति या बहिष्कार नहीं है। स्वयं युंग ने ऊर्जा के चित्तीय रूपों की गुणवत्ता के संदर्भ में यांत्रिकतावादी दृष्टिकोण को स्वीकार किया है। यह वैज्ञानिक दृष्टिकोणों के वैभिन्य का ही परिणाम है कि फ्रायड सांस्कृतिक विकास के मूल में यौन भावनाओं के दमन को देखते हैं जबकि युंग उसे आद्यबिम्बों पर निर्भर मानते हैं। युंग के सिद्धान्त केवल गहनता मनोविज्ञान तक सीमित नहीं रहे; मानव मात्र से सम्बद्ध होने के कारण उनकी गूंज परमाण्विक भौतिकी, चीनविद्या (सिनोलॉजी), धर्मशास्त्र, नृतत्त्वशास्त्र, नृवंशशास्त्र, परामनोविज्ञान आदि के क्षेत्रों में भी उत्पन्न हुई।[1]

यांत्रिकतावादी दृष्टिकोण ऊर्जा को तिरस्कृत नहीं करता किन्तु ऊर्जा को पदार्थबद्ध मानता है जबकि ऊर्जीय दृष्टिकोण पदार्थ को ऊर्जीय व्यवस्था की अभिव्यक्ति के रूप में देखता है। युंग चित्तीय प्रक्रियाओं की व्याख्याओं में ऊर्जीय दृष्टिकोण कहीं ज़्यादा दूर तक सहायक मानते थे। उनके अनुसार भौतिक घटनाओं को दो दृष्टिकोणों से विवेचित किया जा सकता है – यांत्रिक और ऊर्जीय। यांत्रिक दृष्टिकोण शुद्ध रूप में नैमित्तिक है। यह घटना को एक प्रभाव के रूप में ग्रहण करता है – इस अर्थ में कि अपरिवर्तनशील पदार्थ निश्चित नियमों के अधीन अपने पारस्परिक सम्बन्ध बदलते हैं।[2] युंग के शब्दों में, "ऊर्जीय दृष्टिकोण, दूसरी ओर, सारतः, अंत्य है . . . . . अतः प्रत्यय दिक् में गतिमान स्वयं पदार्थों पर आधारित न होकर उनके सम्बन्धों पर आधारित होता है जबकि यांत्रिकतावादी दृष्टि का आधार स्वयं गतिमान पदार्थ है।"[3]

भौतिक घटनाओं को समझने के लिये विज्ञान के इन दोनों दृष्टिकोणों से एक तीसरे दृष्टिकोण का उदय हुआ जो यांत्रिक होने के साथ-साथ ऊर्जीय भी है। युंग इस तीसरे दृष्टिकोण से भी सहमत नहीं हैं। उनके शब्दों में, "यह स्वीकार करना भी सम्भव नहीं है कि घटनाओं का एक ही संयोजन एक साथ नैमित्तिक और अंत्य हो सकता है क्योंकि एक निर्णय दूसरे को बहिष्कृत करता है। वस्तुतः यह परस्पर

विपरीत दो दृष्टिकोण हैं क्योंकि अंत्यता का सिद्धान्त हेतुत्व के सिद्धान्त से तार्किक दृष्टि से भिन्न है। अंत्यता तार्क्कि दृष्टि से केवल संभव ही नहीं बल्कि यह एक अपरिहार्य व्याख्याकारी सिद्धान्त भी है क्योंकि प्रकृति की कोई भी व्याख्या केवल यांत्रिक्तावादी नहीं हो सक्ती। यदि वास्तव में हमारी धारणाएँ आत्यंतिक दृष्टि से दिक् में गतिमान वस्तुओं की हों तो केवल नैमित्तिक व्याख्या होगी किन्तु हमें धारणात्मक रूप में गति के सम्बन्धों से भी लेना–देना है जो ऊर्जीय दृष्टिकोण की अपेक्षा करते हैं। यदि ऐसा नहीं होता तो ऊर्जा की धारणाओं के आविष्कार की कोई आवश्यकता नहीं थी।" [4]

स्पष्ट है कि उक्त दोनों दृष्टिकोण परस्पर विरोधी होते हुए भी मान्यता प्राप्त हैं। विचारणीय प्रश्न यह है कि दोनों विज्ञान–दर्शनों में से मनोविज्ञान के क्षेत्र में कौन सा अधिक सार्थक है। साधनों के औचित्य का निर्णय उनकी परिणतियों को ही ध्यान में रखकर किया जाता है। युंग की दृष्टि में, फल–प्राप्ति की संभावना ही यह निर्णय कर सक्ती है कि किस विज्ञान–दर्शन को वरीयता प्रदान की जाये। उदाहरणार्थ, घटना के गुणात्मक पक्ष का प्रश्न उपस्थित होने पर ऊर्जीय दृष्टिकोण का स्थान दूसरा हो जाता है क्योंकि इसका स्वयं पदार्थों से कोई प्रयोजन नहीं है बल्कि केवल गति के मात्रात्मक संबंधों से है। [5]

युंग इस विचार से सहमत थे कि चित्तीय ऊर्जा की धारणा विज्ञान में उतनी ही न्याय्य है जितनी कि भौतिक ऊर्जा की। चित्तीय ऊर्जा और कायिक ऊर्जा के पारस्परिक सम्बन्ध के दार्शनिक विचार में युंग की विशेष रुचि नहीं थी और न ही उन्होंने फ्रायड के समान यह माना कि कायिक और चित्तीय ऊर्जा का परस्पर रूपान्तरण संभव है। ऐसे रूपान्तरण के सम्बन्ध में टिप्पणी करने से युंग ने सदैव बचना चाहा। अध्ययन की सुविधा के लिये उन्होंने चित्त को सापेक्षतया स्वतंत्र व्यवस्था के रूप में ही विवेचित करने का प्रयास किया। उन्होंने मनोविज्ञान के क्षेत्र में ऊर्जीय दृष्टिकोण की सार्थकता और चित्तीय प्रक्रियाओं में ऊर्जा की मात्रा के वस्तुनिष्ठ मापन की प्रविधि पर अपनी ग्रंथावली के आठवें खंड में अपेक्षित विस्तार से विचार किया है।

ऊर्जीय दृष्टिकोण को अपनाने के कारण युंग ने चित्तीय ऊर्जा के विवेचन में भी ऊर्जा के सामान्य वैज्ञानिक सिद्धान्तों को स्वीकार किया। ऊर्जा की समतुल्यता (equivalance) के सिद्धान्त के अनुसार एक निश्चित स्थिति के संपादनार्थ व्यतीत या उपभुक्त ऊर्जा की एक निर्धारित मात्रा के लिये ऊर्जा के दूसरे या उसी रूप की समान मात्रा अन्यत्र प्रकट होगी। [6] ऊर्जा की स्थिरता के सिद्धान्त के अनुसार ऊर्जा

का कुलयोग स्थिर रहता है; उसमें कमोबेशी नहीं होती। ऊर्जा की स्थिरता का सिद्धान्त वस्तुतः ऊर्जा की समतुल्यता के सिद्धान्त की ही परिणति है। समतुल्यता के सिद्धान्त के आधार पर ही युंग ने फ्रायड के काम–सिद्धान्त की आलोचना की। युंगीय मनोविज्ञान के अनुसार फ्रायड ने कामुकता (sexuality) का इतना अतिमूल्यन किया कि उनकी धारणा में कामुकता से सम्बद्ध दूसरी विशिष्ट चित्तीय शक्तियाँ भी विशुद्ध और सामान्य कामुकता में परिणत हो गयीं जिसके कारण फ्रायड पर सर्वकामवाद (pansexualism) का न्यायसंगत आरोप लगा।[7] अभिप्राय यह है कि फ्रायड ने यौन जीवन पर इतना बल दिया कि अनेक विशिष्ट चित्तीय शक्तियाँ जो यौन जीवन से समन्वित प्रतीत होती हैं, केवल यौन शक्तियों के रूप में स्वीकार कर ली गयीं और मनुष्य के सांस्कृतिक जीवन को यौन जीवन के उदात्तीकरण के रूप में देखा गया।

ऊर्जा का सिद्धान्त ऊर्जा की गहनता के साथ–साथ ऊर्जा के विस्तार के घटक को भी स्वीकार करता है। ऊर्जा के विस्तार का घटक शुद्ध गहनता की धारणा को मात्रा की धारणा के साथ मिलाता है। इसका अभिप्राय है कि ऊर्जा का विस्तार या उसकी मात्रा संरचना–विशेष से सम्बद्ध होती है और वह पहली संरचना के अंशों को वहन किये बिना दूसरी संरचना में परिणत नहीं की जा सकती लेकिन गहनता का घटक एक संरचना से दूसरी संरचना में परिणत हो सकता है।[8] चित्तीय ऊर्जा में भी यह दोनों घटक रहते हैं। यह अपने परिणत रूप में पूर्ववर्ती संरचनाओं का वैशिष्ट्य समाहित किये रहती है। इससे अनेक भ्रम पनपते हैं। उदाहरणार्थ, यौन वृत्ति के किसी रूप से सम्बद्ध ऊर्जा जब दूसरे रूप में परिणत होती है तो परिणति के गतिवाद को भी यौन रूप में देखने का भ्रम पनपता है। युंग इसे स्वीकार नहीं करते। उनकी दृष्टि में, इस प्रकार के निष्कर्ष सिद्धान्ततः असत्य हैं क्योंकि वे दो संरचनाओं की सापेक्ष समता पर तो दृष्टिपात करते हैं किन्तु समानतः अनिवार्य विषमताओं की उपेक्षा करते हैं।[9] इस प्रकार फ्रायड यह मानते थे कि काम से सम्बद्ध ऊर्जा धर्म या अध्यात्म में उदात्तीकृत होती है और अपने उदात्तीकृत रूप में भी वह प्रकृत्या काम–वृत्ति से सम्बद्ध होती है जबकि युंग यह मानते हैं कि काम से सम्बद्ध ऊर्जा धर्म या अध्यात्म से सम्बद्ध ऊर्जा के रूप में रूपान्तरित होती है और इस प्रकार रूपान्तरित ऊर्जा को काम–वृत्ति से सम्बद्ध नहीं माना जा सकता।

ऊर्जा के सिद्धान्त में समतुल्यता के साथ ही दूसरी महत्वपूर्ण धारणा उत्क्रम–माप (entropy) की है। युंग के अनुसार, "ऊर्जा का रूपान्तरण गहनता में भेदों के फलस्वरूप ही सम्भव है।[10] इस सिद्धान्त को उन आंशिक प्रक्रियाओं के

सिद्धान्त के रूप में जाना जाता है जो एक सापेक्षतया स्वतंत्र व्यवस्था बनाती है।[11] इस रूप में "चित्त को भी एक ऐसी सापेक्षतया स्वतंत्र व्यवस्था के रूप में समझा जा सकता है जिसमें ऊर्जा के रूपान्तरण भेदों के समीकरण की ओर ले जाते हैं। . . . मनोवैज्ञानिक रूप में हम इस प्रक्रिया को एक दृढ़ एवं अपरिवर्तनशील अभिवृत्ति के विकास में घटित होते देख सकते हैं।"[12]

हमारे चित्तीय जीवन के प्रारंभिक हिंसक प्रदोलनों के बाद द्वन्द्व परस्पर समीकृत होते हैं और उत्तरोत्तर की एक नयी अभिवृत्ति विकसित होती है जिसकी अंतिम दृढ़ता प्रारंभिक भेदों की दीप्ति या गुरुत्व के अनुपात में महत्तर होती है। उल्लेख्य है कि द्वन्द्वों में जितना महत्तर उद्वेग होगा उतनी ही महत्तर ऊर्जा प्रसारित होगी तथा जितनी महत्तर ऊर्जा प्रसारित होगी उसमें उतनी ही महत्तर संघात शक्ति या आकर्षण शक्ति होगी। यह वर्धित संघात शक्ति पुंजीभूत चित्तीय सामग्री के व्यापकतर क्षेत्र के समवर्ती होती है और इस क्षेत्र के पुनः विस्तृत होने पर अनुवर्ती बाधाओं का, जो असंगठित पूर्व सामग्री के संघर्ष से उदित हो सकती हैं, कम प्रभाव पड़ता है। इसीलिये समीकरण की प्रदीर्घ प्रक्रिया से रूपायित अभिवृत्ति विशेषतः स्थिर रहती है।[13] हमारे रोजमर्रा के मनोवैज्ञानिक अनुभव उपर्युक्त कथन को प्रमाणित करते हैं। यह सुविदित है कि हमारे अत्यन्त गहन आत्मसंघर्ष, यदि विजित हो जायें तो, अपने पीछे एक सुरक्षा की भावना और स्थिरता छोड़ जाते हैं, जो आसानी से बाधित नहीं होती। यदि ये आत्मसंघर्ष विजित न हो पायें तो ऐसा विखंडन हो जाता है जो लगभग लाइलाज होता है। ये अत्यन्त गहन आत्मसंघर्ष और उनकी प्रचंडाग्नि ही है जो सुदृढ़ एवं मूल्यवान परिणामों को प्राप्त करने के लिये अनिवार्य है।[14]

समग्रतः फ्रायड और युंग दोनों के मूल दृष्टिकोण परस्पर विरोधी हैं। चित्तीय प्रक्रियाओं की व्याख्या में विज्ञान–दर्शनों के वैभिन्य से पर्याप्त भेद हो जाता है। संप्रति, दोनों विज्ञान–दर्शन मान्यताप्राप्त हैं।

2. चित्तीय संगठन और उसकी गतिमयता

फ्रायड के समान युंग भी मानव चित्त को निरन्तर गतिशील मानते थे। उन्होंने चित्त के चेतन और अचेतन स्तरों की प्राक्कल्पना की। इन दोनों स्तरों की सम्यक् व्याख्या के लिये चित्तीय ऊर्जा की आधारभूत धारणाओं का विवेचन अपेक्षित है।

युंग के अनुसार निरन्तर गतिशील चित्तीय निकाय के विभिन्न रूपों और कार्यों को परस्पर सम्बद्ध करने वाली ऊर्जा चित्तीय ऊर्जा है –– तेजस् है। तेजस् सिद्धान्त के आधारभूत प्रत्ययों में युंग ने प्रगति एवं प्रतिगति, बहिर्मुखता एवं अंतर्मुखता, सरणीकरण और प्रतीकन का विवेचन किया है। प्रगंति और प्रतिगति क्रमशः तेजस् का चेतनोन्मुख एवं अचेतनोन्मुख प्रवाह हैं। बहिर्मुखता एवं अंतर्मुखता से बहिर्जगत् एवं अंतर्जगत् के प्रति तेजस् की गतिशीलता द्योतित होती है। सरणीकरण से तात्पर्य चित्तीय गहनताओं या मूल्यों का एक विषय से दूसरे विषय में रूपान्तरण की प्रक्रिया से है।[15] प्रतीकन वह प्रक्रिया है जिससे तेजस् प्रतीकित होता है।

मनुष्य के चित्तीय जीवन में तेजस् की प्रगति एवं प्रतिगति का असाधारण महत्त्व है। मानव अपने जीवन में निरन्तर समंजन का प्रयासी रहता है। प्रगति मनोवैज्ञानिक समंजन की प्रक्रिया का विकास है। समंजन कोई ऐसी स्थिति नहीं है जिसे एक बार पा लेने के बाद दुबारा पाने की ज़रूरत न पड़े। तेजस् की प्रगति में परिवेशजन्य मांगों की सतत तुष्टि निहित है और यह तुष्टि एकपक्षीय अभिवृत्ति से ही संभव है। परिवेश निरंतर परिवर्तनशील है और परिवर्तित परिवेश में उक्त एक पक्षीय अभिवृत्ति अपर्याप्त सिद्ध होती है। ऐसी स्थिति में हमारी अभिवृत्ति स्थिर नहीं रह पाती और प्रगति अवरुद्ध हो जाती है। यह अवरुद्धता सदैव द्वन्द्वों के प्रस्फोट से लक्षित होती है।[16] प्रगति के अवरोध के कारण द्वन्द्व समन्वित नहीं रह पाते क्योंकि वे समान मूल्य प्राप्त कर लेते हैं और अन्यूनानतिरिक्तत्व की स्थिति हो जाती है। प्रगति की अवरुद्धता की दीर्घता के अनुपात में द्वन्द्व प्रबलतर हो जाते हैं; विरोधी स्थितियाँ अधिकाधिक साहचर्यों से समृद्ध हो जाती हैं और स्वयं को चित्तीय सामग्री के चिरविस्तृत क्षेत्र से सम्बद्ध करती हैं। इससे उत्पन्न तनाव संघर्ष को और संघर्ष पारस्परिक दमन के प्रयासों को जन्म देता है और यदि विरोधी शक्तियों में से एक सफलतापूर्वक दमित हो जाती है तो इसके फलस्वरूप व्यक्तित्व का विघटन, एक असमंजन अथवा आत्मा की एकता में द्वैत हो जाता है और मनस्ताप के लिये मंच प्रस्तुत हो जाता है।[17] विरोधों के संघर्ष की ऐसी निष्फल परिणति को तेजस् की प्रतिगति रोकती है। यहाँ उल्लेख्य है कि फ्रायड ने भी राग (लिबिडो) की पूर्वावस्थाओं की ओर वापसी को मनस्ताप का कारण नहीं माना। फ्रायड ने जिसे राग का प्रतिगमन कहा है उसे ही युंग ने प्रतिगति कहा है किन्तु दृष्टिकोण–वैभिन्य के कारण प्रतिपादित प्रक्रियाओं का स्वरूप भिन्न है। प्रगति के मूल में बाह्य जगत् और प्रतिगति के मूल में अंतर्जगत् से समंजन की अनिवार्यता निहित है। यह तथ्य विशेषतः उल्लेख्य है कि युंगीय मनोविज्ञान में वर्णित प्रगति और प्रतिगति का विकास

और प्रत्यावर्त्तन से कोई तात्कालिक सम्बन्ध नहीं है।

सामान्यतः तेजस् की प्रतिगति और प्रगति को अंतर्मुखता और बहिर्मुखता का पर्याय समझ लिया जाता है। जनसामान्य ही नहीं, मनोविश्लेषक तक इस भ्रम के शिकार हैं। स्वयं फ्रायड ने एक स्थल पर प्रतिगति और अंतर्मुखता का संगलन किया है – "हम इस स्थिति पर दृढ़ रहेंगे कि 'अंतर्मुखता' शब्द यथार्थ संतुष्टि की शक्यताओं से राग के परे हट जाने का, और उन कल्पनाओं पर, जो पहले हानिरहित मानकर सहन की जाती थीं, इसके अत्यधिक संचय का वर्णन करता है। अंतर्मुख व्यक्ति कभी स्नायुरोगी नहीं होता पर वह अस्थायी दशा में होता है।" [18] युंग ने प्रतिगति और प्रगति एवं अंतर्मुखता और बहिर्मुखता में स्पष्ट विभाजक रेखा खींची है। अंतर्मुखता एवं बहिर्मुखता मनोवैज्ञानिक प्रकार हैं। वे प्रतिगति और प्रगति से भिन्न प्रकार के गतिवाद का प्रतिनिधित्व करते हैं। ये ऊर्जा के विशिष्टतः निर्धारित रूपान्तरण के गतिमय रूप हैं जबकि बहिर्मुखता और अंतर्मुखता, जैसा कि उनके नामों से स्पष्ट है, प्रगति और प्रतिगति दोनों द्वारा गृहीत रूप हैं। प्रगति पारिवेशिक स्थितियों से प्रभविष्णुतया प्रभावित होने पर बहिर्मुखी कही जाती है और अहं की स्थितियों के अनुसार समंजित करने पर अंतर्मुखी होती है। इसी प्रकार प्रतिगति बाह्यजगत् से पलायन की दिशा में अंतर्मुखी होती है और बाह्यजगत् की असंयत अनुभूतियों की उड़ान की दिशा में बहिर्मुखी होती है। [19]

हमारी चित्तीय प्रकृति में समग्र ऊर्जा का एक लघु अंश ही अपने प्राकृतिक प्रवाह से मुक्त किया जा सकता है। एक अतुलनीय महत्तर अंश हमारे द्वारा उपभुक्त हो ही नहीं सकता; बल्कि वह जीवन का नियमित क्रम बनाये रखता है। अतः तेजस् प्रकृति द्वारा विविध कार्यात्मक व्यवस्थाओं के लिये विभाजित है जिनसे यह समग्रतः मुक्त नहीं किया जा सकता। इन कार्यात्मक व्यवस्थाओं में निहित तेजस् विंशिष्ट शक्ति के रूप में कार्य करता है जो रूपान्तरित नहीं की जा सकती। तेजस् का दूसरे रूपों में सरणीकरण प्रतीक द्वारा प्रकृति की अपेक्षा उन्नत प्रावण्य अर्पित होने पर ही संभव है। सभ्यता का इतिहास यह स्पष्टतः प्रदर्शित करता है कि मानव ऊर्जा के सापेक्ष आधिक्य से संपन्न है जो प्राकृतिक प्रवाह से मुक्त होकर उपयोग में आ सकती है। [20] ऊर्जा के प्राकृतिक प्रवाह से अभिप्राय उसके आहार, भय, मैथुन आदि पाशविक या जैविक वृत्तियों में बँधे रहने से है। तेजस् के प्रतीकन का अभिप्राय प्राकृतिक प्रवाह से चित्तीय ऊर्जा की मुक्ति है। यह मुक्ति ही मानव का व्यावर्तक धर्म है। अखिल भूमंडल में केवल मनुष्य ही प्रतीक–स्रष्टा या बिम्ब–स्रष्टा है। सभ्यता का इतिहास प्रतीकों या बिम्बों द्वारा रूपान्तरित तेजस् पर ही निर्भर है। प्रतीकन द्वारा

ऊर्जा का रूपान्तरण एक सतत प्रक्रिया है और जब तक यह प्रक्रिया विद्यमान रहेगी, सभ्यता निरन्तर गतिमान रहेगी।

ऊर्जावादी होने के कारण युंग ने मानव चित्त को चित्तीय प्रक्रिया की समग्रता के रूप में पारिभाषित किया और उसके दो स्तर स्वीकार किये – चेतन और अचेतन। मानव चित्त अधिकांशतः अचेतन है और चेतना हमारे समग्र चित्त का एक क्षुद्र अंश मात्र है। चेतना चित्त की वह प्रक्रिया है जो चित्तीय सामग्री को अहं से सम्बद्ध करती है। अहं चेतना का केन्द्र है। मनुष्य ने अपनी चेतना का धीरे–धीरे और श्रमपूर्वक एक ऐसी प्रक्रिया के रूप में विकास किया है जिसे सभ्य अवस्था तक पहुँचने में अकथनीय युग लगे हैं। यह विकास आज भी अपूर्ण है क्योंकि हमारे चित्त का अधिकांश अभी तक अंधकारमय है।[21]

मानव और मानवेतर प्राणियों का भेद वस्तुतः अहम् के होने और न होने का भेद है। अनीला जैफ़ी ने अनुसार, चेतना तो पशु–साम्राज्य में पहले से ही पर्याप्त विकसित थी किन्तु मनुष्य के पास ऐसी चेतना है जो अपनी अनुभूतियों का ग्रहण और उनपर प्रतिक्रिया ही नहीं करती; उन्हें समझती भी है।[22] सम्पूर्ण प्राणिजगत् में केवल मनुष्य के पास अहं–चेतना है। सम्पूर्ण प्राणिजगत् में केवल मनुष्य का शैशव दीर्घतम होता है। केवल मनुष्य ही अहंसंपन्न प्राणी है और, जैसा कि जयशंकर प्रसाद ने कहा है, 'अ' से 'ह' तक का ज्ञान अहंकार है। अतः सम्पूर्ण प्राणिजगत् में केवल मानव ही ज्ञानी है।

मनुष्य की चेतना अनंत विस्तार की संभावना लिये है। फिर भी यह चेतना "अज्ञात" से सीमित होती है। इस "अज्ञात" के दो रूप हैं – अज्ञात बाह्य विश्व और अज्ञात आभ्यंतर विश्व। अज्ञात आभ्यंतर विश्व ही अचेतन है। अचेतन की सत्ता तो फ्रायड ने ही सिद्ध कर दी थी। युंग के अनुसार मनोवैज्ञानिक तथ्यों से पुष्ट अचेतन की सत्ता का निषेध अज्ञात के भय की आदिम प्रवृत्ति का द्योतक है।[23]

अचेतन के दो स्तर हैं – व्यक्तिगत और सामूहिक। व्यक्तिगत अचेतन विस्मृत और दमित सामग्री से सम्बन्धित है। हमारी चेतना की अपनी सीमा है और यह सीमा ही विस्मृति का कारण है। विस्मृत सामग्री का पूर्ण लोप नहीं होता। वह व्यक्तिगत अचेतन का विषय बन जाती है। इस सामान्य विस्मृति के अतिरिक्त युंग ने अस्वीकार्य स्मृतियों के विस्मरण को फ्रायड के समान दमित सामग्री कह कर स्वीकार किया है।[24]

स्पष्ट है कि अचेतन की फ्रायडीय धारणा को युंग ने व्यक्तिगत अचेतन के

रूप में स्वीकार किया। इस व्यक्तिगत अचेतन के साथ ही युंग ने एक दूसरे चित्तीय निकाय का अस्तित्व भी स्वीकार किया जो अपनी प्रकृति में सामूहिक, सार्वभौम और अव्यक्तिगत होने के कारण सभी व्यक्तियों में समान रूप से विद्यमान है।[25] इस चित्तीय निकाय को उन्होंने "सामूहिक अचेतन" कहा। सामूहिक अचेतन मानव चित्त का वह अंश है जो व्यक्तिगत अचेतन के समान स्वानुभव पर आश्रित नहीं है और, फलतः, स्वार्जित भी नहीं है। व्यक्तिगत अचेतन अनिवार्यतः उस सामग्री से निर्मित है जो कभी चेतन रही थी किन्तु अब विस्मरण या दमन के कारण चेतना से विलुप्त हो गयी है। इसके विपरीत सामूहिक अचेतन की सामग्री कभी चेतना में नहीं रही, अतः वह कभी व्यक्तिगत रूप से गृहीत भी नहीं हुई। उसका अस्तित्व केवल आनुवंशिकता पर निर्भर है। जहाँ व्यक्तिगत अचेतन का सम्बन्ध अनिवार्यतः ग्रंथियों से है वहाँ सामूहिक अचेतन का निर्माण अनिवार्यतः आद्यरूपों से होता है।[26] युंगीय दृष्टि से, "अचेतन केवल भूत का संग्राहक नहीं है। उसमें भावी चित्तीय स्थितियों और प्रत्ययों के बीज भी निहित हैं। . . . . यह एक तथ्य है कि भूत की चेतन स्मृतियों के साथ ही पूर्णतया नये विचार और सृजनात्मक प्रत्यय भी स्वयमेव अचेतन से प्रस्तुत हो सकते हैं।"[27] इस प्रकार सामूहिक अचेतन की धारणा फ्रायड के अचेतन की धारणा का केवल कुछ परिवर्तित और विस्तृत अंश नहीं है, जैसा कि "हिन्दी साहित्य कोश" में उसे बताया गया है[28], बल्कि वह फ्रायड के अचेतन की धारणा से पूर्ण भिन्न है। युंगीय दृष्टि से व्यक्तिगत अचेतन की अपेक्षा सामूहिक अचेतन बृहत्तर है क्योंकि व्यक्तिगत अचेतन का आधार यह गंभीरतर और व्यापकतर सामूहिक अचेतन ही है। फलतः युंगीय अचेतन कुछ अंशों में जातिगत और वंशगत न होकर बृहदंश में आनुवंशिक है।

युंग ने चेतना, व्यक्तिगत अचेतन और सामूहिक अचेतन के बीच कोई स्पष्ट विभाजक रेखा नहीं खींची क्योंकि उन्होंने ऊर्जीय प्रक्रियाओं के रूप में चित्तीय समग्रता को समझने का प्रयास किया। वृत्तियों की आनुवंशिकता और उसके फलस्वरूप इदम् (अचेतन) की आनुवंशिकता को तो फ्रायड ने भी स्वीकार किया किन्तु उनका विवेचन प्रमुखतः व्यक्तिगत अचेतन तक सीमित रहा। युंग ने मानव चित्त की सार्वभौमता पर अपना ध्यान विशेषतः केन्द्रित किया और सिद्ध किया कि मनुष्य के मनुष्यत्व का रहस्य उसकी बिम्ब–सृजन–क्षमता में निहित है। ये बिम्ब अचेतन से उदित होते हैं और आद्यरूपों से सम्बद्ध होते हैं। सामूहिक अचेतन आद्यरूपों का अपरिहार्य सहसम्बन्धी है। यह कहना अनुचित न होगा कि सामूहिक अचेतन आद्यरूपमय है।

3. आद्यरूप

आद्यरूप की धारणा ग्रंथि मनोविज्ञान की सर्वाधिक प्रख्यात धारणा रही है। "आर्केटाइप" शब्द नया नहीं है। इसका प्रयोग युंग से पहले भी होता था। प्लेटो, लेवी ब्रूल्ह आदि ने इस शब्द का प्रयोग किये बिना इसके निहितार्थ को स्पष्ट किया था।[29] युंग ने यह शब्द कारपस हर्मेतिकस और दियोनीसियस से ग्रहण किया था।[30] उन्होंने इस शब्द का और इससे सम्बन्धित परम्परागत अर्थों का उपयोग अपनी मनोवैज्ञानिक धारणाओं के विकास में किया।

ग्रंथि मनोविज्ञान में आद्यरूप की धारणा विकसनशील रही है। अंततोगत्वा युंग ने आद्यरूप को साइकोइड सत्ता के रूप में विवेचित किया जिसका तात्पर्य आद्यरूप के चित्तीय स्वभाव के समान ही कायिक स्वभाव से भी था।[31]

आद्यरूप की धारणा की विकासयात्रा युंग तक सीमित नहीं रही। परवर्ती वैज्ञानिकों ने इस धारणा को निरन्तर पुष्ट और समृद्ध किया। एडोल्फ़ पोर्टमैन, एच. हैडीगर, के. लारेन्ज़ आदि वैज्ञानिकों ने तो पशुओं तक में आद्यरूपों की सत्ता सिद्ध की है।[32] आर. केलाग ने बच्चों में अहं–विकास की आद्यरूपात्मक संरचना का अध्ययन कर युंग के सिद्धान्त को पुष्ट किया।[33] बच्चा "मैं" कहना तब ही सीख पाता है जब वह शून्य या चक्र जैसी आकृति बना लेता है। माइकेल फ़ारदेम ने शिशु मनोविज्ञान–सम्बन्धी अध्ययनों से आद्यरूपों का चेतनापूर्व अस्तित्व सिद्ध किया है।[34]

आद्यरूप की धारणा के अधुनातन विकास को दृष्टिगत रखते हुए कहा जा सकता है कि आद्यरूप शाश्वत है।[35] आद्यरूप कैसे उत्पन्न हुए – यह प्रश्न रहस्यात्मक होने के कारण अव्याकरणीय है।[36] आद्यरूप की सटीक व्याख्या असंभव है।[37] स्वयं युंग भी इनकी पूर्ण व्याख्या के भ्रम में कभी नहीं पड़े।[38] उन्होंने अपना ध्यान मुख्यतः आद्यरूपों के चित्तीय पक्षों के अध्ययन पर केन्द्रित किया। उन्होंने आद्यरूपों को ऐसे प्रेरकों और आशयों (मोटिफ़) के रूप में पारिभाषित किया जो चित्तीय तत्त्वों को आद्यबिम्बों में इस प्रकार व्यवस्थित करते हैं कि उनका संज्ञान उनके द्वारा उत्पादित प्रभाव से ही संभव है। वे चेतनापूर्व रूप में समग्र चित्त के मूल घटक हैं।[39]

समग्र चित्त के मूल संरचनात्मक घटक होने के कारण आद्यरूप ग्रंथियों के भी मूल घटक हैं। अतः यहाँ आद्यरूप और ग्रंथि के सम्बन्ध पर किंचित् विस्तार से विचार करना अप्रासंगिक न होगा।

मानव चित्त में ग्रंथियों की सत्ता की खोज का श्रेय युंग को प्राप्त है। यह खोज उनके शब्द–साहचर्य–संबंधी प्रयोगों का ही परिणाम थी। उल्लेख्य है कि आधुनिक मनोविज्ञान के इतिहास में शब्द–साहचर्य पद्धति का प्रारंभ युंग ने ही किया था।

युंग के अनुसार ग्रंथियों की पहचान प्रत्युत्तर की विफलता के रूप में की जा सकती है।[40] ग्रंथि का प्रत्येक संपुंजन चेतना की एक बाधित अवस्था की पूर्वापेक्षा करता है।[41]

ग्रंथियों की स्वायत्ता प्रत्येक स्तर पर प्रदर्शित की जा सकती है। ये इतनी अधिक स्वायत्त होती हैं कि इन्हें व्यक्ति चित्त में 'स्वतंत्र चित्तों' की संज्ञा दी जा सक्ती है। कुछ ग्रंथियाँ सोती रह सकती हैं तो कुछ चित्तीय अर्थव्यवस्था को वाकई भंग कर सक्ती हैं। ग्रंथि सामान्यतः संकल्प के बल पर निरोधित की जा सकती है किन्तु उसे अस्तित्वविहीन नहीं कर सक्ते और प्रथम अनुकूल अवसर पर वह अपनी समग्र शक्ति के साथ पुनः प्रकट होती है। कुछ प्रयोगात्मक खोजें यह संकेत करती हैं कि इसकी गहनता या सक्रियता की रेखा एक तरंगवत् वैशिष्ट्य रखती है – घंटों, दिनों या सप्ताहों की तरंगावधि का। यह अत्यन्त जटिल प्रश्न अभी तक स्पष्ट नहीं हो सका है।[42]

ग्रंथि की सक्रियता की स्थिति में व्यक्ति चेतना उससे प्रायः अभिभूत हो जाती है। भाषिक प्रयोगों में इसके असंख्य उदाहरण हैं। सामान्यतः हम कहते हैं कि हमारे अंदर ग्रंथियाँ हैं जबकि चित्तीय यथार्थ यह है कि हम ग्रंथियों में होते हैं।

फ्रायड के अनुसार ग्रंथियाँ व्यक्ति के जीवनानुभवों, विशेषतः दमित अनुभवों से बनती हैं। उन्होंने इस धारणा का उपयोग मानसिक रोगों के निदान और उपचार में किया। युंग का अनुभव भिन्न था। उन्होंने पाया कि कुछ ग्रंथियाँ तो स्वार्जित होती हैं किन्तु कुछ अन्य एक विशेष क्षण में अभिव्यक्त होने से पूर्व व्यक्ति–चेतना का विषय कभी नहीं रही होतीं।[43] उनके अनुसार पहली कोटि की ग्रंथियों का वाहक व्यक्तिगत अचेतन है तथा दूसरी कोटि की ग्रंथियों का सामूहिक अचेतन। जैकोबी ने इन्हें क्रमशः रुग्ण एवं स्वस्थ व्यक्ति की ग्रंथियाँ कहा है।[44] वस्तुतः सामूहिक अचेतन की ग्रंथियाँ ही आद्यरूप हैं। व्यक्तिगत अचेतन की ग्रंथियाँ दमित अनुभवों के अनुसार आद्यरूपों के संपिंडित होने पर बनती हैं।

युंग ने आद्यरूपों के ग्रंथि बनने की प्रक्रिया पर अपेक्षित विस्तार से विचार किया है। संरचनात्मक दृष्टि से प्रत्येक ग्रंथि में एक केन्द्रक होता है। यह केन्द्रक ही

आद्यरूप है। यह अचेतन और स्वायत्त होने के कारण चेतन नियंत्रण में नहीं रहता। इसमें अपने ऊर्जीय मूल्य के अनुरूप पुंजन–शक्ति होती है जिससे उसमें व्यक्तिगत स्वभाव एवं बाह्य अनुभवों से सम्बद्ध संवेगात्मक साहचर्य पुंजीभूत होते रहते हैं।[45] इस प्रकार प्रत्येक ग्रंथि पुंजन–शक्ति से युक्त केन्द्रक एवं उससे सम्बद्ध संवेगात्मक साहचर्यों से संरचित है। दूसरे शब्दों में, व्यक्तिगत स्वभाव के संवेगात्मक साहचर्यों से सम्बद्ध होने पर ही आद्यरूप ग्रंथि बनता है। इस प्रकार ग्रंथि का केन्द्रक ही आद्यरूप है और ऐसे केन्द्रकों से ही सामूहिक अचेतन का निर्माण होता है। मनश्चिकित्सा में आद्यरूप में संपिंडित व्यक्तिगत संवेगात्मक साहचर्यों के निर्ग्रंथन का प्रयास किया जाता है, आद्यरूप को मिटाने का नहीं।[46] जोलेंडी जैकोबी के अनुसार आद्यरूप के निग्रंथन से व्यक्तिगत समस्याओं का समाधान तो हो जाता है किन्तु संपूर्ण मानव जाति की समस्याओं का समाधान नहीं हो पाता। व्यक्तिगत समस्याओं का समाधान हो जाने के बाद मानव मात्र की इन जातीय समस्याओं का समाधान आद्यरूपों के व्यंजकों अर्थात् आद्यबिम्बों के चेतना में समाहार से ही संभव है।[47]

इस प्रकार आद्यरूपों को हमारी चेतना के निगूढ़ और मूलभूत तत्त्वों के रूप में समझा जा सकता है।[48] चित्त की अपरिवर्तनशील संरचना के प्रतिनिधि ये आद्यरूप प्रत्येक ग्रंथि के केन्द्रक हैं। इनके यथार्थ का प्रमाण चेतन मन पर पड़ा इनका निश्चायक प्रभाव है।[49]

युंग ने आद्यरूप और वृत्तियों के सम्बन्ध पर भी विस्तार से विचार किया हैं। उनके अनुसार फ्रायड और एडलर के मनोविज्ञानों में व्यक्ति मन के सभी घटक व्यक्तिगत स्वभाव के रूप में व्याख्यायित हैं। इतना होने पर भी फ्रायड और एडलर के मनोविज्ञान कुछ जैविकीय घटकों पर आधारित हैं जो किसी भी रूप में व्यक्तिगत विशेषताएँ नहीं हैं, उदाहरणार्थ, वृत्तियाँ गतिमय या प्रेरक स्वभाव की अव्यक्तिगत, सार्वभौम और आनुवंशिक घटक हैं। वे पूर्णतया चेतन होने में प्रायः असफल रहती हैं। आधुनिक मनश्चिकित्सा उन्हें यथासंभव चेतन बनाने में रोगी की सहायता करती है। ये वृत्तियाँ प्रकृतितः अनंत नहीं; विशेषतः रूपायित प्रेरक शक्तियाँ हैं। यह मानने का निश्चित आधार है कि आद्यरूप इन वृत्तियों के अचेतन बिम्ब अर्थात् वृत्त्यात्मक व्यवहार के प्रारूप हैं।[50]

युंग के अनुसार स्वप्न, फैंटेसी आदि के माध्यम से वृत्तियाँ जिन रूपों में व्यक्त होती हैं उनमें देशकालनिरपेक्ष साम्य दिखाई देता है। वृत्तियों के इसी रूपात्मक पक्ष का सम्बन्ध आद्यरूपों से है।[51] यहाँ उल्लेखनीय है कि यहाँ युंग ने केवल आद्यरूप के रूपात्मक पक्ष का संकेत किया है। अन्यत्र उन्होंने आद्यरूप की व्याख्या

पुंजीभूत चित्तीय ऊर्जा के रूप में की है।[52] वह असीम विकास और पृथक्करण में सक्षम है।[53] अपनी स्वायत्तता के कारण वह किसी भी समय किसी भी स्थल पर बिना किसी बाह्य प्रभाव के अभिव्यक्त हो सकती है।[54]इस अभिव्यक्ति को समाहित कर लेने पर मानवीय चेतना के असीम विकास की संभावनाएँ हो जाती हैं और विपरीत स्थिति में आद्यरूप चेतना को अधिकृत कर मानसिक रोगों को भी जन्म दे सकते हैं।

चित्तीय संरचना के मूलभूत तत्त्व होने के कारण अद्यरूपों को सभी अमूर्त प्रत्ययों और वैज्ञानिक सिद्धान्तों का आधार भी माना गया है।[55] वे समशील स्थितियों और रूपों के ऐसे वर्ग भी माने गये हैं जिनकी आवृत्तियाँ होती हैं। इन आवृत्तियों को युंग ने आशय (मोटिफ़) कहा है।[56] जैविकी की व्यवस्था से सामूहिक अचेतन की इन रूढ़ियों की रूपात्मक और क्रियात्मक समताएँ हैं।[57] ये कुछ पक्षों के मानवीकरण के लिये आदिम प्रारूप प्रस्तुत करने के साथ–साथ अमूर्त सम्बन्धों और नियमों के मूल सिद्धान्तों का भी प्रतिनिधित्व करते हैं।[58] उपर्युक्त कथनों के आलोक में स्पष्ट है कि हमारे समस्त चित्तीय व्यापार अंततोगत्वा आद्यरूप पर ही निर्भर हैं। आद्यरूप वंशानुगत तो होते हैं किन्तु परम्परागत बिम्बों के साथ इनका अनिवार्य सम्बन्ध नहीं है।[59] इनके वंशानुगत होने का अभिप्राय केवल इतना ही है कि हमारी चित्तीय संरचना का आधार सामान्य मानवीय दाय है और उसमें निश्चित तथा विशिष्ट रूपों में अभिव्यक्त होने की क्षमता है।[60] इसीलिये आद्यरूपों को वंशानुगत अभिव्यक्तियों के रूप में स्वीकार नहीं किया जाना चाहिये। आद्यरूप "वंशानुगत अभिव्यक्तियाँ" नहीं, "अभिव्यक्तियों की सम्भावनाएँ" हैं।[61] एंथनी स्टार्र के अनुसार आद्यरूप किसी विशेष संस्कृति में जन्मी वास्तविक अभिव्यक्तियाँ नहीं हैं तो भी ये सभी संस्कृतियों में जन्मी सभी अभिव्यक्तियों में विद्यमान रहते हैं।[62] आद्यरूप अभिव्यक्तियों के प्रच्छन्न संगठनकर्त्ता हैं; ये अचेतन चित्त में विद्यमान निगूढ़ आद्य प्रारूप हैं।[63]

प्रकृति के रहस्य अनंत हैं। युंग ने परमाणु और आद्यरूप की धारणाओं के आधार पर विकासशील नाभिकीय भौतिकी और अचेतन के मनोविज्ञान के देर–सबेर निकट आने की संभावना व्यक्त की।[64] उन्होंने आद्यरूप को 'साइकोइड' मानकर चित्तीय और अचित्तीय दोनों रूपों में एक समान सत्तावान किसी पदार्थ की संभावना प्रकट की है।[65] इससे आद्यरूप की मनोकायिक प्रकृति भी अभिप्रेत है। विज्ञान के क्षेत्र में परवर्ती शोधकार्यों ने युंग की इस संभावना को पुष्ट किया है। वृत्ति–विषयक शोधों ने जैविकी को इस स्थिति में लाकर छोड़ दिया है कि इसके लिये

वैज्ञानिक रूप से गहनतर बोध संभव नहीं रह गया है। हमारे जीवित भूतों से परे या अपने मूल में विद्यमान 'रहस्य का अतल तल' है जो मानव की आध्यात्मिक क्रिया के परीक्षण में बार-बार सामने आता है। यह भी संकेत मिला है कि एक ओर जैविक घटनाओं से परे और दूसरी ओर अचेतन से परे विद्यमान इस अज्ञात न्यास का आधार वही एक अव्याकरणीय रहस्य हो सकता है।[66]

4. आद्यबिम्ब

आद्यरूप की युंगीय धारणा में सन् 1946 ई. में महत्त्वपूर्ण परिवर्तन आया। 1946 ई. से युंग ने आद्यरूप और उसकी अभिव्यक्तियों में स्पष्ट भेद किया।[67] जैसा कि पीछे कहा जा चुका है, हमारी सभी चित्तीय अभिव्यक्तियाँ आद्यरूप पर आधारित्त हैं क्योंकि ऐसी कोई भी मानवीय अभिव्यक्ति संभव नहीं है जो किसी न किसी रूप में सार्वभौम न हो। बिम्ब भी मानव चित्त की अभिव्यक्ति होने के कारण आद्यरूपात्मक है – आद्यबिम्ब हैं। इस प्रकार आद्यबिम्ब आद्यरूप की बिम्बात्मक अभिव्यक्ति है।

'आद्यरूप तथागत' अव्यक्त है। हमारी चेतना में वह अपने विशुद्ध रूप में प्रकट नहीं होता। उसका देशकालबद्ध रूप ही व्यक्त होता है। मानव चेतना में व्यक्त आद्यरूप का देशकालबद्ध रूप ही आद्यबिम्ब है।[68] आद्यरूप व्यक्तिगत चेतना से सामग्री प्राप्त कर बिम्बों के माध्यम से व्यक्त होते हैं। ये अपनी विशिष्ट ऊर्जा और निश्चित स्वायत्तता के कारण चेतना से उस सामग्री को प्राप्त करने में सक्षम है जो इनके सर्वाधिक अनुकूल बैठती है।[69] इस प्रकार आद्यरूप स्वतः अव्यक्त होते हुए भी अपनी अनुक्रियाओं अर्थात् बिम्बों के द्वारा गम्य हो सकता है।[70] आद्यरूप उस समय प्रत्यक्ष हो जाता है जब यह चेतन मन के साथ अपने सम्बन्ध बनाने का प्रयास करता है और इस प्रयास में आद्यबिम्ब या प्रतीक के रूप में परिणात हो जाता है।[71] इन तथ्यों के आलोक में इस प्रचलित भ्रम का एक बार पुनः निराकरण हो जाता है कि आद्यबिम्ब वंशानुगत होते हैं। वस्तुतः आद्यरूप तो उसी प्रकार वंशानुगत है जिस प्रकार हमारी शारीरिक संरचना किन्तु आद्यबिम्बों का वंशानुगत होने का प्रश्न ही नहीं उठता। आद्यरूप ऊर्जा के आदिम प्रारूप हैं। प्रत्येक व्यक्ति में ये वंशानुगत आदिम प्रारूप – आद्यरूप – अपनी ऊर्जा से देशकालानुसार चित्तीय सामग्री को आकर्षित और सम्पिण्डित करने में समर्थ हैं। इस ऊर्जा से सम्बद्ध पुंज निरन्तर बदलते रहते हैं और आद्यरूप अपने नये-नये पुंजों के अनुसार नये-नये आद्यबिम्बों में अभिव्यक्त होते रहते हैं। कहना यह है कि एक ही मनुष्य के चित्त में एक ही

आद्यरूप देशकाल–भेद से नाना आद्यबिम्बों में व्यक्त हो सकता है। प्रत्येक आद्यबिम्ब अद्वितीय होता है क्योंकि आद्यरूप की बिम्बात्मक अभिव्यक्ति देशकालानुसार परिवर्तनशील चेतन मन की स्थिति पर निर्भर होती है।

आद्यरूपात्मक अभिव्यक्तियाँ अनेक प्रकार की होती हैं। युंग ने आद्यबिम्ब तथा अन्य आद्यरूपात्मक अभिव्यक्तियों में अंतर किया है। आद्यरूप निम्नतर जैविक और उच्चतर आध्यात्मिक स्तर पर व्यक्त हो सकता है।[72] हमारा समस्त वृत्त्यात्मक व्यवहार जैविक स्तर पर आद्यरूप की अभिव्यक्ति में अंतर्भुक्त किया जा सकता है। आद्यरूप की आध्यात्मिक स्तर पर अभिव्यक्ति बिम्ब या प्रतीक के रूप में होती है। आद्यरूप की ये दोनों प्रकार की अभिव्यक्तियाँ अहं को विशिष्ट मानवीय व्यवहार की दिशा में प्रभावित करती हैं।[73]

इन दोनों प्रकार की आद्यरूपात्मक अभिव्यक्तियों में साथ ही तीसरे प्रकार की आद्यरूपात्मक अभिव्यक्तियाँ विभिन्न मानदण्डों, प्रथाओं और प्रचलित विचारों के रूप में होती हैं। समाज में प्रचलित मानदण्ड, प्रथाएँ, रूढ़ विचार आदि हमारी सामूहिक चेतना से सम्बन्धित हैं। जैकोबी ने इन्हें 'अचेतन आद्यरूपों की निष्प्रभ प्रतिकृतियाँ' कहकर उक्त दोनों प्रकार की आद्यरूपात्मक अभिव्यक्तियों से अलगाया है।[74]

इस प्रकार आद्यरूपात्मक अभिव्यक्ति मूलतः जैविक और आध्यात्मिक स्तर पर होती है। आध्यात्मिक स्तर की अभिव्यक्ति ही आद्यबिम्ब है। आद्यबिम्ब पूर्णतया गृहीत होने पर या चेतना से अदृश्य हो जाने पर अपनी ऊर्जा खो बैठता है और समाज के सामान्य मानदण्डों, रूढ़ प्रथाओं और विशुद्ध प्रत्ययों आदि में परिणत हो जाता है। आद्यरूप की सप्रभ अभिव्यक्तियाँ आद्यबिम्ब हैं और समाज के मानदण्ड प्रथाएँ, मतवाद आदि को मृत आद्यबिम्ब या मृत प्रतीक कहा जा सकता है।

युंगीय दृष्टि से आद्यबिम्ब और प्रतीक में कोई अंतर नहीं है। बिम्ब और प्रतीक की युंगीय परिभाषाएँ इसका प्रमाण हैं। उनके अनुसार 'बिम्ब समग्र चित्तीय स्थिति की संघनित अभिव्यक्ति है'[75] अथवा 'क्षण–विशेष की चेतन–अचेतन स्थिति की अभिव्यक्ति है।'[76] यही बात उन्होंने शब्द–भेद से प्रतीक के विषय में कही है।[77] आद्यबिम्ब और प्रतीक के अभेद को लक्षित कर जैकोबी ने 'कम्प्लैक्स। आर्केटाइप। सिम्बल' के शीर्षक पुस्तक में आद्यबिम्ब का ही विवेचन किया है। स्पष्ट है कि आद्यबिम्ब ही प्रतीक अथवा प्रतीक ही आद्यबिम्ब है।

सभी प्रकार की चित्तीय अभिव्यक्तियाँ प्रतीकात्मक होती हैं। प्रतीकात्मक

विचारों और भावनाओं की, कार्यों और स्थितियों की सत्ता निर्विवाद है।[78] युंग ने प्रतीक और चिह्न में भेद किया है। उनके अनुसार अपने स्पष्ट एवं प्रत्यक्ष अर्थ से अधिक व्यंजक शब्द या बिम्ब प्रतीकात्मक हैं।[79] अचेतन से सृजित होने के कारण प्रतीक में अस्पष्ट, अज्ञात अथवा प्रच्छन्न अर्थ निहित रहता है जबकि चिह्न हमारी चेतना द्वारा स्पष्टतः गृहीत अर्थ का द्योतक है। उदाहरणार्थ, 'यूनेस्को' आदि संकेताक्षरों को लिया जा सकता है। ऐसे संकेताक्षर सम्बद्ध विषयों के स्पष्ट द्योतक होने के कारण चिह्न कहलाते हैं।[80] व्यक्ति–भेद से चिह्न का प्रतीक–रूप में और प्रतीक का चिह्न–रूप में ग्रहण सम्भव है, उदाहरणार्थ, क्रास एक व्यक्ति के लिए ईसाइयत का बाह्य चिह्न मात्र और किसी अन्य व्यक्ति के लिए समृद्ध भावोद्दीपक प्रतीक हो सकता है।[81] चिह्न के समान अध्यवसित रूपक भी प्रतीक से भिन्न है।[82] उदाहरणार्थ, आदिम मानव जब सूर्योदय की घटना देखता है तो उसके अचेतन से उद्भूत किसी प्रतीक का उस पर प्रक्षेपण हो जाता है और इस रूप में वह किसी देवता या नायक के भाग्य का बिम्ब बन जाता है। इसी प्रकार ऋतुओं आदि से सम्बद्ध आदिम मिथक बाह्य घटनाओं के व्यंजक अध्यवसित रूपक न होकर अचेतन आभ्यंतर घटनाओं की प्रतीकात्मक अभिव्यक्तियाँ हैं।[83]

युंगीय दृष्टि से मिथक भी आद्यबिम्ब या आद्यबिम्ब–शृंखलाएँ हैं, जिनके माध्यम से तेजस् रूपान्तरित होता है। मिथक द्वन्द्वजन्मा है। वह प्रकृति और अध्यात्म (नेचर बनाम स्पिरिट) के सनातन द्वन्द्व से जन्मता है। द्वन्द्वजन्मा होने के कारण मिथक द्वन्द्वों के सामरस्य का भी व्यंजक होता है। मिथकों की सामरस्य–व्यंजकता और सांस्कृतिक विकास में उनकी निर्णायक भूमिका को लक्षित कर युंग ने उन्हें आद्यरूपों की आध्यात्मिक अभिव्यक्ति माना है। वे इसलिये भी आध्यात्मिक विशेषण के अधिकारी हैं कि वे प्रकृतिमुक्त तेजस् के वाहक हैं। आद्यरूपों की ऊर्जा मिथकों के माध्यम से ही अपने प्रकृत, जैव या वृत्त्यात्मक प्रवाह से मुक्त होती है।

मिथक आदिम मानव के जीवन की भौतिक या बाह्य घटनाओं के प्राकृतिक व्यापारों पर आरोप के द्योतक नहीं हैं, जैसा कि अधिकांश नृतत्त्वशास्त्री मानते हैं, बल्कि वे, प्रथमतः और मुख्यतः, आदिम मानव की चित्तीय प्रक्रियाओं के व्यंजक आद्यबिम्ब हैं। दूसरे शब्दों में, वे उसके अपने आभ्यंतर विश्व की अभिव्यक्तियाँ हैं। मिथक मानव के भौतिक जीवन की बाह्य घटनाओं और प्राकृतिक व्यापारों के मिलन–बिन्दु न होकर उसके चित्तीय संसार और प्राकृतिक व्यापारों की सामरस्यपूर्ण आदिम प्रतीतियाँ हैं। आरंभ में यह प्रतीतियाँ सूर्यदेव, वृक्षदेव, धरतीमाता जैसे मिथकों

के रूप में हुई होंगी। कथा के रूप में मिथकों का विकास परवर्ती है क्योंकि चित की आभ्यंतर प्रक्रियाओं की कथात्मक प्रतीति के लिए गृहीता अहं–चेतना के विकास का एक स्तर अपेक्षित है। यह निश्चयपूर्वक कहा जा सकता है कि कथा के रूप में भी मिथक मूलतः मानव के आभ्यंतर विश्व की घटनाओं के ही व्यंजक हैं।

मिथक की फ्रायडीय और युंगीय व्याख्याओं का भेद प्रो. नगेन्द्र जी के शब्दों में इस प्रकार है – "मनोविश्लेषणशास्त्र के दो प्रमाण–पुरुषों ने अपने अपने सिद्धान्तों के आलोक में मिथक की परिभाषाएँ दी हैं। फ्रायड और उसके अनुयायी मिथक को स्वप्न का सजातीय मानते हुए उसे "इच्छापूर्ति का एक विधान" मानते हैं। जिस प्रकार हमारा अवचेतन मन सदैव अपनी दमित इच्छाओं का स्वप्नों अथवा दिवास्वप्नों के द्वारा पूर्ति करता है, इसी प्रकार पुराकाल में आदिम मानव अपनी रागद्वेषजन्य इच्छाओं, प्रेम–जन्य वासनाओं और मृत्युजन्य समास की भावनाओं को मिथकों के रूप में प्रतिफलित करता था। इनके विचार से स्वप्नों और दिवास्वप्नों के साथ इसी मौलिक सम्बन्ध के कारण मानव द्वारा मिथक रचना की प्रक्रिया निरन्तर चल रही है। उधर युंग और उनके मतावलम्बियों के अनुसार मिथक मानव जाति के सामूहिक अचेतन की आकांक्षाओं और भावनाओं की आदिम अभिव्यक्तियाँ हैं। . . . . सामूहिक अचेतन में ऐसे तत्त्व तथा गुण सन्निहित रहते हैं जो सभी व्यक्तियों में समान–अर्थात् सार्वजनिक एवं सार्वभौम होते हैं। इसीलिये युंग ने इसे सामूहिक अचेतन कहा है। यह वास्तव में मानव प्रकृति का परावैयक्तिक स्तर है जिसमें किसी एक जाति अथवा युग के नहीं वरन् आदिम युग से वर्तमान युग तक सम्पूर्ण मानव समाज के संचित संस्कार विद्यमान रहते हैं। चूंकि ये संस्कार बिम्ब–रूप होते हैं इसलिये इन्हें आद्यबिम्ब के नाम से अभिहित करना सर्वथा उचित है। युंग द्वारा बिम्ब की यह प्रकल्पना भारतीय दर्शन में प्रतिपादित जीव के प्राक्तन संस्कारों अथवा जननांतर वासनाओं के काफ़ी निकट है। युंग के मत से मिथक की रचना इन्हीं आद्यबिम्बों या प्राक्तन संस्कारों से होती है।" [84]

लोक कथाएँ, चाहे वे परी कथाएँ हों अथवा पशु–पक्षी कथाएँ, अपनी प्रकृति में आद्यरूपात्मक अभिप्राय लिये होती हैं। निजंधारी कथाओं के विषय में कहा जा सकता है कि उनमें आद्यरूपात्मक अभिप्राय इतिहास के वेश में प्रकट होते हैं। लोक–साहित्य के विविध रूपों की बिम्बात्मक गहनताओं में अन्तर होता है। यह भी उल्लेखनीय है कि एक ही लोक कथा की बिम्बात्मक दीप्ति में गृहीता चेतना के भेद से अन्तर हो जाता है।

आद्यबिम्बों का स्वप्नों के साथ भी घनिष्ट सम्बन्ध है। स्वप्न के विषय में फ्रायड और युंग दोनों ही इस तथ्य से सहमत हैं कि स्वप्न अचेतन चित्त के उत्पाद हैं। युंग के अनुसार स्वप्न चेतन चित्त के नैरन्तर्य से पूर्णतया विच्छिन्न नहीं होते क्योंकि लगभग प्रत्येक स्वप्न में विगत दिन या दिनों की छापें विद्यमान रहती हैं। स्वप्न के इस वैशिष्ट्य से ऐसा प्रतीत होता है कि वे पश्चोन्मुख होते हैं किन्तु गंभीरतापूर्वक विचार करने पर स्वप्न की अग्रगामिता भी सिद्ध हो जाती है।[85] युंगीय दृष्टि से "सिद्धान्ततः प्रत्येक स्वप्न में एक व्यक्ति की समग्र पूर्व जीवनानुभूति पायी जा सकती है।"[86] यही नहीं, बल्कि मानव सभ्यता के इतिहास की झलकियाँ एक स्वप्न में विद्यमान हो सकती हैं।

स्वप्नों की व्याख्या का फ्रायडीय दृष्टिकोण हेतुवादी है जबकि युंगीय दृष्टिकोण अंत्यवादी है। फ्रायडीय दृष्टिकोण से स्वप्न व्यक्ति के अचेतन चित्त की दमित सामग्री का व्यंजक है और उसका लक्ष्य उन इच्छाओं की पूर्ति मात्र है जिन्हें सामाजिक विधि–निषेधों के कारण व्यक्ति तृप्त नहीं कर पाता। युंगीय दृष्टिकोण से स्वप्न केवल इच्छा–तृप्ति नहीं है बल्कि उसका एक उद्देश्य होता है और उसमें व्यक्ति के भावी चित्तीय विकास की संभावनाएँ होती हैं। युंग के अनुसार केवल स्वप्न ही नहीं बल्कि सभी चित्तीय अभिव्यक्तियों में, चाहे वे संवेगात्मक प्रतिक्रियाएँ ही क्यों न हों, एक भविष्योन्मुखता होती है।[87]

स्पष्ट है कि स्वप्न अपनी प्रकृति में केवल रोगलक्षणात्मक ही नहीं होते बल्कि बिम्बात्मक भी होते हैं। आद्यरूप स्वप्नों में भी स्वयं को व्यक्त करते हैं। ऐसे स्वप्नों में अनेक सृजनात्मक प्रत्यय विद्यमान रहते हैं। अतः स्वप्नों को ऐसे आद्यबिम्बों के रूप में भी समझा जा सकता है जिनमें हमारी अहं–चेतना निष्क्रिय रहती है।

स्वप्न और दिवास्वप्नों में अन्तर है। यह अन्तर व्यक्ति के अहं की स्थिति का अन्तर है। स्वप्न में अहं निष्क्रिय रहता है जबकि दिवास्वप्न में अहं उतना निष्क्रिय नहीं रह पाता।

आद्यबिम्ब और फन्तासी में भी महत्वपूर्ण सम्बन्ध है। आधुनिक जीवन और साहित्य में फन्तासी की अत्यधिक चर्चा रही है। फन्तासी से युंग का तात्पर्य दो भिन्न क्रियाओं से है – फेंटाज़्म और प्रातिभ क्रिया। फन्तासी इन दोनों में से किस अर्थ में प्रयुक्त हो रही है इसका पता प्रसंग से चलता है। फेंटाज़्म के अर्थ में फन्तासी एक प्रत्यय-ग्रंथि है जो दूसरी प्रत्यय-ग्रंथियों से इस अर्थ में भिन्न है कि यह कोई विषयिपरक संदर्भक (referent) नहीं रखती। हालांकि यह मूलतः स्मृति–बिम्बों

पर आधारित हो सकती है किन्तु इसकी सामग्री बाह्य वास्तविक्ताओं से सम्बद्ध नहीं होती। यह सृजनात्मक चित्तीय क्रियाओं का सहज प्रस्फुटन है अर्थात् ऊर्जस्वी चित्तीय तत्त्वों के योग की अभिव्यक्ति या उत्पाद है। वहाँ तक एक फन्तासी चेतनतः और इरादतन सृजित की जा सक्ती है – चाहे वह समग्र हो या कम से कम अंश में। समग्रतावाली स्थिति में यह चेतन तत्त्वों के योग के अतिरिक्त और कुछ नहीं है – शुद्ध सैद्धान्तिक रुचि का कृत्रिम प्रयोग है। प्रत्येक दिन के वास्तविक मनोवैज्ञानिक अनुभव में फन्तासी या तो अपेक्षा की सहजानुभूति में अभिवृत्ति द्वारा संवेग में गठित होती है अथवा यह अचेतन सामग्री का चेतना में स्फुटन है। हम सक्रिय और निष्क्रिय फन्तासी में भेद कर सक्ते हैं। सक्रिय फन्तासियाँ सहजानुभूति का उत्पाद हैं। वे अचेतन की सामग्री के ग्रहण के लिए निदेशित हैं। उनमें तेजस् तत्काल अचेतन से उभरती सामग्री को विनियोजित करता है और समानान्तर सामग्री के साहचर्यों द्वारा उन्हें दृश्यात्मक रूप से बहिर्गठन (आउटसेट) पर प्रकट करता है। वे सहजानुभूतिमय अपेक्षा से संयुक्त या परिचालित नहीं हैं। विषादि के अभिवृत्ति के समग्रतः निष्क्रिय होने के कारण स्वभावतः वे केवल चित्त की सापेक्षित असमंजस अथवा विघटन की परिणाम हैं क्योंकि उनमें चित्तीय ऊर्जा के चेतन नियंत्रण से परे होने तक की अचेतन सामग्री के परिणामोन्मुख क्रियाशीलता की स्थिति रहती है। निष्क्रिय फन्तासियाँ चेतना विरोधी और चेतन अभिवृत्ति के समान शक्तिशाली हो सक्ती हैं। वे चेतना को अधिवृत कर सकती हैं। सक्रिय फन्तासियों में प्रकाशस्पर्शी अचेतन के अंशों को चेतना में समाहित किया जाता है अतः वे अनिवार्यतः चित्तीय अवस्था के विघटन का परिणाम न होकर चेतना के विधायात्मक योग का परिणाम होती हैं। जहाँ निष्क्रिय फन्तासी अपसामान्यता की सूचक होती है वहाँ सक्रिय फन्तासी चित्तीय क्रिया के उच्चतम रूपों में से एक है। उसमें विषयि के चेतन और अचेतन व्यक्तित्व सहप्रभावित रहते हैं। एक सामान्य उत्पाद के रूप में, जिसमें दोनों संगठित हैं ऐसी फन्तासी व्यक्ति की व्यक्तिता के एकत्व की उच्चतम अभिव्यक्ति हो सक्ती है और यह उस व्यक्तिता को उपलब्ध करा सकता है – उसके एकत्व को पूर्ण अभिव्यक्ति देने के द्वारा। सामान्य नियम के रूप में निष्क्रिय फन्तासी कभी संगठित (यूनिफाइड) व्यक्तिता की अभिव्यक्ति नहीं है। स्वप्न और दिवास्वप्न निष्क्रिय फन्तासियाँ ही हैं। सक्रिय फन्तासी कलात्मक मानसिकता का मुख्य चिह्न है।[88] इस प्रकार युंगीय दृष्टि से सक्रिय फन्तासी आद्यबिम्ब की पर्याय है।

आद्यबिम्ब या प्रतीक को युंग ने मानव चित्त की अद्वितीय और उत्तम अभिव्यक्ति के रूप में स्वीकार किया है। अर्थगर्भित प्रतीक ही जीवन्त माना गया है। एक बार उसका अर्थ ज्ञात होने पर अथवा उसमें गर्भितार्थों के लिये कोई अन्य प्रतीक

मिल जाने पर वह मृत या अर्थहीन हो जाता है और उसका केवल ऐतिहासिक महत्त्व ही शेष रहता है।[89] ज्ञात पदार्थ की द्योतक अभिव्यक्ति प्रतीक न होकर चिह्न कहलाती है। इसीलिए ज्ञात साहचर्यों से जीवन्त अर्थ वाले प्रतीक का सृजन असंभव है क्योंकि इस प्रकार का सृजन सायास होने के कारण प्रदत्त अर्थ से अधिक अर्थवान नहीं होता।[90] भारतीय शब्दावली में कहें तो ऐसे सृजन की व्यंजनाएँ अनन्त नहीं होतीं। इसके विपरीत क्षण–विशेष में किसी अज्ञात या अल्पज्ञात की सर्वोत्तम संभव अभिव्यक्ति करने वाला प्रत्येक चित्तीय सृजन उस स्थिति में प्रतीक कहा जा सकता है जब गृहीता उसे अज्ञात या अल्पज्ञात की अभिव्यक्ति के रूप में स्वीकार करे।[91] अज्ञात पदार्थ की व्यंजक होने के कारण प्रत्येक वैज्ञानिक प्राक्कल्पना भी अनिवार्यता प्रतीक है।[92] इस विवेचन से दो निष्कर्ष प्राप्त होते हैं -- 1. केवल चेतन प्रयास द्वारा आद्यबिम्ब या प्रतीक का सृजन संभव नहीं है और 2. किसी अभिव्यक्ति का प्रतीक होना गृहीता के प्रतीकात्मक दृष्टिकोण पर निर्भर है।

युंग की दृष्टि में आद्यबिम्ब या प्रतीक का उदय आत्यंतिक रूप से चेतन या आत्यंतिक रूप से अचेतन स्रोत द्वारा न होकर दोनों की सम्यक् संधि से संभव है।[93] इस संधि के अभाव में प्रयास द्वारा की गई अभिव्यक्तियाँ चिह्न या रूपक बनकर रह जाती हैं और, दूसरी ओर, विशुद्धतः अचेतन अभिव्यक्तियाँ रोगलक्षणात्मक कही जा सक्ती हैं। संधिज आद्यबिम्बों या अचेतनोद्भूत लक्षणों का निर्णय हमारी आलोचनात्मक दृष्टि से होता है। युंग का विचार था कि बिम्ब या प्रतीक का उदय तो कुछ–कुछ दिव्य–दर्शन या विभ्रम की पद्धति पर होता है लेकिन उसमें ऐसे विकार–सूचक चिह्न नहीं होते जो रोगियों में पाये जाते हैं।[94] इसका यह अर्थ कदापि नहीं है कि प्रतीकोदय और विभ्रम एक ही चित्तीय स्थिति के द्योतक हैं। इस अन्तर को एक उदाहरण से स्पष्ट किया जा सकता है। रज्जु को देखकर यह निश्चय न कर पाना, कि सांप है या रस्सी, संदेह है। उसे सर्प समझ लेना भ्रम है। रज्जु के अभाव में भी सर्प का दर्शन करना विभ्रम है। इस प्रकार विभ्रम का बाह्य यथार्थ से कोई सम्बन्ध नहीं है। वह हमारी चित्तीय स्थिति का प्रक्षेपण है। आद्यबिम्ब का प्रतीक का उदय ऐसे प्रक्षेपण के रूप में नियम से नहीं होता, अपवाद के रूप में हो सक्ता है। जब कोई प्रतीक प्रक्षेपण के रूप में उदित होता है और किसी रोग का लक्षण नहीं है तो उसकी अभिव्यक्ति पद्धति को आदिम (आर्केइक) कहना होगा क्योंकि आदिम स्तर पर आभ्यंतर प्रतीक का दिव्य दर्शन या विभ्रात्मक प्रक्षेपण रोग–लक्षणों के अभाव में ही संभव है।[95]

इस प्रकार आद्यबिम्ब न तो हमारी चेतना की प्रयासजन्य अभिव्यक्ति है

और न ही विभ्रम आदि के समान अचेतन की स्वच्छन्द विवृत्ति है। युंग ने उसे समग्र चित्त की अभिव्यक्ति माना है। इसीलिए वह संगत–असंगत की सीमाओं से मुक्त है। वह संगत और असंगत मनोवैज्ञानिक कार्यों के सम्यक् योग का परिणाम है और प्रमाता के समग्र मनोवैज्ञानिक कार्यों को प्रभावित करता है। अतः जीवन्त प्रतीक का उदय पूर्वस्थापित रूढ़ियों में बंधी अविकसित या अल्पविकसित चेतना में संभव नहीं है। अत्यधिक विकसित चेतना की आवेशपूर्ण अनुकम्पा ही जीवन्त प्रतीक का सृजन कर सकती है।[96]

चेतन–अचेतन की संधिजन्य अभिव्यक्तियों का बिम्बात्मक होना या न होना प्रमाता की चेतना पर निर्भर है। इसके विपरीत, यह भी सत्य है कि ऐसी चित्तीय अभिव्यक्तियाँ संभव हैं, जो अपने बिम्बत्व के लिए प्रमाता की चेतना पर निर्भर नहीं हैं। प्रमाता की चेतना पर पड़े बिम्बात्मक प्रभाव से ही उनका बिम्बत्व स्वतः सिद्ध होता है।[97]

कहा जा चुका है कि आद्यरूप ऊर्जा के आदिम प्रारूप हैं और आद्यबिम्ब उन ऊर्जीय प्रारूपों में ढली हुई सामग्री हैं। स्पष्ट है कि ऊर्जीय प्रारूप सार्वभौमिक है किन्तु उनमें ढली हुई सामग्री हमारे चित्तीय निकाय के व्यक्तिगत, पारिवारिक, सामाजिक, राष्ट्रीय या अन्तरराष्ट्रीय स्तरों से सम्बन्धित हो सकती है। इन स्तरों के अनुसार प्रतीकों के भेद किए जा सकते हैं। युंगीय मनोविज्ञान में वैयक्तिक और सामूहिक प्रतीकों के नाम से दो प्रमुख भेद प्रचलित हैं। वैयक्तिक और सामूहिक दोनों प्रकार के प्रतीकों का भेद सतही है क्योंकि दोनों अन्ततः सार्वभौमिक संरचनात्मक प्रारूप या आद्यबिम्ब पर आधारित हैं।[98] इतना होने पर भी प्रभाव की दृष्टि से यह कहा जा सकता है कि प्रतीक का उद्गम जितना अधिक सार्वभौमिक स्तर से होगा, उतना ही शक्ति से ब्रह्माण्ड उसमें व्यक्त होगा।[99]

5. आद्यबिम्बन–प्रक्रिया

पहले ही यह संकेत किया जा चुका है कि चित्तीय ऊर्जा बिम्बों या प्रतीकों के माध्यम से सरणीकृत होती है। वस्तुतः बिम्ब–सृजन मानव का व्यावर्तक धर्म है। पशुओं के पास संकेत और चिह्न तो होते हैं परन्तु प्रतीक नहीं होते।[100] प्रतीक–संसार मानव की संपदा है। प्रवृत्तियों के पाशविक संसार से सृजन के मानवीय संसार में उत्थान के लिए प्रतीक–सम्पदा की अभिव्यक्ति अनिवार्य है।[101] दर्पण की भाँति बाह्याभ्यंतर संसार का व्यंजक चित्त प्रतीकों की सृष्टि करता है और उन्हें आत्मा

से आत्मा तक संप्रेषित करता है।[102] प्रतीकों से अचेतन में प्रतिगमित ऊर्जा का चेतना में प्रगमन होता है।[103] इसीलिए युंग ने प्रतीकों को 'चित्तीय ऊर्जा के रूपान्तरकारी' कहा है।

आद्यबिम्ब या प्रतीक का उदय मानव की उच्चतम आध्यात्मिक आकांक्षाओं और उसके अस्तित्व के गहनतम मूलों से होता है। यह अत्यधिक पृथक्कृत मानसिक कार्य की उपज न होकर चित्त के उच्चतम और निम्नतम स्तरों से उभरता है।[104] चित्त के आध्यात्मिक और प्राकृतिक स्तरों की बिम्ब-प्रसविनी सहधर्मिता तभी संभव है जबकि उनमें पूर्ण चेतन संघर्ष हो। ऐसा संघर्ष अनिवार्यतः व्यक्ति की स्वयं से संपृक्ति को उस स्तर तक मूर्तित करता है, जहाँ वाद और प्रतिवाद परस्पर विरोधरत होते हैं और अहं को बाध्यतः दोनों में अत्यधिक योग देना पड़ता है। इस संघर्ष में यदि अहं एक अंश का सहयोग पा लेता है तो प्रतीक पूर्वनिश्चित रूप से दूसरे अंश को व्यक्त करेगा और तब वह प्रतीक की अपेक्षा निरोधित अंश का लक्षण अधिक होगा। प्रतीक के केवल लक्षण होने से उसका उद्धारक प्रभाव भी नहीं पड़ता। चाहे हमारी चेतना इस तथ्य को स्वीकार करे अथवा नहीं, निरोधित अंश के प्रतिवाद का सूचक होने से प्रतीक में चित्त की समग्रता व्यक्त नहीं होगी।[105] इससे स्पष्ट है कि आद्यबिम्ब का उदय उस स्थिति में संभव ही नहीं है जब हमारे मानसिक संघर्ष का शमन वाद या प्रतिवाद के निरोध में हो क्योंकि ऐसी स्थिति में अचेतन अभिव्यक्ति सदैव निरोधित अंश की अभिव्यक्ति होती है। ऐसी अभिव्यक्ति प्रतीकात्मक न होकर लक्षणात्मक और अनुद्धारक होती है। इसके विपरीत यदि चित्तीय विरोधों में अहं के योगदान से प्रमाणित समान शक्ति हो तो संकल्प का निलम्बन अनिवार्य हो जाता है क्योंकि तब संकल्प उस प्रत्येक प्रेरक के साथ कार्यरत नहीं रह सकता जो समान प्रतिप्रेरक रखता हो।[106] युंगीय मनोविज्ञान में संकल्प का अर्थ है . . . चित्तीय ऊर्जा का चेतना के अधीन अंश।[107] समान शक्ति वाले विरोधों के संघर्ष से मूलभूत ऊर्जा अवरुद्ध हो जाती है जिससे जीवन में ठहराव की स्थिति आ जाती है। जीवन ऐसे ठहराव में नहीं रह सकता। अतः विरोधों के तनाव से एक नया योजक परात्पर कार्य जन्म लेता है। यह कार्य, स्वभावतः अवरुद्धता के कारण तेजस् के प्रतिगमन से उदित होता है।[108] ठहराव की स्थिति में तेजस् अपने स्रोत की ओर – अचेतन की ओर – प्रवाहित होता है। इससे अचेतन सक्रिय हो जाता है। उस सक्रियता से बिम्बोदय होता है। आद्यबिम्ब के रूप में दोनों विरोधों की समीकृति के लिए मध्यम-भूमि प्राप्त होती है क्योंकि उसका उदय ऐसे स्तर से होता है जहाँ सभी विरोधों की अद्वय स्थिति है। बिम्ब दोनों विरोधों के साहचर्यों से पुंजित होता है। यदि वह अब दोनों में पूर्णतः विभाजित न होकर किसी एक के पक्ष में अधिक झुका है तो उसी पक्ष में प्रतीक

विलीन हो जाता है। इससे तनाव या संघर्ष का तात्कालिक शमन तो हो जाता है लेकिन कालान्तर में अभुक्त पक्ष पुनः अपना अधिकार चाहता है। अतः यही आद्यबिम्बन–प्रक्रिया पुनः उच्चतर स्तर पर स्वयं को दोहराती है। इसके विपरीत यदि हमारा अहं दृढ़ है अर्थात् दोनों पक्षों में समान रूप से सक्रिय है तो कोई भी पक्ष आद्यबिम्ब को अपने अधीन करने में सफल नहीं हो पाता। यह स्थिति सिद्ध करती है कि आद्यबिम्ब दोनों पक्षों में उच्चतर है। अहं की दृढ़ता और आद्यबिम्ब की उच्चता एक दूसरे को अनुकूलित करने वाले सहसम्बन्धी हैं। अहं की दृढ़ता के निर्धारक घटक के रूप में कभी अजन्मी व्यक्तिता की दृढ़ता और कभी आद्यबिम्ब की उच्च शक्ति की प्रतीति होती है। वस्तुतः व्यक्तिता की दृढ़ता और आद्यबिम्ब की उच्चता एक ही सिक्के के दो पहलू हो सकते हैं।[109]

अक्षुण्ण आद्यबिम्ब सृजन–प्रक्रिया का कच्चा माल प्रस्तुत करता है जिसमें वाद और प्रतिवाद दोनों ही क्रीड़ारत रहते हैं। इस रूप में यह एक ऐसी नयी सामग्री बन जाता है जो विभाजन को समाप्त करते हुए और विरोधों की ऊर्जा को सामान्य रूप में सरणीकृत करते हुए समग्र अभिवृत्ति को शासित करती है। ठहराव काबू में आता है और जीवन नयी शक्ति के साथ नये लक्ष्यों की ओर उन्मुख होता है।[110]

इस आद्यबिम्बन–प्रक्रिया को उसकी समग्रता में युंग ने चित्त का परात्पर कार्य कहा है।[111] जब यह परात्पर कार्य पूर्णतया सम्पन्न होता है तब दुनिया को कोई बुद्ध, तुलसी या गांधी मिलता है।

6. आत्मोपलब्धि

'आत्मोपलब्धि' शब्द उस प्रक्रिया का द्योतक है जिसके द्वारा व्यक्ति एक मनोवैज्ञानिक इकाई, एक पृथक् अविभाज्य इकाई या पूर्ण बन जाता है।[112] पूर्णता की उपलब्धि से युंग का अभिप्राय चेतन और अचेतन के जीवन्त सम्बन्ध में बंधे रहने से है।[113] यह पूर्णता सदैव सापेक्ष रहती है क्योंकि ऐसे जीवन्त सम्बन्ध में बंधे रहना भी एक स्थिति न होकर व्यक्ति–चित्त में निरंतर घटित होने वाली जीवंत प्रक्रिया है। यह सापेक्ष पूर्णता ही हमें जीवन–पर्यन्त किसी न किसी कार्य में प्रवृत्त रखती है। चित्त की ऐसी व्यवस्था को बनाये रखने के लिये तेजस् आद्यबिम्बों के माध्यम से सदैव संतुलन की एक दिशा में सरणीकृत होता रहता है। दूसरे शब्दों में, हमारा चित्त तेजस् की एक स्वतः नियमन व्यवस्था है जिसमें तेजस् सदैव संतुलन की दिशा में प्रवाहित रहता है। आद्यबिम्ब तेजस् के ऐसे प्रवाह के माध्यम हैं।

अब प्रश्न यह उठता है कि व्यक्ति चित्त में आत्मोपलब्धि-प्रक्रिया कब सम्पन्न होती है। एंथानी स्टॉर्र ने आत्मोपलब्धि को अनिवार्यतः जीवन के उत्तरार्ध में घटित होने वाली प्रक्रिया कहा है। [114] युंगीय मनोविज्ञान की अत्यधिक प्रामाणिक व्याख्यात्री जैकोबी के अनुसार आत्मोपलब्धि समग्रतः सहज स्वच्छन्द चित्तीय प्रक्रिया है। यह सक्षम रूप में प्रत्येक व्यक्ति में विद्यमान है यद्यपि अधिकांश व्यक्तियों को इसका ज्ञान नहीं है। [115] इस रूप में भी यह चित्त के निरंतर स्वतः नियमित होने की प्रक्रिया ही है जो आद्यबिम्बों के द्वारा तेजस् के सरणीकरण का लक्ष्य है।

वस्तुतः आत्मोपलब्धि के दो मुख्य सोपान हैं। अनीला जैफी के अनुसार आत्मोपलब्धि–प्रक्रिया दो विशिष्ट किन्तु विरोधी दिशाओं में घटित होती है। इसका पहला सोपान अचेतन से चेतना का पृथक्करण और विकास है। दूसरा सोपान अलगाव की स्थिति में पड़ी अतिविकसित चेतना का अचेतन से पुनः सम्बन्ध–स्थापन है। [116] जैकोबी ने भी इन दो सोपानों की चर्चा की है। उनके अनुसार आत्मोपलब्धि–प्रक्रिया के विरोधी और संपूरक विशेषताओं से युक्त दो मुख्य सोपान हैं। इनका लक्ष्य क्रमशः बहिर्जगत् एवं अंतर्जगत् से समंजन है। युंग ने दूसरे सोपान पर विशेषतः विचार किया है। इसीलिए जब वह आत्मोपलब्धि–प्रक्रिया की चर्चा करते हैं तो उनके मन में प्राथमिक रूप से दूसरा सोपान रहता है। [117]

इस प्रकार आत्मोपलब्धि–प्रक्रिया चित्त की स्वतः नियमन व्यवस्था है। इस व्यवस्था को बनाये रखने के लिए तेजस् का सरणीकरण प्रत्येक व्यक्ति के चित्त में होता है किन्तु आम आदमी के चित्त में यह प्रक्रिया अधिकांशतः अचेतन रूप में ही घटित होती है फलतः उसके लिए व्यक्ति की पूर्णता का . . . आत्मा का . . . सचेत साक्षात्कार अत्यन्त दुर्लभ रहता है। क्योंकि उनमें आद्यबिम्ब उदित होकर चित्तीय विरोधों में से किसी एक में विलीन हो जाते हैं। कोई महामानव ही बिम्बोदय को अक्षुण्ण रख पाता है और तब मानव संस्कृति अपने विकास का नया मार्ग पाती है जो पूर्ववर्ती मार्गों की अपेक्षा पूर्णतर होता है। युंग ने ऐसे सचेत साक्षात्कार पर बल दिया है।

आत्म–साक्षात्कार कोई ऐसी उपलब्धि नहीं है जो एक बार प्राप्त होने पर चिरकाल तक अक्षुण्ण रहे। इतना अवश्य है कि जो व्यक्ति ऐसा साक्षात्कार कर पाता है वह किसी भी संघर्ष में टूटता नहीं। आत्मोदय चेतन व्यक्तित्व के लिए स्थानच्युति का ही नहीं, उसके परिणामस्वरूप जीवन के प्रति पूर्णतया परिवर्तित दृष्टिकोण एवं अभिवृत्ति का, चित्त–कल्प का द्योतक है। [118] आत्म की यह उपलब्धि मात्र फैशन न होकर उच्चतम मानवीय कार्य है। उसके द्वारा व्यक्ति स्वयं को उस शाश्वत स्रोत में

प्रतिष्ठित करता है जहाँ जीवन और मृत्यु केवल मार्ग के विराम–स्थल हैं और जहाँ जीवन का अर्थ अहं तक सीमित नहीं है।[119]

7. आद्यबिम्ब और यौगपत्य

युंग ने अत्यन्त प्रदीर्घ चिंतन के उपरांत यौगपत्य के सिद्धान्त की स्थापना 1950 ई. के आसपास की। यह सिद्धान्त केवल मनोविज्ञान के क्षेत्र में ही अत्यन्त महत्त्वपूर्ण नहीं है बल्कि विज्ञान–दर्शन की दृष्टि से भी इसका महत्त्व असाधारण है। युंग की दृष्टि में आधुनिक भौतिकी की खोजों ने दुनिया की हमारी वैज्ञानिक तस्वीर में इस अर्थ में महत्वपूर्ण परिवर्तन किया है कि वे प्राकृतिक नियम (नेचुरल लॉ) की निश्चित वैधता को ध्वस्त करके उसे सापेक्ष बना चुकी है।[120] प्राकृतिक नियम के मूल में हेतुत्व का दार्शनिक सिद्धान्त है लेकिन अगर कारण और कार्य का सम्बन्ध केवल सांख्यिकीय दृष्टि से ही वैध और केवल सापेक्षतया ही सही सिद्ध होता है तो हेतुवादी सिद्धान्त प्राकृतिक प्रक्रियाओं की व्याख्या के लिए केवल सापेक्षिक उपयोग का ही है और, फलतः, स्पष्ट है कि एक व्याख्या के लिए एक या कुछ अन्य घटकों की सत्ता भी अनिवार्य होगी।[121] खोजबीन की प्रयोगात्मक पद्धति का लक्ष्य ऐसी नियमित घटनाएँ हैं, जिनकी आवृत्ति की जा सके। परिणामतः अद्वितीय अथवा आपावादिक घटनाएँ इस पद्धति द्वारा उपेक्षित हो जाती हैं। अलावा इसके यह पद्धति प्रकृति को सीमित करने वाली स्थितियों में रखकर अपने प्रश्नों का जवाब देने के लिए बाध्य करती है। प्रकृति का प्रत्येक उत्तर कमोवेश पूछे गए प्रश्न के स्वरूप से प्रभावित होता है। और उसका परिणाम सदैव एक दोगले उत्पाद के रूप में सामने आता है।[122]

हेतुवाद की इन सीमाओं को ध्यान में रखकर उसे संतुलित करने के लिए संयोग के सिद्धान्त की बात कही जाती रही है। संयोग की दुनिया में असंबद्ध घटनाएँ संयोगात् संबद्ध मान ली जाती हैं। युंग के अनुसार संयोग का दृष्टिकोण भी हेतुवादी ही है क्योंकि उसके मूल में यह विश्वास है कि संयोगात् होने वाली घटनाओं में भी कार्यकारण सम्बन्ध की ही सत्ता रहती है किन्तु हमें उसका ज्ञान नहीं होता है।[123]

कार्यकारण न्याय अथवा काकतालीय न्याय से घटना की व्याख्या पूर्णतया संतोषजनक न होने पर यह संदेह होना अत्यंत स्वाभाविक है कि वह सार्थक संघात की स्थिति है।[124] यौगपत्य का सिद्धान्त प्राकृतिक घटनाओं को अर्थवान संघात के

रूप में व्याख्यायित करता है।

संयोगात् संघातों की व्याख्या के लिए जो विविध प्रयोग किए गए हैं उनसे यह सिद्ध हुआ कि देशगत दूरी का कोई प्रभाव नहीं पड़ता। युंग के अनुसार यह तथ्य कि देशगत दूरी सिद्धान्ततः निष्प्रभावी रहती है, प्रदर्शित करता है कि विचारणीय विषय ऊर्जा या शक्ति का प्रतिभास नहीं हो सकता वर्ना स्थानगत दूरी का असर कार्य पर पड़े बिना नहीं रह सकता था।[125] इससे भी अधिक आश्चर्य का विषय यह है कि उपर्युक्त स्थानगत दूरी के समान ही काल का घटक भी निष्प्रभावी सिद्ध हुआ।[126] इस प्रकार संयोगात् संघातों की व्याख्या कार्यकारण न्याय अथवा काकतालीय न्याय से नहीं की जा सकती, क्योंकि इन सिद्धान्तों में दिक्काल की अनिवार्य अपेक्षा रहती है। युंग के शब्दों में, "यदि दिक् और काल, चित्तीय रूप से सापेक्ष सिद्ध होते हैं तो गतिमय पदार्थ एक समवर्ती सापेक्षता धारण करता ही है।"[127]

युंग के अनुसार सार्थक संघातों की व्याख्या के लिए एक ओर दिक्काल की धारणा से और दूसरी ओर अचेतन की धारणा से प्रारंभ करना होगा।[128]

सार्थक संघाती घटनाओं की व्याख्या के लिए युंग ने व्याख्या के हेतुवादी सिद्धान्त के समकक्ष एक प्राक्कल्पनात्मक घटक को रूपायित करने के लिए 'यौगपत्य' (synchronicity) शब्द का प्रयोग किया।

युंग ने यौगपत्य को चित्तीय रूप से अनुकूलित दिक्काल की सापेक्षता के रूप में पारिभाषित किया है।[129] यौगपत्य से अभिप्राय दो या दो से अधिक ऐसी घटनाओं का कार्यकारण न्याय से परे एक ही समय में संघात है जो एक या समान अर्थ रखती हैं।[130] हमारे जीवन में एक निश्चित चित्तीय स्थिति के साथ एक या अनेक बाह्य घटनाओं का इस प्रकार से युगपत भाव से होना कि वे प्रमाता के लिए सार्थक समानान्तर प्रतीत हों यौगपत्य है।[131]

विश्लेषणात्मक मनोविज्ञान के अनुसार मानव के अचेतन चित्त के लिए दिक् और काल सापेक्ष प्रतीत होते हैं अर्थात् वहाँ ज्ञान स्वयं को दिक्काल के ऐसे सातत्य में पाता है जिसमें दिक् फिर दिक् नहीं रहता और काल काल नहीं रहता। इसीलिए यदि अचेतन चेतना की दिशा में एक शक्ति का विकास करता है तो समानान्तर घटनाओं का ज्ञान किया जाना या ग्रहण किया जाना संभव है।[132]

हेतुवादी सिद्धान्त यह मानता है कि कारण और कार्य का सम्बन्ध एक अनिवार्यता है। यह यौगपत्य सिद्धान्त इस विचार पर बल देता है कि सार्थक संघात

युगपत भाव से और अर्थ से सम्बद्ध होता है।[133]

युंग ने अपने यौगपत्य के सिद्धान्त को प्राचीन मेधावियों के चिंतन की छाया में भी प्रतिष्ठित किया। लायबनित्ज़ के चिंतन पर विचार करते हुए उन्होंने यह मत व्यक्त किया कि कार्यकारण न्याय के साथ–साथ लायबनित्ज ने चिदणु के अन्दर और बाहर दोनों की घटनाओं की संपूर्ण पूर्वस्थापित समानान्तरता को रूपायित किया। युगपत् का सिद्धांत इस प्रकार उन सभी स्थितियों में एक निश्चित नियम बन जाता है जहाँ कोई आभ्यंतर चित्तीय घटना किसी बाह्य घटना के साथ युगपत् रूप से घटित होती है। इसके विरुद्ध हमें यह ध्यान रखना ही चाहिए कि यौगपत्यात्मक प्रतिभास जो संवेदनात्मक रूप से सत्यापित हो सकते हैं, नियम का विधान करने में तो दरकिनार, इतने आपावादिक होते हैं कि अधिकांश व्यक्ति उनकी सत्ता में संदेह करते हैं।[134]

युंग के यौगपत्य का सिद्धांत कोई दार्शनिक दृष्टिकोण नहीं है बल्कि यह बौद्धिक रूप से अनिवार्य सिद्धांत को रूपायित करने वाली आनुभाविक धारणा है।[135] आद्यरूप के विवेचन में यह कहा जा चुका है कि आद्यरूप दिक्कालातीत है। इस प्रकार यौगपत्य की धारणा आद्यरूप की धारणा से अनिवार्यतः संबंधित है। एक स्थान पर युंग ने स्पष्ट रूप से कहा है कि आद्यरूपात्मक प्रक्रियाओं का कार्यकारणन्याय से दूर का भी ऐसा संबंध नहीं है जो नियमानुरूप हो। इस प्रकार आद्यरूपात्मक प्रक्रियाओं की व्याख्या यौगपत्य के सिद्धान्तानुसार ही सम्भव है।[136]

यौगपत्यात्मक प्रतिभासों के निम्नलिखित वर्ग किए जा सकते हैं :–

1. गृहीता की चित्तीय स्थिति का युगपत भाव से वस्तुनिष्ठ बाह्य जगत् के साथ ऐसा संघात जो चित्तीय स्थिति का समवर्ती हो और जहाँ चित्तीय स्थिति एवं बाह्य घटनाओं में कोई कार्यकारण संबंध न हो और जहाँ देश और काल की चित्तीय सापेक्षता को ध्यान में रखते हुए ऐसा कोई संबंध कल्पनातीत हो।
2. चित्तीय स्थिति का समवर्ती (कमोवेश युगपत् भाव से) ऐसी बाह्य घटना के साथ संघात जो ऐसे स्थान पर घटित हो रही हो जो गृहीता चेतना के बोध से परे हो और जिसे बाद में ही सत्यापित किया जा सके।
3. चित्तीय स्थिति का ऐसी समवर्ती घटना के साथ संघात जो भविष्य में घटित हो और जिसे बाद में ही सत्यापित करना संभवित हो।

समग्र विवेचन से स्पष्ट है कि आद्यरूप आद्यबिम्ब के रूप में व्यक्त होते हैं अतः आद्यबिम्बात्मक प्रतिक्रियाओं की व्याख्या यौगपत्य के सिद्धान्त के आलोक में ही की जानी चाहिए।

संदर्भ-सूची

1. एम. एल. वान फ्रांज, सी. जी. युंग : हिज़ मिथ इन अवर टाइम्स, पृ. 3
2. सी. जी. युंग, द कलैक्टेड वर्क्स ऑव् सी. जी. युंग, खण्ड 8, पृ. 3–4
3. वही, पृ. 4
4. वही, पृ. 4–5
5. वही, पृ. 6
6. वही, पृ. 18
7. वही, पृ. 19
8. वही, पृ. 20
9. वही, पृ. 21
10. वही, पृ. 25
11. वही, पृ. 25–26
12. वही, पृ. 26
13. वही
14. वही
15. सी. जी. युंग, ऑन द नेचर ऑव् द साइके, पृ. 40–41
16. सी. जी. युंग, द कलैक्टेड वर्क्स ऑव् सी. जी. युंग, खण्ड 8, पृ. 32
17. वही, पृ. 33
18. फ्रायड, मनोविश्लेषण, पृ. 333
19. सी. जी. युंग, द कलैक्टेड वर्क्स ऑव् सी. जी. युंग, खण्ड 8, पृ. 40–41
20. सी. जी. युंग, ऑन द नेचर ऑव् द साइके, पृ. 47
21. सी. जी. युंग, मैन एंड हिज़ सिम्बल्स, पृ. 23
22. अनीला जैफ़ी, मिथ ऑव् मीनिंग, पृ. 138
23. सी. जी. युंग, मैन एंड हिज़ सिम्बल्स, पृ. 23
24. वही, पृ. 34 एवं 36
25. सी. जी. युंग, द कलैक्टेड वर्क्स ऑव् सी. जी. युंग, खण्ड 9, भाग 1, पृ. 3
26. वही, पृ. 42
27. सी. जी. युंग, मैन एंड हिज़ सिम्बल्स, पृ. 38
28. हिन्दी साहित्य कोश, देखिये – 'अचेतन'
29. सी. जी. युंग, द कलैक्टेड वर्क्स ऑव् सी. जी. युंग, खण्ड 9, भाग 1, पृ. 4–5

30. जोलेंडी जैकोबी, कॉम्प्लैक्स । आर्केटाइप । सिम्बल, पृ. 34
31. अनीला जैफ़ी, फ्रॉम द लाइफ एंड वर्क्स ऑव् सी. जी. युंग, पृ. 7
32. जोलेंडी जैकोबी, कॉम्प्लैक्स । आर्केटाइप । सिम्बल, पृ. 40–42
33. वही, पृ. 44
34. माइकेल फॉरदेम, न्यू डेवेलपमेंट्स इन एनेलिटिकल साइकॉलजी, पृ. 134
35. सी. जी. युंग, द इंटीग्रेशन ऑव् पर्सनेलिटी, पृ. 200
36. सी. जी. युंग, द कलैक्टेड वर्क्स ऑव् सी. जी. युंग, खण्ड 9, भाग 1, पृ. 101
37. वही, पृ. 79
38. वही, पृ. 160
39. जोलेंडी जैकोबी, कॉम्प्लेक्स । आर्केटाइप । सिम्बल, पृ. 31
40. सी. जी. युंग, द क्लैक्टेड वर्क्स ऑव् सी. जी. युंग, खण्ड 8, पृ. 93
41. वही
42. वही, पृ. 96
43. जोलेंडी जैकोबी, कॉम्प्लेक्स । आर्केटाइप । सिम्बल, पृ. 22
44. जोलेंडी जैकोबी, द साइकॉलजी ऑव् सी. जी. युंग, पृ. 36
45. वही
46. जोलेंडी जैकोबी, काम्प्लेक्स । आर्केटाइप । सिम्बल, पृ. 23–24
47. वही, पृ. 26
48. वही, पृ. 37
49. वही
50. सी. जी. युंग, द कलैक्टेड वर्क्स ऑव् सी. जी. युंग, खण्ड 9, भाग 1, पृ. 91
51. जोलेंडी जैकोबी, काम्प्लेक्स । आर्केटाइप । सिम्बल, देखिये – 'आमुख'
52. वही, पृ. 75
53. वही, पृ. 55
54. सी. जी. युंग, द कलैक्टेड वर्क्स ऑव् सी. जी. युंग, खण्ड 9, भाग 1, पृ. 79
55. अनीला ज़ैफी, द मिथ ऑव् मीनिंग, पृ. 16
56. सी. जी. युंग, द कलैक्टेड वर्क्स ऑव् सी. जी. युंग, खण्ड 9, भाग 1, पृ. 309
57. वही

58. जोलेंडी जैकोबी, कॉम्प्लेक्स । आर्केटाइप । सिम्बल, पृ. 58
59. वही, पृ. 51
60. वही
61. वही, पृ. 52
62. एंथनी स्टार, सी. जी. युंग, पृ. 34
63. जोलेंडी जैकोबी, कॉम्प्लेक्स । आर्केटाइप । सिम्बल, पृ. 52
64. सी. जी. युंग, द कलैक्टेड वर्क्स ऑव् सी. जी. युंग, खण्ड 9, भाग 2, पृ. 261
65. अनीला जैफ़ी, द मिथ ऑव् मीनिंग, पृ. 23
66. वही, पृ. 31
67. जोलेंडी जैकोबी, द साइकॉलजी ऑव् सी. जी. युंग, पृ. 40
68. जोलेंडी जैकोबी, कॉम्प्लेक्स । आर्केटाइप । सिम्बल, पृ. 74
69. सी. जी. युंग, द क्लैक्टेड वर्क्स ऑव् सी. जी. युंग, खण्ड 5, पृ. 232
70. सी. जी. युंग, ऑन् द नेचर ऑव् द साइके, अनु. 417
71. जोलेंडी जैकोबी, कॉम्प्लेक्स । आर्केटाइप । सिम्बल, पृ. 75
72. वही, पृ. 120
73. वही, पृ. 110
74. वही
75. सी. जी. युंग, द क्लैक्टेड वर्क्स ऑव् सी. जी. युंग, खण्ड 6, पृ. 442
76. वही, पृ. 443
77. वही, पृ. 447
78. सी. जी. युंग, मैन एंड हिज़ सिम्बल्स, पृ. 55
79. वही, पृ. 23
80. वही,
81. जोलेंडी जैकोबी, कॉम्प्लेक्स । आर्केटाइप । सिम्बल, पृ. 85
82. सी. जी. युंग, मॉडर्न मैन इन सर्च ऑव् ए सोल, पृ. 197
83. सी. जी. युंग, द कलैक्टेड वर्क्स ऑव् सी. जी. युंग, खण्ड 9, भाग 1, पृ. 6
84. आचार्य नगेन्द्र, मिथक और साहित्य, पृ. 11–12
85. सी. जी. युंग, द क्लैक्टेड वर्क्स ऑव् सी. जी. युंग, खण्ड 8, पृ. 237–38
86. वही, पृ. 240
87. वही, पृ. 241

88. सी. जी. युंग, द कलैक्टेड वर्क्स ऑव् सी. जी. युंग, खण्ड 6, देखिये – फेंटेसी
89. वही, पृ. 474
90. वही, पृ. 475
91. वही
92. वही
93. वही, पृ. 477
94. सी. जी. युंग, द कलैक्टेड वर्क्स ऑव् सी. जी. युंग, खण्ड 6, पृ. 442
95. वही
96. वही, पृ. 475–76
97. जोलेंडी जैकोबी, कॉम्प्लेक्स । आर्केटाइप । सिम्बल, पृ. 106
98. वही, पृ. 82
99. वही, पृ. 94
100. वही
101. वही, पृ. 95
102. जोलेंडी जैकोबी, द साइकोलाजी ऑव् सी. जी. युंग, पृ. 59
103. जोलेंडी जैकोबी, कॉम्प्लेक्स । आर्केटाइप । सिम्बल, पृ. 100
104. सी. जी. युंग, द कलैक्टेड वर्क्स ऑव् सी. जी. युंग, खण्ड 6, पृ. 478
105. वही, पृ. 478–79
106. सी. जी. युंग, द कलैक्टेड वर्क्स ऑव् सी. जी. युंग, खण्ड 6, पृ. 479
107. वही, पृ. 486
108. वही, पृ. 479
109. वही, पृ. 480
110. वही
111. वही
112. जोलेंडी जैकोबी, द साइकॉलजी ऑव् सी. जी. युंग, पृ. 108–109
113. वही, पृ. 105
114. एंथनी स्टार्र, सी. जी. युंग, पृ. 36
115. जोलेंडी जैकोबी, द साइकॉलजी ऑव् सी. जी. युंग, पृ. 107
116. अनीला जैफ़ी, द मिथ ऑव् मीनिंग, पृ. 83
117. जोलेंडी जैकोबी, द साइकॉलजी ऑव् सी. जी. युंग, पृ. 108–109
118. वही, पृ. 119 (पुराना संस्करण)

119. वही, पृ. 144 (पुराना संस्करण)
120. सी. जी. युंग, द कलैक्टेड वर्क्स ऑव् सी. जी. युंग, खण्ड 8, पृ. 421
121. वही
122. वही, पृ. 422
123. वही, पृ. 423
124. वही, पृ. 426
125. वही, पृ. 433
126. वही
127. वही
128. वही, पृ. 435
129. वही, पृ. 435
130. वही, पृ. 441
131. वही
132. वही, पृ. 481
133. वही, पृ. 485
134. वही, पृ. 500
135. वही, पृ. 512
136. वही, पृ. 515

2

आद्यबिम्ब और उपन्यास

आलोचना के क्षेत्र में आद्यबिम्ब की युंगीय धारणा के संप्रयोग से सम्बद्ध होने के कारण प्रस्तुत अध्ययन की प्रकृति अंतरशास्त्रीय है। इस प्रकार के अंतरशास्त्रीय अध्ययनों पर यह आपेक्ष प्रायः किया जाता रहा है कि इनसे आलोचना की स्वायत्तता सीमित या नष्ट हो जाती है। अतः अध्ययन की प्रकृति पर किंचित् विस्तार से विचार करना अप्रासंगिक न होगा।

जड़–जंगम के प्रचलित भेद को भी संदिग्ध बना देने वाली वैज्ञानिक खोजों के इस युग में साहित्यकारों और वैज्ञानिकों का अलग–अलग खिचड़ी पकाना सांस्कृतिक विकास के संदर्भ में स्वाभाविक नहीं रहा है। ज्ञान के विकास के साथ ही ज्ञान–विज्ञान के विभिन्न क्षेत्रों में परस्पर निर्भरता बढ़ी है और उससे अंतरशास्त्रीय संवाद को असाधारण महत्त्व मिला है। ऐसी स्थिति में आलोचना की स्वायत्तता के नाम पर इतर अनुशासनों के उपयोग का बहिष्कार हिन्दी आलोचना के सम्यक् विकास के लिए घातक सिद्ध हो सकता है।

आलोचना की स्वायत्तता प्रारंभ से ही सापेक्ष रही है और सदैव सापेक्ष रहेगी। अभिनवगुप्त पादाचार्य का रस–सिद्धान्त शैव दर्शन पर और ध्वनि–सिद्धान्त स्फोट पर आधारित है। काव्य के यथार्थ को लेकर प्रायः होने वाले विवाद की जड़ें प्लेटो और अरस्तू के काव्यसत्यविषयक दार्शनिक विवाद में निहित हैं। काव्य–सत्य के विवाद के मूल में प्लेटो के दार्शनिक प्रयत्न की सत्ता है। कहना यह है कि प्रचीन देशी–विदेशी काव्यशास्त्रीय संप्रदाय दर्शन–सापेक्ष रहे हैं। आधुनिक काव्यशास्त्र के अधिकांश संप्रदाय किसी न किसी दर्शन या विज्ञान की अपेक्षा करते हैं। अतः आलोचना की स्वायत्तता की चर्चा सीमित अर्थों में ही सार्थक है।

अंतरशास्त्रीय अध्ययनों और तुलनात्मक अध्ययनों में स्पष्टतया मौलिक अंतर है। तुलनात्मक अध्ययन अंतरशास्त्रीय भी हो सकता है और नहीं भी हो सकता। उदाहरणार्थ, किन्हीं दो कवियों का तुलनात्मक अध्ययन यदि मनोविश्लेषण की दृष्टि से किया जाये तो उसकी प्रकृति अंतरशास्त्रीय होगी किन्तु तुलना का आधार रस, ध्वनि, अलंकार आदि होने पर उसे अंतरशास्त्रीय अध्ययन नहीं कहा जा सकेगा।

आलोचना के क्षेत्र में इतर अनुशासनों की प्रमुखतः तीन दिशाएँ हैं। भारतीय काव्यशास्त्र में निपुणता को भी काव्यहेतु के रूप में स्वीकार किया गया है। मेधावियों की रचनाएँ भी निपुणता–निरपेक्ष नहीं होतीं। अतः ऐसी सृजनात्मक रचनाओं को समझने के लिये सम्बद्ध अनुशासन का ज्ञान अनिवार्य हो जाता है। उदाहरणार्थ, दर्शन, आयुर्वेद गणित, ज्योतिष आदि की जानकारी के बिना बिहारी के अनेक दोहों को समझना दुष्कर होगा। अज्ञेय का "अपने–अपने अजनबी" शीर्षक उपन्यास अस्तित्ववाद की सम्यक् जानकारी के अभाव में अविज्ञेय ही रहेगा। इसी प्रकार अनेक आधुनिक साहित्यकारों ने विभिन्न विज्ञानों के अनेक प्रत्ययों का प्रयोग किया है अतः सम्बद्ध विज्ञानों की जानकारी के बिना उनकी रचनाओं के अभिधेयार्थो का ज्ञान भी संभव नहीं है।

इतर अनुशासनों के उपयोग की दूसरी दिशा साहित्यिक कृतियों की व्याख्या से सम्बन्धित है, उदाहरणार्थ, मार्क्सवादी व्याख्या या मनोविश्लेषणात्मक व्याख्या। स्पष्ट है कि ऐसी व्याख्याओं में उन्हीं अनुशासनों का उपयोग संभव है जिनके प्रत्यय परिव्यापी हों और ये व्याख्याएँ वहीं तक स्वीकार्य या अस्वीकार्य हो सकती हैं जहाँ तक सम्बन्धित परिव्यापी प्रत्यय स्वीकार्य या अस्वीकार्य हैं।

इतर अनुशासनों के उपयोग की तीसरी दिशा है – साहित्यिक कृतियों के मूल्यांकन के संदर्भ में आलोचना के मानदण्डों का विकास। वस्तुतः इस प्रकार के उपयोग का महत्त्व सर्वाधिक है। इससे आलोचना की सापेक्ष स्वायत्तता भी अक्षुण्ण रहती है। इसीलिये इस दिशा में सबसे ज़्यादा ध्यान देने की ज़रूरत है।

अंतरशास्त्रीय अध्ययन की आदर्श स्थिति वह है जिसमें दो या दो से अधिक अनुशासन नीरक्षीरवत् रलमिल जायें। इतर अनुशासनों के उपयोग की उपरिवर्णित पहली दिशा अंतरशास्त्रीय अध्ययन की प्रवृत्ति को बढ़ावा तो दे सकती है किन्तु स्वयं में अंतरशास्त्रीय अध्ययन नहीं बन सकती क्योंकि उसमें केवल साहित्यालोचन का ही अनुशासन होता है। यह भी ध्यातव्य है कि अंतरशास्त्रीय अध्ययनों से प्राप्त मानदण्ड कालान्तर में एक स्वतंत्र अनुशासन के रूप में विकसित हो जाते हैं, जैसे मनोविश्लेषण और साहित्यालोचन के संगलन से मनोविश्लेषणात्मक आलोचना विकसित हो गयी।

हिन्दी आलोचना में इतर अनुशासनों के उपयोग की प्रवृत्ति दिनोंदिन बढ़ती ही जा रही है। उसका स्वरूप निरंतर अंतरशास्त्रीय होता जा रहा है। आलोचना के विकास में नृतत्त्वशास्त्र, समाजशास्त्र, मनोविश्लेषण, ग्रंथिमनोविज्ञान आदि अनुशासनों की महत्त्वपूर्ण कार्यकारिता को अनुभव किया जा रहा है। इस प्रकार अंतरशास्त्रीय

अध्ययन के क्षेत्र में गंभीर प्रयास हुए हैं। हिन्दी की मिथकीय आलोचना का विकास उसके अंतरशास्त्रीय स्वरूप के विकास के प्रति हमें आश्वस्त करता है।

हिन्दी में मिथकीय आलोचना के दो रूप प्रमुख रहे हैं – नृतत्त्वशास्त्रीय मिथकीय आलोचना और मनोवैज्ञानिक मिथकीय आलोचना। मनोवैज्ञानिक मिथकीय आलोचना मुख्यतः आद्यबिम्ब की युंगीय धारणा पर आधारित है। किसी भी विकसित आलोचना–संप्रदाय की शक्ति और सीमाएँ सुज्ञात हो जाती हैं अतः वह उतने विवाद का विषय नहीं रहता। मिथकीय आलोचना अपेक्षतया नवीन है अतः उसकी शक्ति के प्रति विद्वानों का संदिग्ध होना स्वाभाविक है। मिथकीय आलोचना के विषय में आचार्य नगेन्द्र का कथन है – "उपर्युक्त विश्लेषण से स्पष्ट है कि मिथकीय समीक्षा की प्रक्रिया केवल जटिल ही नहीं है, वरन् इसमें कल्पना पर भी काफ़ी दबाव पड़ता है। साथ ही, इसमें मत–वैभिन्य के लिये भी गुंजाइश हैः भिन्न–भिन्न आलोचक अपनी मनीषा के अनुसार एक ही रचना में अलग–अलग मिथकों का संधान कर सकते हैं या एक ही मिथक की अलग–अलग ढंग से व्याख्या कर सकते हैं।"[1] इस कथन में वस्तुतः मिथकीय आलोचना की शक्ति और सीमाएँ दोनों उल्लिखित हैं। इसमें दो मत नहीं हो सकते कि मिथकीय आलोचना की प्रक्रिया अत्यन्त जटिल एवं प्रतिभासाध्य है। उसमें आलोचक की कल्पना पर अत्यधिक दबाव रहता है। आद्यबिम्ब की धारणा पर आधारित मिथकीय आलोचना के संदर्भ में यह बात और अधिक दृढ़तापूर्वक कही जा सकती है। जहाँ तक व्याख्या–भेद की बात है, वह प्रत्येक आलोचना–संप्रदाय की सीमा है। मनोवैज्ञानिक मिथकीय आलोचना में विषयिनिष्ठ व्याख्याओं की संभावना अधिक हो सकती है किन्तु एक निश्चित पद्धति के अनुसरण से विषयिनिष्ठता का काफ़ी हद तक परिहार किया जा सकता है।

इन सीमाओं के अतिरिक्त आचार्य नगेन्द्र ने कुछ अन्य सीमाओं का भी संकेत किया है – "जैसा कि अनेक आधुनिक समीक्षकों का मत है, मिथकीय आलोचना का क्षेत्र रचना के व्याख्यान–विश्लेषण तक ही सीमित है – मूल्यांकन उसकी परिधि में नहीं आता, क्योंकि किसी एक या दूसरे मिथक के सफल–असफल प्रयोग के आधार पर रचना के कलात्मक मूल्य का आकलन नहीं किया जा सकता। इसी युक्ति–क्रम में यह और जोड़ा जा सकता है कि रचना के सर्वांग से नहीं वरन् विशेष अंग या पक्ष से ही सम्बद्ध होने के कारण मिथकीय समीक्षा व्याख्यात्मक समीक्षा का ही एक प्रकार मात्र है – यानी कि साहित्य के व्याख्यान–विश्लेषण की अनेक पद्धतियों में से एक यह भी है। साहित्य के सार्वभौम आदिम मानवीय तत्त्वों के संधान में प्रवृत्त होने के कारण, एक दृष्टि से यह व्याख्या मूलग्राही अवश्य होती है

किन्तु फिर भी इसका आधार फलक सीमित होता है।" [2] इस कथन में मिथकीय समीक्षा की दो सीमाओं का उल्लेख किया गया है - 1. मिथकीय समीक्षा मूल्यांकन की उपेक्षा करती है और 2. मूलग्राही होते हुए भी इसका आधारफलक सीमित है।

वस्तुतः नार्थ्रप फ्राइ जैसे मिथकीय आलोचक ने मूल्यांकन को आलोचना का लक्ष्य ही नहीं माना है। [3] अतः प्रो. नगेन्द्र का आरोप नृतत्त्वशास्त्रीय मिथकीय आलोचना के संदर्भ में पूर्णतया समीचीन है। मनोवैज्ञानिक मिथकीय आलोचना की स्थिति भिन्न है। वह केवल मिथकों या बिम्बों को छाँटकर नहीं रखती बल्कि समग्र भाषिक संरचना में व्याप्त बिम्बात्मक दीप्ति की परख भी करती है। आद्यबिम्ब के अध्येताओं का मिथकों या प्रतीकों से कुछ लेना-देना नहीं है; उनका सरोकार तो मिथकों या प्रतीकों के प्रयोग से है। इन प्रयोगों की सफलता का आकलन मूल्यांकन-निरपेक्ष नहीं होता। अतः आद्यबिम्ब की धारणा पर आधारित मनोवैज्ञानिक मिथकीय आलोचना केवल व्याख्या-विश्लेषण तक सीमित न होकर मूल्यांकन तक व्याप्त है। [4]

जहाँ तक मिथकीय आलोचना के, मूलग्राही होते हुए भी, आधार फलक के सीमित होने की बात है वह एक सीमा तक ही उचित है। वस्तुतः मनोवैज्ञानिक मिथकीय आलोचना का प्रारंभ मनोविश्लेषकों के हाथों रहा। जैसे-जैसे यह सौंदर्यशास्त्रियों और आलोचकों को आकृष्ट करती गयी वैसे-वैसे इसका आधार व्यापक होता गया। साथ ही यह आलोचना किसी भी नये-पुराने आलोचना-संप्रदाय के प्रतिमानों का तिरस्कार नहीं करती। वह विभिन्न आलोचना-संप्रदायों के परस्पर विरोधी प्रतीत होने वाले प्रतिमानों को अपने अनुकूल बनाकर मूल्यांकन में प्रवृत्त होती है।

वस्तुतः मिथकीय आलोचना साहित्य के गंभीर अध्येताओं को निरन्तर आकृष्ट कर रही है। प्रो. नगेन्द्र की दृष्टि में मिथकीय आलोचना आधुनिक आलोचना का शुद्ध और मौलिक रूप है - "मिथकों का सम्बन्ध साहित्य के अंतरंग स्वरूप से है; बहिरंग से नहीं अर्थात् उसकी सृजनात्मक संकल्पना से है; बाहर से गृहीत विचारों एवं सिद्धान्तों से नहीं। अतः मिथकीय आलोचना साहित्य के शुद्ध रूप का अंतरंग विश्लेषण करती है; किसी एक या दूसरी विचारधारा के आलोक में बहिरंग का विवेचन नहीं। इस प्रकार मिथकीय आलोचना आलोचना का शुद्ध और मौलिक रूप है।" [5] उन्होंने मुक्त कंठ से स्वीकार किया है कि प्रबन्ध काव्य के चरित्र विधान, वस्तु-संरचना, कथानक रूढ़ियाँ और मुक्तक काव्य की बिम्ब योजना, रूपनिर्मिति आदि के संदर्भ में मिथकीय आलोचना अधिक सटीक और प्रामाणिक है। [6]

हिन्दी में आद्यबिम्ब की धारणा पर आधारित मिथकीय आलोचना के प्रारंभ का श्रेय प्रस्तुत पंक्तियों के लेखक को प्राप्त है। 'आद्यबिम्ब और मुक्तिबोध की कविता' इस दिशा में प्रथम प्रयास था। तदुपरान्त "आद्यबिम्ब और नयी कविता" शीर्षक ग्रंथ में लेखक ने आद्यबिम्बात्मक आलोचना के सिद्धान्त पक्ष को पहली बार व्यवस्थित रूप में हिन्दी जगत् के सम्मुख रखते हुए नयी कविता का विशिष्ट अध्ययन प्रस्तुत किया।

हिन्दी की आद्यबिम्बात्मक आलोचना के विकास में प्रो. जगदीश कुमार का अविस्मरणीय योगदान रहा है। "मुक्तिबोध : संकल्पनात्मक काव्य" शीर्षक ग्रंथ के कुछ निबन्धों में उन्होंने मुक्तिबोध के काव्य के कुछ अंशों की व्याख्या एक सर्वथा नवीन पद्धति से की। इस पद्धति को उन्होंने बिम्बालोक पद्धति कहा। उनका "शमशेर : कवितालोक" शीर्षक ग्रंथ आद्यबिम्बात्मक आलोचना के व्यवहार–पक्ष का सर्वोत्तम उद्घाटन है। इस बिम्बालोक पद्धति में आलोचना के सभी प्रचलित अनुशासनों को समयक् रूप से आत्मसात करते हुए युंगीय दृष्टि को आधार बनाया गया है।

कविता के विशिष्ट संदर्भ में आद्यबिम्बात्मक आलोचना की पद्धति और निकषत्व पर "आद्यबिम्ब और नयी कविता" शीर्षक ग्रंथ में अपेक्षित विस्तार से विचार किया जा चुका है।[7] उपन्यास के संदर्भ में उसकी पद्धति और निकषत्व को निम्नलिखित शीर्षकों में प्रस्तुत किया जा सकता है :–

1. सिद्धान्त
2. व्यवहार

1. सिद्धान्त

उपन्यास–विधा अन्य विधाओं की अपेक्षा नवीन है। अन्य साहित्य–विधाओं की अपेक्षा उपन्यास का प्रादुर्भाव देरी से हुआ किन्तु उसका विकास अत्यन्त तीव्र गति से हुआ है। निरन्तर विकसित हो रही इस गद्य–विधा को परिभाषाबद्ध करना अतिदुष्कर कार्य है क्योंकि उपन्यास का नया विकास पूर्ववर्ती लक्षण–सीमाओं का अतिक्रमण कर देता है। हिन्दी उपन्यास भी इसका अपवाद नहीं है। अपने विकास के साथ ही उसका स्वरूप बदलता गया है और उसकी शिल्प–विधि भी अपेक्षतया स्वतंत्र एवं विकासशील रही है। डॉ. गणेशन के अनुसार विषय के अनंत विस्तार तथा जीवन के किसी भी पक्ष के प्रति निषिद्धता के अभाव

के कारण उपन्यास अभिव्यंजना की किसी भी प्रणाली का प्रतिषेध नहीं करता।[8] इसीलिए आलोचकों ने उपन्यास को परिभाषित करने की बजाय उसकी तत्त्वगत विशेषताओं को उजागर करना अधिक उपयुक्त समझा है। सामान्यतः उपन्यास के छह तत्त्व रहे हैं – कथानक, चरित्र–चित्रण, संवाद, भाषाशैली, देशकाल और उद्देश्य।

कथानक उपन्यास का अपरिहार्य तत्त्व है। उपन्यास ही नहीं, बल्कि गद्य और पद्य की सभी प्रबंधात्मक रचनाओं में कथानक की अनिवार्यता सिद्ध है। कोई भी आलोचना–संप्रदाय कथानक की उपेक्षा नहीं कर सकता क्योंकि कथानक उपन्यास की रीढ़ है। कथानक "कथा" से व्युत्पन्न है। कथा का शाब्दिक अर्थ है – वह जो कहा जाये। कथा का विशिष्ट अर्थ है – "किसी ऐसी कथित घटना का कहना, वर्णन करना, जिसका निश्चित परिणाम हो। घटना के वर्णन में भी कालानुक्रम आवश्यक है। . . . . जिस किसी से सम्बन्धित घटना हो, उसकी किसी विशेष परिस्थिति या परिस्थितियों का निश्चित आदि और अंत से वर्णन ही कथा कहलाता है।"[9] कथा में कालानुक्रम अनिवार्य है। कथानक कथा की अपेक्षा विशिष्ट होता है। इसके वैशिष्ट्य का अभिप्राय है कि "साहित्य के कथानक रूपों – लोककथा, महाकाव्य, खण्डकाव्य, नाटक, उपन्यास, कहानी आदि का वह तत्त्व जो उनमें वर्णित कालक्रम में शृंखलित घटनाओं को रीढ़ की हड्डी की तरह दृढ़ता देकर गति देता है और जिसके चारों ओर घटनाएँ बेल की भाँति आती, बढ़ती और फैलती हैं। सीधे तौर पर कह सकते हैं कि कथानक का अर्थ है – कार्यव्यापार की योजना।"[10] वस्तुतः कथानक व्यापारों का तारतम्य मात्र है। कथा से कथानक को कार्यकारण भावना के आधार पर पृथक् किया जाता है। कथा में केवल कालक्रम होता है जबकि कथानक में कार्यकारण भावना भी होती है। उपन्यास के अधुनातन विकास ने इस कार्यकारण भावना पर भी प्रश्न–चिह्न लगा दिया है। अब कथानक में संयोजित व्यापारों में ऐसी आंतरिक अन्विति या संगति अनिवार्य है जो मानव चित्त के लिये गम्य या विश्वसनीय हो।

उपन्यास के कालक्रम का किंचित् विस्तृत विवेचन अपेक्षित है। कथानक में अनुस्यूत व्यापार दिक् और काल के वैशिष्ट्य में ही संभव है। उपन्यास के आलोचक तो देशकाल के एक पृथक् तत्त्व की कल्पना कर लेते हैं और फिर देशकाल के सप्रभ या निष्प्रभ चित्रण के आधार पर उपन्यास का मूल्यांकन कर छुट्टी पा लेते हैं। समस्या इतनी सरल नहीं है। प्रश्न यह है कि वह दिक् और काल क्या है जिसमें व्यापार घटित होते हैं। वस्तुतः काल की समस्या वैज्ञानिकों और दार्शनिकों को विकल करती रही है। काल की वैज्ञानिक धारणा वस्तुतः इतिहास–काल की धारणा है जिसके अनुसार काल समप्रवाही या समगतिक है किन्तु मानवीय काल अथवा काल

का मानवीय अनुभव उसे समप्रवाही सिद्ध नहीं करता। अज्ञेय के शब्दों में कहें तो, "काल के मापन की योजना में वैज्ञानिक की जो पहली प्रतिज्ञा होती है, कि काल का प्रवाह सम (यूनिफॉर्म) गति से होता है, उसका क्या प्रमाण है? गोचर अनुभव में तो उसका कोई प्रमाण हो नहीं सकता, क्योंकि मनोवैज्ञानिक अथवा अनुभूत काल की गति कभी सम नहीं होती – हमारे अनुभव में काल भागता है, घिसटता है, भारी होता है बल्कि दूभर हो जाता है और कभी ऐसे भी अवसर होते हैं जब वह थम जाता है।" [11] काल को मापने की अन्य पद्धतियों का उल्लेख करते हुए अज्ञेय ने इस प्रचलित धारणा को स्वीकार किया है कि काल समगतिक नहीं है – "फिर भी जहाँ तक गणित की बात है, काल के प्रवाह की समगति एक निरी कल्पना नहीं तो विज्ञान का एक समय (कन्वेंशन) रह जाता है। सच्चाई यही है कि काल की कोई समगति नहीं है, न जानी जा सकती है। पारिभाषिक दृष्टि से जिसे सम कहा जाता है वह केवल एक गणितीय प्रक्षेपण है।" [12] आधुनिक विज्ञान के लिये दिक् और काल परस्पर सापेक्ष हैं। दिक् के अभाव में काल की और काल के अभाव में दिक् की व्याख्या संभव नहीं है। जिस दिग्मय काल की चर्चा की जाती है वह मानवीय चेतना से सम्बन्धित 'समय' मात्र है। विज्ञान जिस सावधि काल को समगतिक मान कर चलता है, उसे ही इतिहास–काल या ऐतिहासिक काल कहा जाता है। मानव के चेतन अनुभव के काल को मानवीय अनुभव का काल या मानवीय काल कह सकते हैं। मानवीय काल सावधि ही है किन्तु वह समगतिक नहीं है।

इतिहास–काल के एक वैज्ञानिक 'समय' (कन्वेंशन) सिद्ध हो जाने पर विज्ञान के हेतुवादी और यांत्रिकतावादी दृष्टिकोण की सार्थकता सीमित हो जाती है और युंग के यौगपत्य का सिद्धान्त एक व्याख्याकारी सिद्धान्त के रूप में प्रभावित करने लगता है।

उपन्यास का कथानक दिक्काल की विशिष्ट गतिमयता को रूपायित करता है। प्रश्न यह है कि इस गतिमयता का वैशिष्ट्य क्या है। यह वैशिष्ट्य इतिहास काल से सम्बद्ध नहीं हो सकता क्योंकि उपन्यास के कथानक में निहित कालप्रवाह समप्रवाही हो ही नहीं सकता। संभवतः इसी को लक्षित कर अज्ञेय ने कथानक में निहित दिक्काल की गतिमयता का वैशिष्ट्य मनोवैज्ञानिक काल परिदृश्य में देखा है। उनके शब्दों में, "कलात्मक विधा के रूप में उपन्यास का प्रयोजन मनोवैज्ञानिक काल परिदृश्य से है; ऐतिहासिक काल परिदृश्य से नहीं।" [13] यहाँ जिसे मनोवैज्ञानिक काल कहा गया है, वह मानवीय अनुभव का काल ही है।

मानव का अनुभूति–क्षण सतत वर्तमान है। उपन्यास के कथानक में विशिष्ट कालावधि में घटित व्यापार, चाहे वे अतीत के हों अथवा भविष्य के, उपन्यासकार की अनुभूति के ही आश्रित होते हैं। स्पष्ट है कि यह अनुभूति केवल चेतन अनुभवों से भिन्न होती है। एक अच्छे उपन्यास का कथ्य निश्चय ही उपन्यासकार के गहरे उद्वेल का परिचायक होता है। ऐसे गहन उद्वेलन में सर्जक के अचेतन चित्त की भूमिका के असाधारण महत्त्व को नकारा नहीं जा सकता। अतः उपन्यास का देशकालबद्ध कथ्य अंततोगत्वा सामूहिक अचेतन के दिक्कालातीत आद्यरूप से सम्बद्ध होता है। यह केवल संयोग तो नहीं हो सकता कि प्रेमचंद के अनेक उपन्यासों में आश्रम विद्यमान हैं या वृन्दावन लाल वर्मा के अनेक उपन्यासों के शीर्षक ('मृगनयनी', 'झाँसी की रानी', 'विराटा की पद्मिनी', 'अहिल्याबाई', 'रामगढ़ की रानी', 'दुर्गावती') नायिकाव्यंजक हैं। स्पष्ट है कि तथाकथित आश्रमवादी समाधान से प्रेमचंद का लगाव चेतनानुभवजन्य या सतही न होकर कहीं गहरा था। आश्रम स्वयं में विशिष्ट आद्यरूप से सम्बद्ध है। कहना यह है कि उपन्यास का कथानक यदि दिक्काल की विशिष्ट गति को रूपायित करता है तो गति का वैशिष्ट्य दिक्कालातीत आद्यरूप के दिक्कालबद्ध रूप – आद्यबिम्ब में निहित होता है। इससे यह भी स्पष्ट है कि देशकाल या वातावरण के रूप में उपन्यास के एक स्वतंत्र तत्त्व की कल्पना निर्विवाद नहीं है। वस्तुतः जिसे हम देशकाल कहते हैं वह उपन्यास के कथानक में ही निहित होता है। बिना दिक्काल के कथानक की सत्ता कल्पनातीत है। उपन्यास का कथानक जिस दिक्काल को रूपायित करता है वह इतिहास–काल न होकर अनुभव–काल है और, फलतः, सूचित न होकर बिम्बित होता है। उपन्यासकार जिस दिक्काल का सृजन करता है वह बिम्बमय होता है और सहृदय जिस दिक्काल का भावन करता है वह भी बिम्बमय होता है। उपन्यास में दिक्काल बिम्बित होता है। उदाहरणार्थ, रांगेय राघव का उपन्यास "मुर्दों का टीला" लिया जा सकता है। उसमें जिस दिक्काल का चित्रण है उसके बारे में हमारा ज्ञान आज भी बहुत सीमित है। यह उपन्यासकार की बिम्ब–सृजन क्षमता ही है कि उसने सुदूर अतीत से सम्बद्ध कथानक को अपनाया। स्पष्ट है कि उपन्यास में सिन्धु घाटी की सभ्यता नहीं है; वह दिक्काल सर्जक और भावक की पहुँच से परे है। केवल उसका बिम्ब हमारी चेतना का विषय बन सकता है। कहा जा सकता है कि युगीन यथार्थ का चित्रण करने वाले उपन्यासों के संदर्भ में उक्त विचारों की सार्थकता संदिग्ध है। वस्तुतः उपन्यास यथार्थ का छायांकन नहीं है, बिम्बांकन ही है वरना बहिर्जगत् के एक ही यथार्थ पर भिन्न उपन्यासों का सृजन नहीं हो पाता।

प्रश्न उठ सकता है कि उपन्यास के विकास के साथ ही कथानक का ह्रास हो रहा है। ऐसी स्थिति में कथानक को महत्त्व देना कहाँ तक संगत है। वस्तुतः यह प्रश्न कथा और कथानक का अभेद स्वीकार कर लेने पर उठता है। उपन्यास की विकास–यात्रा में कथा का ह्रास तो हो रहा है; कथानक का नहीं। जिसे हम कथानक की अप्रधानता कहते हैं वह, वस्तुतः, कथा की अप्रधानता है। उपन्यास विधा के संदर्भ में कथानक का महत्त्व सदैव अक्षुण्ण रहेगा। यह दूसरी बात है कि कथानक में बाह्य व्यापारों की अपेक्षा मानव के आभ्यंतर व्यापारों का – चित्तीय व्यापारों का – चित्रण अधिक महत्त्व प्राप्त कर रहा है। वस्तुतः बाह्य और आभ्यंतर का यह भेद भी सतही है क्योंकि कथानक में बाह्य जीवन से सम्बन्धित घटनाएँ भी आभ्यंतर अनुभूतियों की व्यंजक होती हैं और आभ्यंतर अनुभूतियों को व्यंजित करने वाले व्यापारों में भी बाह्य जीवन की आत्यन्तिक उपेक्षा नहीं होती। कथानक चाहे प्रख्यात हो या उत्पाद्य, उसमें मानव का आभ्यंतर जीवन ही व्यक्त होता है। जहाँ तक हिन्दी उपन्यास की बात है, अभी तक एक भी कथानकविहीन उपन्यास नहीं लिखा गया है। "सच तो यह है कि कथानकविहीन उपन्यास की हिन्दी में कल्पना ही नहीं की जा सकती। अभी तक उपन्यास शिल्प के जितने भी प्रयोग हैं उन सबका आधार कथानक ही है। कथानक–सम्बन्धी नये प्रयोग 'शेखरः एक जीवनी', 'मुख सरोवर के हंस', 'सूरज का सातवाँ घोड़ा', तथा 'चाँदनी के खंडहर' आदि औपन्यासिक कृतियों में स्पष्ट दिखाई पड़ता है।" [14] स्पष्ट है कि कथानक उपन्यास का अपरिहार्य तत्त्व है। उपन्यास की आलोचना में कथानक की आलोचना का महत्त्वपूर्ण स्थान है। शिकागो के अरस्तूपंथी तो कथानक की आलोचना को ही आलोचना का सर्वस्व मानते हैं। डॉ. शिवमूर्ति पांडेय के अनुसार, "इस संप्रदाय के महापंडित रिचर्ड मकियन हैं, जिनके विचारों का उपयोग क्रेन, आल्सन, मैकलीन, कीस्ट एवं वाइनवर्ग ने किया है। इन रसवादी अरस्तूपंथियों के मत में रससंपन्न कथानक ही काव्य है। क्रेन के अनुसार भाषा का अपना रूप अनुप्रास एवं लय आदि ध्वनि–मूल्यों में निहित तो है, किन्तु भाषा विचारों की अंतर्वस्तु है; अतएव विचार ही उसका रूप है। इसी भाँति विचार चरित्र की अंतर्वस्तु है, एवं चरित्र ही उसका रूप है। चरित्र कार्य–व्यापार की अंतर्वस्तु है, एवं कार्यव्यापार ही उसका रूप है। कार्यव्यापार कथानक की अंतर्वस्तु है, एवं भावोद्रेक ही कथानक का रूप है।" [15] इस प्रकार शिकागो स्थूल के ये आलोचक कथानक–संरचना के संदर्भ में संस्कृत काव्यशास्त्र के निकट हैं। संस्कृत काव्यशास्त्र में तीन ही तत्त्व स्वीकार किये गये हैं – वस्तु, नेता और रस। छह तत्त्वों के स्थान पर इन तीन तत्त्वों को स्वीकार करना अधिक समीचीन है। कथोपकथन, भाषा शैली और देशकाल तो वस्तु में ही अंतर्भुक्त हैं। कथानक और नेता भी अलग नहीं है। नेता

का व्यापार ही कथानक है। संस्कृत काव्यशास्त्र या नाट्यशास्त्र में व्यापार से व्यंजित नायकीय चरित्र या प्रकृति के उद्घाटनार्थ उसे पृथक् से विवेचित किया गया है। नेता और वस्तु का यह विशिष्ट सम्बन्ध कार्यावस्थाओं के विवेचन से पुष्ट है। प्रत्येक कार्यावस्था अंततोगत्वा नायक की फलप्राप्ति से सम्बद्ध है। फल को आधुनिक आलोचना की भाषा में उद्देश्य कहा जा सकता है। वस्तु और नेता से रस का ध्वनन होता है। अतः उपन्यास की आलोचना का अर्थ है – वस्तु और चरित्र–विधान की आलोचना। इस दृष्टि से शिकागो स्कूल के आलोचकों का मत एक सीमा तक ग्राह्य है। फिर भी उपन्यास की आलोचना में दृष्टिकोण और व्यवस्था का प्रश्न एक हद तक आलोचक के स्वभाव और अध्ययन की प्रकृति पर भी निर्भर करता है।

आद्यबिम्बात्मक आलोचना साहित्य की अन्य विधाओं की भाँति उपन्यास की आलोचना के संदर्भ में भी अन्य आलोचना–पद्धतियों को अस्वीकार नहीं करती। वह उपन्यास के सौंदर्योद्घाटन में उन सभी प्रचलित प्रतिमानों को स्वीकार करती है जो विविध आलोचना–संप्रदायों में समान हैं। आद्यबिम्बात्मक आलोचना के अंतर्गत उपन्यास की बिम्बात्मक इकाइयों का संधान किया जाता है। बिम्बात्मक इकाइयाँ मर्मस्थल हैं जिनकी पहचान को आचार्य रामचंद्र शुक्ल ने प्रबंध–पटुता में विशेष महत्त्व दिया है। मॉड बादकिन की तो समग्र आलोचना ही ऐसे विशेष स्थलों के विश्लेषण पर केन्द्रित है।[16] उपन्यास में मर्मस्थलों का चयन वस्तुतः बिम्बात्मक इकाइयों का चयन है क्योंकि मर्मस्थल पर अनेक बिम्ब किसी एक इकाई से सम्बद्ध हो जाते हैं।

बिम्बात्मक इकाइयों के विश्लेषण में मुख्यतः दो पद्धतियों का उपयोग किया जाता है – विस्तरीकरण और साहचर्य। साहित्य के अध्येताओं के लिये यह तथ्य महत्त्वपूर्ण है कि युंग साहित्यालोचक नहीं थे फिर भी उन्होंने अपनी एक रोगिणी की स्वप्न में रची कविताओं को प्रमुखतः विस्तरीकरण की पद्धति से विश्लेषित और व्याख्यायित किया तथा इस निष्कर्ष पर पहुँचे कि सृजन–प्रक्रिया में दमन की प्रेरणा के कारण उक्त कविताओं की आध्यात्मिकता एक आवरण है।[17] इसी प्रकार मॉड बादकिन भी मनोवैज्ञानिक थीं किन्तु उनके ग्रन्थ 'आर्केटाइपल पैटर्न्ज़ इन पोइट्री' को विशेष ख्याति मिली। उन्होंने इस ग्रंथ में इस प्राक्कल्पना का परीक्षण किया है कि हम विशिष्ट रूप या प्रारूप वाले ऐसे कथ्यों का अभिज्ञान कर सकते हैं, जो युग–युगों के वैविध्य में विद्यमान हैं और अपने द्वारा प्रभावित व्यक्तियों के चित्तों की संवेगात्मक प्रथाओं के प्रारूपों के समवर्ती हैं। इसके लिये उन्होंने दो पद्धतियाँ सुझायी हैं – 1. जातीय जीवन में विद्यमान कथ्यों का अध्ययन और उन कथ्यों के रूपों की तुलना तथा 2. ऐसे कथ्यों के गृहीताओं के प्रत्युत्तर रूप आंतरिक अनुभवों का गहन

विश्लेषणात्मक अध्ययन।[18] ये दोनों पद्धतियाँ क्रमशः विस्तरीकरण और साहचर्य की पद्धतियाँ हैं। नृतत्त्वशास्त्रीय आलोचक नार्थ्रप फ्राइ ने विरस्तरीकरण की पद्धति अपनायी।

साहचर्य पद्धति के अंतर्गत फ्रायड ने मुक्त साहचर्य पर बल दिया जबकि युंग ने निदेशित साहचर्य–पद्धति को महत्त्व दिया। आलोचना के संदर्भ में मुक्त साहचर्य की अपेक्षा निदेशित साहचर्य पद्धति का महत्त्व अधिक है क्योंकि इस पद्धति से प्राप्त साहचर्यों का विवेच्य बिम्ब से प्रत्यक्ष सम्बन्ध होता है। यह पद्धति ऐसे बिम्बों के संदर्भ में विशेष रूप से सफल सिद्ध हुई है जिनकी व्याख्या चेतन अनुभवों के संदर्भ में दुष्कर हो जाती है। साथ ही, इसका बिम्बों की शक्ति के अनुभव में भी उपयोग किया जा सकता है क्योंकि विवेच्य बिम्ब जितना अधिक तेजस्वी होगा उसका संवेगात्मक प्रत्युत्तर उतना ही सघन होगा।

विस्तरीकरण की प्रक्रिया में बिम्बों को उनके अर्थनाभिकों के अनुरूप सहधर्मी बिम्बों के व्यापकतर संदर्भों में विवेचित किया जाता है। सहधर्मी बिम्बों की विवेच्य बिम्ब से सामग्री की दृष्टि से समानता अनिवार्य नहीं है। बाह्य रूपाकार की दृष्टि से अत्यन्त भिन्न प्रतीत होने वाले बिम्ब भी एक ही आद्यरूप से सम्बद्ध होने के कारण सहधर्मी कहलायेंगे।

उक्त दोनों पद्धतियाँ आलोचना के क्षेत्र में समादृत हुई हैं। आर्थर केसलर के विचार से यौनसूत्रान्वेषी फ्रायडीय पद्धति की अपेक्षा बिम्ब–शृंखलाओं का स्रोतानुसंधान अधिक फलदायक है। उन्होंने इस संदर्भ में बादकिन के प्रयासों की सराहना की है।[19] नार्थ्रप फ्राइ ने भी बिम्ब–शृंखलाओं के स्रोतानुसंधान पर बल दिया किन्तु उनके अध्ययन का विषय कथानक की बिम्बात्मक इकाइयों का बाह्य रूप ही रहा। इसके लिये उन्होंने सप्रयास विस्तरीकरण की पद्धति अपनायी। बादकिन ने सप्रयास विस्तरीकरण की अपेक्षा अनायास विस्तरीकरण अर्थात् निदेशित साहचर्य की पद्धति अपनायी। उपन्यास की आलोचना में इन दोनों पद्धतियों को आधार बनाया जा सकता है।

उपन्यास की समग्र संरचना के संदर्भ में बिम्बात्मक इकाइयों के विश्लेषण के साथ ही आंतरिक अन्विति का उद्घाटन भी अनिवार्य है। युंगीय आद्यरूप आंतरिक अन्विति का हेतु और उपादान होता है। इस प्रकार बिम्बात्मक इकाइयों की आंतरिक अन्विति के उद्घाटन का अर्थ है – आद्यरूप के दिक्कालबद्ध संदेश का, उसके युगीन अभिप्राय का, उद्घाटन।[20] आंतरिक अन्विति का ऐसा उद्घाटन एक जटिल कार्य तो है किन्तु उससे उपन्यास की 'समझ' के विकास में बड़ी दूर तक मदद

मिलती है।

2. व्यवहार

हिन्दी कविता की आद्यबिम्बात्मक आलोचना विकसित हो गयी है किन्तु हिन्दी उपन्यास की आद्यबिम्बात्मक आलोचना के क्षेत्र में छुटपुट प्रयास ही हुए हैं। यहाँ यह उल्लेख अप्रासंगिक न होगा कि प्रो. डॉ. सत्यप्रकाश सिंह ने पहली बार युंगीय मनोविज्ञान के आधार पर "अभिज्ञान शाकुन्तल" के कथानक के विश्लेषण का प्रयास किया है।[21] अपने शोधलेख में प्रो. सत्यप्रकाश सिंह ने युंगीय मनोविज्ञान के आधार पर कथानक की मूल संरचना के उद्घाटन का प्रयास किया है। हिन्दी में डॉ. जगदीश कुमार का एक शोधपत्र "जैनेन्द्र का त्याग पत्र : संरचनात्मक विश्लेषण" शीर्षक से प्रकाशित हुआ।[22] इस शोधपत्र में 'त्यागपत्र' की मूल संरचना का गहन विश्लेषण प्रमुखतः आद्यबिम्ब की धारणा के आधार पर किया गया है। इसके अतिरिक्त अन्य कोई गंभीर प्रयास इस दिशा में नहीं हुआ है। यहाँ इस लेख में उपन्यास के संदर्भ में आद्यबिम्बात्मक आलोचना के कुछ पहलुओं का उद्घाटन निम्नलिखित रूप में किया जा रहा है –

(क) शीर्षक का आद्यबिम्बत्व,
(ख) कथानक का आद्यबिम्बत्व।

(क) शीर्षक का आद्यबिम्बत्व

नाम–माहात्म्य सुविदित है। सामान्यतः कृतिकार कृति के नाम को महत्त्व देता है। उसमें उसकी चित्तीय गहनताएँ बिम्बित होती हैं। इसीलिए नाम का विश्लेषण कृति की समयक् पहचान में सहायक हो सकता है। हिन्दी उपन्यास इसका अपवाद नहीं है।

"पानी के प्राचीर" और "जल टूटता हुआ" डॉ. रामदरश मिश्र के बहुचर्चित आंचलिक उपन्यास हैं। "पानी के प्राचीर" रूपक है। शीर्षक लाक्षणिक है। लक्षणा के व्यापारों में अचेतन का योग अनिवार्यतः रहता है अतः शीर्षक मानव के अचेतन अनुभवों के संदर्भ में भी व्याख्येय है।

"प्राचीर" का अर्थ है – नगर आदि की रक्षा के लिये चारों ओर निर्मित पक्की ऊँची दीवार, चारदीवारी, परकोटा आदि। इस शब्द का प्रयोग बाढ़ की दुर्लंघ्य

बाधाओं के द्योतनार्थ किया गया है। दीवारें लोक और शास्त्र में बाधाओं की प्रसिद्ध प्रतीक रही हैं। विवेच्य शीर्षक के स्थान पर "पानी की दीवारें" शीर्षक का प्रयोग सहज ही किया जा सकता था। उसमें "पानी" के तद्भवत्व से दीवारों का तालमेल बैठ जाता और दीवारों का बहुवचनत्व भी अखरता नहीं। विवेच्य शीर्षक में "प" की आवृत्ति से जन्मे वर्णसाम्य के बावजूद प्राचीरों का बहुवचनत्व खटकता है। "प्राचीर" का बहुवचन रूप में प्रयोग एकदेशीयता के स्थान पर बहुदेशीयता की प्रतीति कराता है क्योंकि सामान्यतः एक देश के लिये एक ही प्राचीर पर्याप्त समझा जाता है। यह बहुवचन रूप बाढ़ के पौनःपुन्य का भी सम्यक् बोध नहीं करा पाता क्योंकि प्राचीर शब्द स्थितिबोधक है जबकि पौनःपुन्य का सम्बन्ध गति से है। लोकमानस में "प्राचीर" शब्द से सुरक्षा का भाव सम्बद्ध है अतः वह बाढ़ की विध्वंसात्मकता की प्रतीति के लिये भी उपयुक्त नहीं है। सुरक्षा कैद भी बन जाती है अतः शीर्षक की यही सार्थकता हो सकती है कि बाढ़ का प्राचीर गाँव की ज़िन्दगी को कैद किये है।

विवेच्य शीर्षक से बाढ़ की ध्वंसात्मकता का बोध कराने का प्रयास किया गया है। उपन्यास बाढ़ की विकरालता से और "अपने अभावों के असूझ अंधकार से जीवट के साथ जूझती हुई जनता को" समर्पित है; उसमें बाढ़जन्य विभीषिकाओं का मार्मिक चित्रण भी है किन्तु बाढ़ की समस्या उपन्यास की मूल समस्या नहीं है। यह समस्या उपन्यास में आद्यन्त व्याप्त नहीं है। उपन्यास का कथानक इस समस्या के अनुरूप संघटित नहीं है। कथानक के पूर्वार्द्ध में बाढ़जन्य विभीषिका का एक भी चित्र नहीं है। कथानक के आरम्भ और अंत का इस समस्या से कोई सम्बन्ध नहीं है। उपन्यास में कहीं भी बाढ़ अंचल की अभावग्रस्तता के मूलभूत कारण के रूप में चित्रित नहीं है। वह एक स्थल पर कथा-विकास में सहायक अवश्य है। संपूर्ण उपन्यास में अंचल की अभावग्रस्तता एवं संपन्नों के अतिचार और वर्चस्व बनाये रखने के प्रयासों का हृदयद्रावक चित्रण है। उसमें अंचल-विशेष के समाज की अभावग्रस्तता के प्रति गहरी मानवीय करुणा की आद्यन्त व्याप्ति है। समाज की स्वार्थपरता और रूढ़िग्रस्तता के प्रति गहरा विक्षोभ मानवीय करुणा का ही एक रूप है। इस प्रकार शीर्षक उपन्यास के मूल प्रतिपाद्य से सम्बद्ध नहीं है। इससे शीर्षक की उपर्युल्लिखित असंगतियों की भी पुष्टि होती है।

स्पष्ट है कि विवेच्य शीर्षक में खोट है और वह देश और उद्देश्य की गहरी समन्विति के अभाव की ओर संकेत करता है। इसे मिश्र जी ने भी महसूस किया है। उपन्यास के दूसरे संस्करण की भूमिका में उन्होंने लिखा है – "पानी के प्राचीर 74 छोटे-छोटे अध्यायों में बँटा उपन्यास है। ये छोटे-छोटे अध्याय उपन्यास

की संरचना को गीतात्मक रूप देते हैं। इनमें से कई कथासूत्र को आगे बढ़ाने के स्थान पर वातावरण की सृष्टि करते हैं और वातावरण के माध्यम से परोक्ष रूप से कथा की रचना में योगदान देते हैं। द्वितीय संस्करण में मैंने कई छोटे–छोटे अध्यायों को तोड़कर एक में मिला दिया और मात्र वातावरण की सृष्टि करने वाले कुछ छोटे–छोटे अध्यायों को निकाल दिया। इससे कथा की दृष्टि से उपन्यास में अधिक कसावट आयी है।'' जाहिर है कि "पानी के प्राचीर" के प्रथम संस्करण में कथानक के संरचनागत शैथिल्य को रचयिता ने महसूस किया। उनके अनुसार प्रथम संस्करण में "मात्र वातावरण की सृष्टि करने वाले" अध्याय भी थे। रचयिता के चित्त में वातावरण और कथानक का अलगाव उक्त उद्धरण से स्पष्ट है। ऐसे अलगाव की प्रतीति चित्र के चेतन और अचेतन स्तरों में जीवन्त सम्बन्ध की कमी का द्योतन कराती है।

प्रश्न यह उठता है कि उपन्यास के कथानक का एक गौण प्रसंग शीर्षक पर छा जाने जितना महत्त्वपूर्ण क्यों हो गया। बाढ़ मनोवैज्ञानिक दृष्टि से अचेतन के चेतना को ग्रसने वाले ध्वंसात्मक पक्ष को प्रतीकित करती है। जलप्लावन का ऐसा अभिप्राय (मोटिफ़) विश्व की अनेक पुराकथाओं में मुक्ततः विद्यमान है। सार्वभौम विश्वास है कि प्राकृतिक आपदाएँ मनुष्यों के पापों का परिणाम होती हैं। पाप का घड़ा भरने पर कयामत आती है। "कामायनी" में जलप्लावन के हेतु-रूप में देवों के अतिचार का चित्रण उक्त लोक–विश्वास का ही प्रतिफलन है। लोक–विश्वास सर्वथा निर्मूल नहीं होते। आधुनिक मानव दुर्दैव से उनकी उपेक्षा करता है। यह एक सुज्ञात तथ्य है कि आजादी के बाद हमारे देश में असंयत औद्योगीकरण के रूप में संपन्नों के अतिचार से बाढ़ को बढ़ावा मिला है। उक्त लोक विश्वास का मनोवैज्ञानिक आधार व्यभिचार–निषेध है। व्यभिचार मातृ–ग्रंथि से और व्यभिचार–निषेध जीवन–मूल्यों के वाहक पितृबिम्ब से सम्बद्ध है। विवेच्य शीर्षक का उपन्यास के मूल प्रतिपाद्य से सम्बद्ध न होकर बाढ़ से सम्बद्ध होना इस तथ्य का पोषक है कि उसके मूल में पितृ–ग्रंथि है। उसकी असंगतियाँ उसकी ग्रंथ्यात्मकता का निश्चित प्रमाण है। पितृ–ग्रंथि और मातृ–ग्रंथि परस्पर निर्भर हैं। एक के बिना दूसरे की सत्ता संभव नहीं है।

आंचलिक उपन्यास अंचल के वैशिष्ट्य की बिम्बात्मक प्रकृति से जन्मता है। धरती या अंचल माँ है। "अंचल" शब्द ही मातृत्व–व्यंजक है। उसकी प्रतीति अनिवार्यतः मातृबिम्बात्मक होती है। विवेच्य उपन्यास का उद्देश्य भी मातृ आद्यरूप से सम्बद्ध है। युंगीय दृष्टि से विश्वबंधुत्व, मानवीय करुणा, विश्वास दयालुता जैसे गुणों

का वाहक मातृ–बिम्ब होता है। उपन्यास का मातृबिम्बत्व पात्रों के चरित्र, भाषा आदि से भी प्रमाणित किया जा सकता है। इस प्रकार विवेच्य कृति के मूल में मातृबिम्ब है।

नीरू उपन्यास का नायक होने से उपन्यासकार की अहं–चेतना का व्यंजक है। मनोवैज्ञानिक दृष्टि से उसकी समस्या अभावग्रस्त, रूढ़िग्रस्त और स्वार्थी समाज से समंजित होने की है। सामाजिक वैषम्य और नीरू की विपन्नता कारुणिक है। उपन्यास का सर्वाधिक कारुणिक प्रसंग नौकरी की तलाश में नीरू का गोरखपुर जाना है। स्वराज्य आन्दोलन, नीरू का गोरखपुर–गमन और बाढ़ का प्रकोप उपन्यास में क्रमशः चित्रित हैं। तीनों प्रसंगों का नियोजन उस स्थिति में होता है जब नायक के सम्मुख सामाजिक समंजन की समस्या अपने उग्रतम रूप में विद्यमान है। बाढ़ के प्रसंग से पहले नीरू अपने समाज से मुख्यतः भावना और संवेदन के आधार पर समंजित है। बाढ़ के बाद नीरू के चरित्र में जो परिवर्तन हुआ है वह स्पष्टतया सामाजिक समंजन के लिये उपेक्षित मूल्यों के वाहक पितृबिम्ब से सम्बद्ध है। उपन्यास के आरम्भ में नीरू अपने अंचल की समस्याओं से जूझता है; उपन्यास के अन्त में हम उसे निजी समस्याओं में लिप्त पाते हैं। उपन्यास के उत्तरार्द्ध में वह भावुक और संवेदनशील नहीं रहता; अपना घर भरता है। उसकी क्रांतिकारिता और समझौतापरस्ती में स्पष्ट विरोध है।

चारित्रिक विकास की अस्वाभाविकता के लिये पितृ–ग्रंथि उत्तरदायी है जिसका प्रथम प्रस्फुटन बाढ़ के रूप में हुआ है। युंगीय मनोविज्ञान के अनुसार सामाजिक समंजन के लिये मानव–चेतना का मातृबद्धता से मुक्त होना अनिवार्य है क्योंकि मातृ–ग्रंथि समंजन में प्रायः बाधक होती है। समंजन के लिये अपेक्षित मूल्यों का वाहक प्रमुखतः पितृबिम्ब होता है। उपन्यास के पूर्वार्द्ध में नायक के चित्त में चिंतन और सहजानुभूति दमित रहते हैं। सामाजिक समंजन की समस्या के उग्रतम रूप ग्रहण करने पर मातृग्रंथि से मुक्ति एवं उक्त दमित मनोवैज्ञानिक कार्यों का अनुकूलन अपेक्षित था। गोरखपुर में नायक के संध्या से मिलने की प्रबल कामना से व्यंजित है कि नायक मातृ–ग्रंथि से मुक्त नहीं हो सका। संध्या के भाई मिलिन्द की स्पष्ट बेरुखी के बावजूद संध्या से मिलने की अदम्य लालसा मातृ–ग्रंथ्यात्मक है। संध्या नीरू के गांव की लड़की है अतः उसके प्रति प्रेम अगम्यागमन से सम्बद्ध है। उपन्यास के कथानक की समग्र संरचना से स्पष्ट है कि नीरू महेश और मि. त्रिपाठी से संयुक्ततः सम्बद्ध प्रसंगों के मूल में भी नीरू–संध्या की प्रेमकथा है। ये प्रसंग स्पष्टतया मातृ–ग्रंथ्यात्मक हैं। नीरू के दाम्पत्य जीवन की कटुता और उससे जन्मी

निर्ममता भी मातृ–ग्रंथि के संदर्भ में व्याख्येय है। उपन्यास के अंत में "जो जस करई सो तस फल चाखा।" का लोक विश्वास अवश्य बिम्बात्मक दीप्ति लिये है। बाढ़ इस स्थिति के प्रति रचयिता के मन में पैठे पितृबिम्ब के प्रस्फुटन को चित्रित करती है।

रचना का शीर्षक रचना की समग्रता के प्रति रचयिता का प्रत्युत्तर होता है। विगत विवेचन से स्पष्ट है कि उपन्यास में अनेकत्र मातृ–ग्रंथि की अभिव्यक्ति है। विवेच्य शीर्षक उपन्यास की सीमाओं के प्रति रचयिता के अचेतन का प्रत्युत्तर है। शीर्षक पितृ–बिम्ब से आतंकित चेतना की जड़ता या स्तब्धता को व्यक्त करता है। "दीवार" के स्थान पर "प्राचीर" जैसा तत्सम प्रयोग पितृबिम्ब से सम्बद्ध गरिमा को ही व्यक्त करता है। शीर्षक में "दीवार" का प्रयोग इसलिये भी नहीं हो सका कि उसका स्त्रीलिंग होना पितृ–बिम्ब के अनुकूल नहीं था। बड़ों के लिये आदरार्थ बहुवचन के प्रयोग की परम्परा है। अतः "प्राचीर" के बहुवचन–रूप के प्रयोग के मूल में पितृ–ग्रंथि का दबाव स्वीकार किया जा सकता है। निष्कर्ष यह है कि विवेच्य शीर्षक उपन्यास की महत्त्वपूर्ण सफलताओं के स्थान पर उसकी कतिपय असफलताओं से, जिनका आभास रचयिता को भी रहा है, पितृ–ग्रंथि के दबाव के कारण सम्बद्ध हो गया है।

"जल टूटता हुआ" उपन्यास विवेचित उपन्यास के पूरक के रूप में चर्चित है। स्वयं मिश्र जी को भी इसकी पूरकता की गहरी प्रतीति रही है जिससे प्रकारान्तर से उनके चित्त में प्रथम उपन्यास के अधूरेपन की प्रतीति का भी बोध होता है। प्रथम उपन्यास में पूर्वी अंचल की स्वतंत्रतापूर्व की समस्याओं का चित्रण है। इस उपन्यास में एक अन्य पूर्वी अंचल की स्वतंत्रता प्राप्ति के उपरान्त की समस्याएँ चित्रित हैं। मनोवैज्ञानिक दृष्टि से भी यह उपन्यास प्रथम का पूरक है। विवेच्य शीर्षक विवेचित शीर्षक की ग्रंथ्यात्मकता से मुक्त है। "पानी के प्राचीर" उपन्यास में भावना और संवेदन की व्याप्ति है। "जल टूटता हुआ" में चिंतन और सहजानुभूति को महत्त्व मिला है। पूर्व विवेचित स्थिति–व्यंजक शीर्षक की तुलना में "जल टूटता हुआ" शीर्षक गति–व्यंजक है।

उपन्यास में गाँव की जिन्दगी के टूटते जाने का चित्रण है। ग्रामीण जीवन को जल से प्रतीक्ति किया है। उपन्यास के अंत में नायक सतीश सोचता है – "इस ज्वार का जीवन भी तो जल ही है, लेकिन पहले एक साथ बहता था, बाढ़ में उमड़ता था, एक साथ गर्मी में सूखता था, एक था। अब तो नये–नये बाँध बँध रहे हैं, उस जल के किनारे पाये बाँध भी पोख्ता नहीं हैं, जगह–जगह से दरक जाते हैं। जहाँ से दरकते हैं थोड़ा पानी बह जाता है, थोड़ा कहीं और दरकता है तो कुछ पानी

और बह जाता है, दूसरी दिशा को और ये पानी कहीं मिल नहीं पाते। विपरीत या सामांतर धाराओं में बहते ही चले जाते हैं . . . . हाँ टूट रहा है यहाँ का जल, टूट रहा है। . . . ." [पृष्ठ 381] आजादी के बाद गाँव के जीवन का निरन्तर टूटते जाना एक कड़ुवी सच्चाई है। जीवन और जल पर्याय है। यह पर्यायत्व दोनों के आद्यबिम्बात्मक अभेद का बोधक है। लोक और शास्त्र में इस आद्यबिम्बात्मक अभेद के सैकड़ों उदाहरण हैं। कबीर ने मानव जीवन को जल से उपमित किया। संतों के लिये मानव जीवन पानी के बुलबुले के समान क्षणभंगुर रहा है। रहीम का "मानस" भी "पानी गये" बाद उबरता नहीं है। विश्वविख्यात दार्शनिक थोरो ने मनुष्य को चलता फिरता जलकुंड कहा है। वैज्ञानिक दृष्टि से भी मानव जीवन एक तरह से जल के अलावा और कुछ नहीं है। इस प्रकार शीर्षक जल और जीवन के आद्यबिम्बात्मक अभेद से दीप्त है।

इस उपन्यास में पितृ–ग्रंथि से जन्मी वह जड़ता भी टूटी है जो प्रथम उपन्यास की शक्ति को सीमित करती रही है। ध्यातव्य है कि नायक सतीश और उसके पिता अमलेश तिवारी के संतुलित सम्बन्ध को उपन्यास में अत्यधिक महत्त्व मिला है। मिश्र जी ने पिता–पुत्र के सम्बन्ध को उल्लेखनीय सफलता के साथ चित्रित किया है जो पितृबिम्ब के साक्षात्कार की व्यंजक है।

शीर्षक बाह्य यथार्थ का व्यंजक होने के साथ–साथ आभ्यंतर यथार्थ का भी व्यंजक है। जल का टूटना मुहावरे में ही संभव है क्योंकि "टूटना" क्रिया का सम्बन्ध ठोस पदार्थों से है। मुहावरे प्रायः अचेतन अनुभवों से सम्बद्ध होते हैं। टूटता हुआ जल मानव चेतना के मातृत्व–व्यंजक अचेतन से मुक्त होने की प्रक्रिया का बोध कराता है जिसके संकेत "पानी के प्राचीर" के स्वराज्यान्दोलन और स्वतंत्रता प्राप्ति के प्रसंगों में मिलते हैं और जो "सूखता हुआ तालाब" में मूल प्रतिपाद्य के रूप में विद्यमान है। यह तथ्य इससे भी पुष्ट होता है कि "जल टूटता हुआ" का नायक सतीश अपने समाज से अपेक्षित सीमा तक समंजित है। उसके चरित्र में वे असंगतियाँ नहीं हैं जो नीरू के चरित्र में हैं। अपने पिता के स्वभाव से साक्षात्कार के माध्यम से वह पितृबिम्बात्मक तेजस् का साक्षात्कार करता है फलतः वह समंजन–मूल्यों का तिरस्कार नहीं करता। उसकी आदर्शप्रियता असामाजिक नहीं बनी है। नीरू की अपेक्षा सतीश के चरित्र में व्यक्त उपन्यासकार की अहं–चेतना अधिक सुदृढ़ है। इस प्रकार "जल टूटता हुआ" में उपन्यासकार की अहं–चेतना के विकास की प्रक्रिया व्यक्त हुई है। प्रक्रिया का बिम्ब ही जीवन के जल से उपमित किये जाने का हेतु है अन्यथा लोक और शास्त्र में जीवन–धारा का रूपक भी कम प्रख्यात नहीं है। धारा

का टूटना या धार टूटना लोक जीवन में अप्रिय भावों से सम्बद्ध है क्योंकि उससे चेतना के क्षतिग्रस्त होने की व्यंजना होती है। टूटता हुआ जल अचेतन से फूटती नयी चेतना का व्यंजक है। इसीलिये शीर्षक की रूपकातिशयोक्ति में धारा के स्थान पर जल का उपमान सहजतः प्रयुक्त हो गया है।

(ख) कथानक का आद्यबिम्बत्व

'पुनर्नवा' पं. हजारी प्रसाद द्विवेदी का प्रसिद्ध उपन्यास है। इसका उद्देश्य उदात्त है। द्विवेदी जी ने नरलोक से किन्नरलोक तक एक ही रागात्मक सत्ता को स्वीकार किया था। 'बाण भट्ट की आत्मकथा' का नायक प्राणिजगत् के इसी रागात्मक ऐक्य को समर्पित हुआ। 'पुनर्नवा' में भी "अपने आपको दलित द्राक्षा की भांति निचोड़कर महा–अज्ञात के चरणों में उँडेल" देने का आदर्श स्थापित है। युंगीय मनोविज्ञान की दृष्टि से पुरुष के चित्त में प्रेम, समर्पण, विश्वबंधुत्व आदि के सामान्य आदर्श माया के आद्यबिम्बात्मक धरातल से भी प्रकट हो सकते हैं। विवेच्य उपन्यास में मंजुला पूर्ण समर्पण के आदर्श की प्रमुखतम उद्घोषिका है। 'पुनर्नवा' विशेषण उसी को दिया गया है। उपन्यास के प्रारंभ में वही देवरात के बासी घाव को ताजा करती है। मरकर भी वह भावरूप में जीवित है और कथा–क्रम के विकास में देवरात को वृन्दावन जाने के लिये प्रेरित करती है। वही गोपाल आर्यक को धूता देवी के पास भेजती है, जिसकी प्रेरणा से गोपाल जीवन में समंजित होता है। वह बासी को ताजा करने के साथ–साथ बासी से ताजा होती भी है। इसी से उसका 'पुनर्नवा' विशेषण सार्थक है। पुनर्नवा मंजुला का यह वैशिष्ट्य माया के आद्यबिम्ब के कारण है। अचेतन का प्रतिनिधित्व करने वाली माया पर युंगीय मनोविज्ञान में पर्याप्त विस्तार से हुआ है। माया का आद्यबिम्ब आभ्यंतर चित्तीय स्थिति का व्यंजक होता है तथा अहं को आभ्यंतर विश्व से सम्बद्ध करता है। माया स्वप्नों, दिव्य–दर्शनों और फन्तासियों में एक ऐसी मानवी का रूप धारण करती है जिसमें उसकी समग्र विशेषताएँ विद्यमान हों। प्रत्येक माता और प्रत्येक प्रिया इस कालातीत सर्वव्यापक बिम्ब की – पुरुष के चित्त के गहनतम यथार्थ की – प्रतिभा और वाहिका है। उसके हृदय में स्थित यह ख़तरनाक नारी–प्रतिभा उस वफ़ादारी की द्योतक है जो जीवन–निर्वाह में कभी–कभी त्यागनी पड़ती है। यह जीवन की समग्र कटुता में विश्रान्ति देती है। साथ ही, यह महाठगिनी भी है, जो अपनी माया से मनुष्य को जीवन के संगत और उपयोगी पक्षों में ही नहीं, सद्सत्, सफल–निष्फल, आशा–निराशा जैसे द्वन्द्वों में भी बाँधती है। मानव की चेतना स्थिति के अनुरूप माया अचेतन का समग्रतः या अंशतः प्रतिनिधित्व

करती है। मायाबिम्ब के माध्यम से अचेतन की आश्चर्यजनक सृजनात्मक शक्ति भी व्यक्त होती है। संभवतः इसीलिये हमारे यहाँ वाक् की कल्पना देवी के रूप में की गयी है। विदेशी परम्पराओं में भी सृजन–क्षणों में 'दैवी आवेश' का ज़िक्र हुआ है।

विवेच्य उपन्यास में सहस्त्रों वर्षों की परम्परा से समृद्ध 'दलित द्राक्षा की भांति निचोड़कर' दे देने का आदर्श अनेक कारणों से निष्प्रभ हो गया है। यह आदर्श प्रमुखतः, अपने प्रभावक रूप में, देवरात की कथा से सम्बन्धित है जबकि पताका गोपाल आर्यक की है। उपन्यास के उद्देश्य से देवरात की कथा इतनी महत्त्वपूर्ण बन जाती है कि उपन्यास के कथानक का आनुपातिक सौंदर्य प्रभावित होता है। देवरात की कथा गोपाल आर्यक की कथा से सम्यक् रूप में अन्वित नहीं हो पायी है। यह उपन्यास केवल देवरात का या केंवल गोपाल आर्यक का किस्सा भी बन सकता है। 'पुनर्नवा' शीर्षक में ध्वनित उद्देश्य तो देवरात की कथा के माध्यम से ही पूरा हो जाता है। गोपाल आर्यक की समस्या मूलतः दो नारियों के साथ स्वयं को समंजित करने की समस्या है। इस प्रकार कथानक में उद्देश्योन्मुखी अन्विति का अभाव है। कथानक की अनेक घटनाएँ अस्वाभाविक हैं। घटनाओं में संयोगों की बहुलता है और उनका अंतस्सम्बन्ध शिथिल है; उनके सम्यक् नियोजन में कथाकार असफल रहा है। अनेक स्थलों पर पात्रों का चरित्र–चित्रण भी अस्वाभाविक बन पड़ा है। अब प्रश्न यह उठता है कि द्विवेदी जी जैसे सिद्ध कथाकार के उपन्यास में इस प्रकार की सीमाएँ क्यों हैं। मनोवैज्ञानिक दृष्टि से रचना की बनावट में झोल के लिए ग्रंथियाँ उत्तरदायी होती हैं क्योंकि उनसे चेतन–अचेतन का जीवन्त सम्बन्ध प्रभावित होता है। उपन्यास के कथानक में ऐसी ग्रंथ्यात्मकता स्पष्ट लक्षित होती है।

उपन्यास का नायक गोपाल आर्यक है। वह अत्याचारी शासन के विरोध में लहुरा वीर दल का नेतृत्व करता है। सामान्यतः उसे सामाजिक मर्यादाएँ स्वीकार्य हैं। देवरात के प्रस्ताव पर वह मृणाल से, प्रत्यक्षतः उसकी रक्षा करने के लिये, विवाह करता है। साथ ही, मृणाल के विवाह से पूर्व चंद्रा के प्रेम को 'मौन स्वीकृति' भी प्रदान करता है। चंद्रा के संपर्क में आने पर हलद्वीप छोड़कर चला जाता है। चंद्रा उसका पीछा करती है। उसकी रक्षा के लिये वह लिच्छिवियों से संघर्ष करता है। तदनन्तर सम्राट समुद्रगुप्त के सहयोग से, उनके महाबलाधिकृत के रूप में, हलद्वीप के अत्याचारी शासक को परास्त कर स्वयं शासन करता है फिर समुद्रगुप्त की सेना का नेतृत्व करता है। इसी मध्य उसे सम्राट् का पत्र मिलता है, जिसमें चंद्रा के साथ उसके सामाजिक दृष्टि से निषिद्ध सम्बन्ध की भर्त्सना होती है। लोकापवाद के भय से वह सेना छोड़कर भाग जाता है। अंततोगत्वा उज्जयिनी में राजा पालक को मारकर

विजय प्राप्त करता है और चंद्रा तथा मैना से मिलता है।

गोपाल आर्यक का पलायन एक 'पुनर्नवा' की संभवतः सर्वाधिक महत्त्वपूर्ण घटना है। यही एक घटना है, जिसके कारण 'मृच्छकटिकम्' का एक अज्ञात व्यक्तित्व लोक कथा के एक सुज्ञात नायक से सम्बद्ध होता है। समस्या यह है कि यह सर्वाधिक महत्त्वपूर्ण घटना उपन्यास में सर्वाधिक अस्वाभाविक रूप में प्रस्तुत हुई है। एक ओर तो यह गोपाल आर्यक के चरित्र के अनुरूप नहीं है और दूसरी ओर जिस परिवेश में संपन्न हुई है उसके यथार्थ के प्रतिफल है। सम्राट् समुद्रगुप्त की विजयाभियानरत सेना का महाबलाकृत इस प्रकार उसे छोड़कर चला जाए और गूढ़ पुरूषों की सक्रियता का संकेत तक न हो। लोकरस के चक्कर में पड़कर समुद्रगुप्त जैसे सम्राट् को इतना अविवेकी चित्रित किया है कि वह अपने महाबलाकृत के व्यक्तिगत जीवन से नितान्त अनभिज्ञ रहता है और उसकी सीमाएँ ज्ञात होने पर आक्रोश में आकर पत्र द्वारा उस समय भर्त्सना करता है जब उसकी सेना विजयाभिमान पर है। उपन्यास की यह केन्द्रीय घटना है किन्तु वर्णित न होकर सूचित है। इस केन्द्रीय घटना के बाद गोपाल आर्यक की सारी सक्रियता समाप्त हो जाती है। राजा पालक को मारने के प्रसंग को यदि छोड़ दिया जाय तो उज्जयिनी के तीव्रतम घटना–चक्र में वह 'चारूचंद्रलेख' के सातवाहन की तरह हाथ पर हाथ धरे बैठा रहता है।

प्रश्न यह उठता है कि क्या प्रसंगों की ऐसी अस्वाभाविकताएँ लोरक–चंद्रा के नायक और 'मृच्छकटिकम्' के अज्ञात व्यक्तित्व को निकट लाने के प्रयास में हुई है। उत्तर नकारात्मक होगा। यदि ऐसा ही होता तो उज्जयिनी में अन्य महत्त्वपूर्ण पात्रों को इतना सक्रिय और आर्यक को इतना निष्क्रिय चित्रित नहीं किया जाता।

'लोरक–चान्दा' की लोककथा में वस्तुतः दो नारियों या पत्नियों के साथ सम्बन्ध–निर्वाह की समस्या है। इस लोककथा के नायक को 'मृच्छकटिकम्' के कथा–व्यक्तित्व से सम्बद्ध करने के प्रयास से भी घटनाओं को सुसम्बद्ध किया जा सकता है, बशर्ते कि उसमें किन्हीं आद्यबिम्बों का संस्पर्श हो। उपन्यास के कथानक में आद्यान्त किसी एक आद्यरूप का बिम्बन होता है। कथानक का आद्यबिम्बत्व व्यापारों एवं उनके संपिण्डन में निहित रहता है। उपन्यास के अन्य तत्त्व भी संपिण्डन में निहित आद्यरूप के अनुरूप संयोजित होते हैं। समग्र कथानक में किसी एक आद्यबिम्ब की प्रमुखता होती है, व्यापारों के माध्यम से प्रकट अन्य बिम्ब उसमें संपिण्डित हो जाते हैं; उनकी स्वतंत्र सत्ता नहीं रहती। किसी भी उपन्यास की बुनावट में, यदि, झोल है तो मानना चाहिये कि उसमें आद्यबिम्ब का अभाव है और सर्जक

के चित्त में ग्रंथि की सक्रियता के कारण ही ऐसा हुआ है।

'पुनर्नवा' की केन्द्रीय घटना, जिस पर पूरे कथानक को बाँधे रखने का दारोमदार है; सूचित क्यों है? वर्णित क्यों नहीं है। उपन्यासकार नायक के महत्त्वपूर्ण व्यापारों के विस्तृत वर्णन या चित्रण से क्यों कतराया है? उपन्यास में जिन स्थितियों में पात्र पलायन करते हैं; उनका अपेक्षित होने पर भी चित्रण न करके उपन्यासकारों ने ग्रंथिग्रस्तता को अनजाने में व्यक्त किया है क्योंकि ग्रंथि के सक्रिय होने का एक लक्ष्य यह भी है कि व्यक्ति स्थिति–विशेष के प्रति सम्यक् प्रतिक्रिया करने में असफल हो जाता है। शब्द–साहचर्य–सम्बन्धी मनोवैज्ञानिक प्रयोग इस तथ्य के साक्षी हैं। ग्रंथि से प्रभावित सर्जक कथाक्रम में अस्वाभाविक प्रसंगों की कल्पना तो कर लेता है लेकिन अस्वाभाविकता के कारण उनका सम्यक् निर्वाह नहीं कर पाता।

गोपाल आर्यक के चरित्र–चित्रण में भी अनेक विसंगतियाँ हैं। सेना से उसका पलायन, मुख्यतः लोकापवाद के भय से चित्रित है जबकि उज्जयिनी में वह पाप–भावना से ग्रस्त व्यक्ति के रूप में चित्रित है। चंद्रा के कारण शहर छोड़कर भागना भी उसके समग्र व्यक्तित्व के प्रतिकूल जान पड़ता है। उसके इस प्रकार के अनेक व्यापारों का संयोजन उपन्यास में प्रयासजन्य है।

समग्र उपन्यास में गोपाल आर्यक के व्यक्तित्व के दो रूप सामने आते हैं। दोनों रूपों में उसका व्यक्तित्व सूचित अधिक है; चित्रित कम। वह पति भी है और प्रेमी भी। पति के रूप में वह मुख्यतः वर्णित है और प्रेमी रूप में सूचित। वह राजद्रोही भी है और राजभक्त भी। राजद्रोही रूप में वर्णित है और राजभक्त के रूप में सूचित। वह मर्यादाबद्ध भी है और मर्यादाभंजक भी। उसका मर्यादाबद्ध रूप चित्रित है और मर्यादाभंजक रूप सूचित। वह सक्रिय होकर व्यक्तिगत शौर्य का प्रदर्शन करता है और सेना का संचालक भी है। उसके व्यक्तिगत शौर्य का चित्रण हुआ है किन्तु महाबलाधिकृत का रूप केवल सूचित है। गोपाल आर्यक के ऐसे व्यक्तित्व से सम्बद्ध पक्ष पर कुछ विचार आगे प्रस्तुत किये जायेंगे। यहाँ केवल यही अभिप्रेत है कि गोपाल आर्यक का जैसा व्यक्तित्व द्विवेदी जी ने सृजित करना चाहा है, वैसा वे उसे समग्रता में चित्रित नहीं कर पाये हैं।

गोपाल आर्यक के समग्र चरित्र एवं उसके व्यापारों के चित्रण की उपर्युक्त सीमाओं से उपन्यासकार की ग्रंथिग्रस्तता सिद्ध है। इस प्रकार के चित्रण मुख्यतः मृणाल–मंजरी और चंद्रा से सम्बद्ध हैं। इसीलिये मातृ–ग्रंथि के अस्तित्व का अनुमान सहज ही किया जा सकता है। गोपाल आर्यक की समस्या मुख्यतः दो नारियों के साथ सम्बन्ध–निर्वाह की समस्या है। लोरक–चान्दा की लोककथा में भी यह समस्या

निहित है। इस समस्या के कुछ सूत्र द्विवेदी जी के अन्य उपन्यासों में भी लक्षित किये जा सकते हैं। 'बाणभट्ट की आत्मकथा' के नायक के निपुणिका के साथ–साथ चन्द्रदीधिति के साथ भी रागात्मक सम्बन्ध हैं। अंत में निपुणिका मर जाती है और चन्द्रदीधिति बाणभट्ट को नरलोक से किन्नरलोक तक व्याप्त रागात्मक ऐक्य के अनुभव के लिये प्रेरित करती है। 'चारुचन्द्रलेख' का सातवाहन चंद्रलेखा के साथ–साथ मैना की ओर भी आकृष्ट होता है। अंत में मैना आत्महत्या कर लेती है और चन्द्रलेखा सातवाहन को अपने साथ ले जाती है। विवेच्य उपन्यास में चंद्रा में मातृत्व का विकास हो जाता है, पत्नीत्व का विकास केवल मृणाल मंजरी उर्फ़ मैना माजर देई में ही होता है। तीनों उपन्यासों के इन नारी पात्रों के नामों में किंचित् साम्य भी लक्षित किया जा सकता है। स्पष्ट है कि द्विवेदी जी के उपन्यासों में एक नर के दो नारियों के साथ सम्बन्ध–निर्वाह की समस्या प्रधान है। 'बाणभट्ट की आत्मकथा' में यह समस्या अत्यधिक प्रच्छन्न है; 'चारुचंद्रलेख' में कुछ मुखर है एवं 'पुनर्नवा' में अत्यंत प्रबल रूप में प्रस्तुत है। एक पुरुष के दो नारियों के साथ समंजित होने की समस्या अपनी मूल प्रकृति में आद्यरूपात्मक है। शास्त्र–परम्परा और लोक–परम्परा में इस प्रकार के कथात्मक अभिप्राय (motifs) प्रायः मिल जाते हैं। 'पदमावत' की नागमती और पद्मिनी प्रस्तुत संदर्भ में उल्लेख्य हैं। 'कामायनी' का मनु आत्मोपलब्धि से पूर्व न तो श्रद्धा से समंजित हो पाता है और न ही इड़ा से। मनोवैज्ञानिक दृष्टि से यह आद्यरूपात्मक अभिप्राय व्यक्तित्व की द्विध्रुवीयता का व्यंजक है। इस प्रकार के अभिप्राय में दोनों नारियाँ प्रायः परस्पर विरोधी स्वभाव की होती हैं और अंतर्मुखता तथा बहिर्मुखता की परस्पर–विरोधी अभिवृत्तियों को व्यंजित करती हैं। मानव चित्त में इस दोनों में एक अभिवृत्ति प्रायः अभुक्त रह जाती है। आत्मोपलब्धि के लिये यह अनिवार्य है कि व्यक्ति अपनी अभुक्त अभिवृत्ति एवं अभुक्त मनोवैज्ञानिक कार्यों का साक्षात्कार करे। लोरक–चान्दा की लोककथा में मैना और चान्दा के मिलने पर दोनों में संघर्ष होता है और अंत में दोनों सह–अस्तित्व की स्थिति को प्राप्त होती हैं। इस प्रकार लोककथा में अभिवृत्तियों के द्वन्द्व और द्वन्द्वों के शमन का मनोवैज्ञानिक यथार्थ माया के आद्यबिम्बों में ध्वनित हुआ है। 'पुनर्नवा' में मैना और चंद्रा के निर्विरोध मिलन का चित्र प्रस्तुत कर उपन्यासकार ने सामाजिक यथार्थ के साथ ही मनोवैज्ञानिक यथार्थ की भी उपेक्षा की है। सामाजिक एवं मनोवैज्ञानिक यथार्थ की ऐसी उपेक्षा संभवतः मातृ–ग्रंथि के कारण है। मातृ–ग्रंथि, जो मूलतः मातृ–आद्यरूप से सम्बद्ध होती है, अपने सकारात्मक रूप से व्यक्ति को प्रेम आदि के सामान्य आदर्शों में बाँधती है। उपन्यास में गोपाल आर्यक के चरित्र एवं उसके अस्वाभाविक व्यपारों के चित्रण के लिये यही मातृ–ग्रंथि उत्तरदायी है। कथानक के क्रम में उसके चरित्र में

पाप–भावना इसी मातृ–ग्रंथि के कारण प्रबल हुई है अन्यथा उसके पलायन का प्रत्यक्ष कारण तो लोकापवाद का भय है। उपन्यासकार इस भय को ही वरीयता देता तो कथा चंद्रमौलि द्वारा गोपाल आर्यक को लोकापवाद की चिन्ता न करने के लिये प्रेरित करने पर भी समाप्त हो सकती थी। इस ग्रंथि के विविध पक्षों का विवेचन मनोविश्लेषण के क्षेत्र के अंतर्गत है। विश्लेषणात्मक मनोविज्ञान साहित्य के आद्यबिम्बत्व पर बल देता है और ग्रंथियों का विवेचन मनोविश्लेषकों के लिये छोड़ देता है।

'पुनर्नवा' में देवरात की कथा को द्विवेदी जी ने विशेष महत्त्व दिया है। उपन्यास के कथानक का आरम्भ ही देवरात के हलद्वीप में आश्रम बनाकर रहने से होता है। देवरात के जीवन की सर्वाधिक महत्त्वपूर्ण घटना – विमाता के षड्यन्त्र से उनकी पत्नी की मृत्यु – सूचित है। सूचित प्रसंग में विमाता के नाम का उल्लेख नहीं है जबकि पिता के नाम का उल्लेख है। नाम का उल्लेख न होना मनोवैज्ञानिक दृष्टि से अत्यंत महत्त्वपूर्ण है। विमाता स्पष्टतया मातृ–आद्यरूप से सम्बन्धित है। माता के आद्यरूप का सकारात्मक पक्ष वत्सला (loving mother) और नकारात्मक पक्ष कराला (terrible mother) के आद्यबिम्ब में व्यक्त होता है, उदाहरणार्थ, पार्वती वत्सला का और काली कराला का आद्यबिम्ब है। चेतना के वैशिष्ट्य के अनुरूप विमाता प्रायः कराला को प्रतीकित करती है। व्यक्तिगत संदर्भों में वह मातृ–ग्रंथि की वाहिका भी हो सकती है और इस रूप में वह अनेक दुल्लंघ्य बाधाओं को जन्म दे सकती है।

मातृ–ग्रंथि अपने विशुद्ध रूप में नारी के चित्र में ही लक्ष्य है लिंग के अंतर के कारण प्रत्येक पुरुष मातृ–ग्रंथि में, माता के आद्यरूप के साथ–साथ, माया के – पुरुष के यौन प्रतिरूप के – बिम्ब द्वारा महत्त्वपूर्ण भूमिका निबाही जाती है। इसीलिये पुरुष के चित्त में मातृ–ग्रंथि अनेक जटिलताएँ लिये हुए होती है। मनोविश्लेषण में यह तथ्य सुज्ञात है कि दाम्पत्य सम्बन्धों के सम्यक् निर्वाह में मातृ–ग्रंथि से अनेक प्रकार की बाधाएँ जन्मती हैं। लोक–प्रसिद्ध है कि इसी मातृ–ग्रंथि के कारण रामगंगा कुंआरी रह गयी थी। भीष्म के आजीवन ब्रह्मचर्यत्व के लिये मातृ–ग्रंथि ही उत्तरदायी थी। परी कथाओं में तो हत्यारी या नरमाँसभक्षिणी माता के बिम्ब प्रायः मिलते हैं। मातृ–ग्रंथि के इसी रूप के कारण देवरात की पत्नी शर्मिष्ठा की मृत्यु सूचित है क्योंकि मातृ–ग्रंथि से ग्रसित अहं उन संवेगों के साथ समंजित होने में प्रायः असफल हो जाता है, जिन्हें एक पत्नी का बिम्ब वहन करता है। देवरात अपनी मृत पत्नी का वर्णन मृणाल मंजरी से इन शब्दों में करते हैं —

"वह दिव्यलोक में है। वह निखिल चराकर की जननी भुवनमोहिनी है, वह कुलवधुओं की मानरक्षिका है।" (पुनर्नवा, पृ. 63) शर्मिष्ठा की ये सभी विशेषताएँ देवरात की मातृ–ग्रंथि की द्योतक हैं। मातृ–ग्रंथि के कारण ही शर्मिष्ठा पर माता–पत्नी का मिश्रित बिम्ब प्रक्षेपित हुआ है। कथाक्रम के विकास में नगरश्री मंजुला पर माता–पत्नी शर्मिष्ठा का बिम्ब प्रक्षेपित हो गया। मंजुला और शर्मिष्ठा का "वही रूप, वही रंग" होना तो एक सीमा तक संभव माना जा सकता है किन्तु "वही कांति, वही हँसी" (पुनर्नवा, पृ. 59) देवरात के ग्रंथि–ग्रस्त मन का सूचक है। इसी ग्रंथि के कारण मंजुला की मृत्यु का प्रसंग नियोजित है। उल्लेख्य है कि कथा विकास के क्रम में मंजुला का प्रेयसी रूप मुखर होता है वह देवरात को अपने घर पर आने के लिये आमंत्रित करती है। इस घटना के कुछ दिनों बाद महामारी फैल जाती है और मंजुला मर जाती है। मनोवैज्ञानिक दृष्टि से प्रेयसी रूप के मुखर होने पर मंजुला का मरना अनिवार्य था क्योंकि मातृ–ग्रंथि के कारण पत्नी या प्रेयसी रूप से समंजन असंभव था। महामारी का प्राकृतिक प्रकोप भी, मातृ–ग्रंथि के रूप में, जलप्लावन आदि की भांति अचेतन के ध्वंसात्मक पक्ष का द्योतक है। मनोविश्लेषण के अनुसार ग्रंथि के सचेत साक्षात्कार के अभाव में निग्रंथन असंभव है। सम्पूर्ण उपन्यास में देवरात इस प्रकार के साक्षात्कार में नितान्त असफल रहते हैं और, फलतः ग्रंथिमुक्त नहीं हो पाते। ग्रंथियाँ अनिवार्यतः दमन के कारण बनती हैं। युंग के अनुसार दमन के अनुद्विग्न बने रहने पर, व्यक्ति केवल माता तक ही सीमित नहीं रहता, प्रत्युत उससे भी परे, शाश्वत नारी के जन्मपूर्व क्षेत्र में पहुँच जाता है। (कलैक्टेड वर्क्स ऑफ् सी. जी. युंग, खण्ड 5, पृ. 330) कथाविकास के क्रम में देवरात इसीलिये उज्जयिनी में मंजुला के 'भाव रूप' में 'शाश्वत नारीत्व' का दर्शन करते हैं। सुज्ञात है कि यह 'शाश्वत नारी' और शाश्वत प्रेम विश्व के उपन्यासकारों का अत्यधिक प्रिय विषय रहा है। विवेच्य उपन्यास में शाश्वत नारी का बिम्ब कम है और उससे सम्बद्ध ग्रंथि अधिक है।

मनोविकृतिविज्ञान (psychopathology) में मातृ–ग्रंथि सदैव क्षति और रुग्णता के विचार से सम्बद्ध होती है। विवेच्य उपन्यास में देवरात सदैव स्वयं को घायल महसूस करते हैं। बासी घाव के हरे होने की ध्वनि उपन्यास के शीर्षक तक में गूँजी है। युंग ने संकीर्णताओं से मुक्त होकर मातृ–ग्रंथि के सकारात्मक पक्षों पर भी प्रकाश डाला है। उन्होंने मातृ–ग्रंथि से प्रभावित व्यक्तियों के सौंदर्यात्मक बोध एवं शिक्षकत्व का उल्लेख किया है। देवरात के चरित्र में ये दोनों विशेषताएँ देखी जा सकती हैं। देवरात से सम्बद्ध कथानक की भाषा में भी मातृ–ग्रंथि का प्रभाव लक्षित किया जा सकता है –

1. "देवरात ने मंजुला के आतिथ्य–ग्रहण का अवसर आज देखा।" (पृ. 25)

2. "मैं देवरात हूँ, देवी ! तुम्हारा निमंत्रण स्वीकार करके आ गया हूँ। चिंता न करो। अभी सब ठीक हुआ जाता है।" (पृ. 26)

3. "हाँ देवी! आज मैंने तुम्हारा निमंत्रण स्वीकार किया। साहस न छोड़ो।" (पृ. 26)

प्रथम वाक्य से यह ध्वनित होता है कि देवरात मंजुला का आतिथ्य–ग्रहण करने के लिये मौके की तलाश में थे और "जब कोई पानी देने वाला भी नहीं रह गया" तब उन्हें अवसर मिला। ऐसा वाक्य देवरात की दिव्यता का अपकर्षक है। अन्य वाक्यों में निमंत्रण का स्वीकार अत्यधिक मुखर है और उससे मंजुला की मरणासन्नता एवं देवरात की सेवा--भावना धुंधली पड़ जाती है। मंजुला के लिये 'देवी' सम्बोधन भी प्रसंगानुकूल प्रतीत नहीं होता। ये सारे भाषिक प्रयोग इस तथ्य के सूचक हैं कि मातृ–ग्रंथि के कारण देवरात मंजुला के प्रेयसी रूप से संमजित होने में असमर्थ है।

सुस्पष्ट है कि देवरात की कथा मातृ–माया की समस्या की वाहिका है। इसीलिये वह मृणालमंजरी के विवाह के साथ समाप्त नहीं होती और शाश्वत नारी के बिम्ब – भावरूपिणी मंजुला – पर जा टिकती है। क्योंकि तब उसके प्रेयसी–रूप से समंजित होने की समस्या अपने आपको दलित द्राक्षा की भाँति निचोड़ देने के आद्यरूपात्मक आदर्श में परिणत हो जाती है। युंगीय मनोविज्ञान में यह तथ्य सुज्ञात है कि व्यक्ति–मन की ग्रंथियाँ विकसित होकर आद्यरूपात्मक स्तर को प्राप्त हो जाती हैं; निस्सत्त्व नहीं होतीं। यही कारण है कि उपन्यास में चंद्रमौलि की कथा नियोजित हुई है। उपन्यास के कथानक की संरचना में चंद्रमौलि की कथा की अनिवार्यता संदिग्ध है। उसकी कथा उसी ग्रंथि के विशिष्ट रूप की वाहिका है जो देवरात की कथा के विकास–क्रम में निस्सत्त्व नहीं हुई। इसीलिये उपन्यासकार के चित्त में चंद्रमौलि के देवरात के सम्बन्धी होने की कल्पना जगी। चंद्रमौलि भी राजपरिवार से सम्बन्धित है। वह राजदुहिता के प्रेमपाश में आबद्ध है और उसकी मृत्यु का समाचार सुनकर अनेक राज्यों में भटकता फिर रहा है। वह भी देवरात की तरह स्वयं को महा–अज्ञात के चरणों में निछावर करता है। देवरात की मंजुला की तरह उसकी प्रिया भी "समष्टि–चेतना में घुलमिलकर अमृत–स्वरूपा बन गयी है।" देवरात के समान चंद्रमौलि भी महा–अज्ञात के चरणों में अपनी वियोग–व्यथा को निछावर करने के उपरान्त अपने को अमृत–रूप में पाता है। इस प्रकार मनोवैज्ञानिक दृष्टि से चंद्रमौलि की कथा देवरात की कथा का पुनर्नव रूप ही है। अंतर केवल इतना है कि

सम्राट समुद्रगुप्त चंद्रमौलि को उसकी पीड़ा कम करने के प्रयास का आश्वासन देते हैं। इस रूप में चंद्रमौलि की कथा में उस ग्रंथि का साक्षात्कार है जो देवरात की कथा में अछूती रह गयी है। ऐसा साक्षात्कार ग्रंथि को निस्सत्त्व करने के लिये अनिवार्य है। मातृ–ग्रंथि के जिस वैशिष्ट्य के कारण गोपाल आर्यक की कथा की बुनावट में अनेक झोल हैं; उसी के कारण देवरात और चंद्रमौलि की कथा को असाधारण महत्त्व मिला है। मातृ–ग्रंथि के कारण ही देवरात के प्रेमी रूप की अपेक्षा उसका आप्तत्व अधिक मुखर है। उज्जयिनी में देवरात का आप्तत्व सार्थक होता है जब वे अपने दोनों शिष्यों की उपलब्धियों का अनुभव करते हैं। स्पष्ट है कि जिस मातृ–ग्रंथि के कारण गोपाल आर्यक चंद्रा से समंजित नहीं हो पाता एवं उसके चरित्र और व्यापारों के चित्रण में अनेक अस्वाभाविकता है, उसी मातृ–ग्रंथि के कारण देवरात की कथा को उपन्यास में असाधारण महत्त्व मिला है। इसी मातृ–ग्रंथि के कारण कथानक की संरचनात्मक समग्रता की अनिवार्यता के विरुद्ध उज्जयिनी में देवरात और मंजुला का भावरूप प्रकट हुआ है।

विवेच्य उपन्यास में देवरात और गोपाल आर्यक के बाद सर्वाधिक महत्त्वपूर्ण पुरुष पात्र है – श्यामरूप। उसके जीवन के अनेक महत्त्वपूर्ण प्रसंग सूचित हैं किन्तु मांदी की खोज के महत्त्वपूर्ण प्रयासों के चित्रण में उपन्यासकार ने यथेष्ट रूचि ली है। श्यामरूप बचपन में अपने परिवेश में समंजित न हो सकने के कारण भाग जाता है, नट–मंडली में जम्भल का शिष्यत्व पाकर अज्जुक मल्ल को परास्त करता है, मौंदी की ओर आकृष्ट होता है, उसकी खोज में मथुरा पहुँचता है, मागू को परास्त करता है, उज्जयिनी पहुँचकर संयोगात् मांदी से मिलता है, उसे मुक्त कराने का प्रयास करता है, मंदिर में वृद्ध दम्पती का वात्सल्य और शिव की तलवार पाता है और, अंततोगत्वा, खोयी हुई मांदी और खोये हुए भाई से मिलता है। संपूर्ण उपन्यास में यही एक ऐसी कथा है जो, अनेक संयोगों के बावजूद, अपेक्षतया कम अस्वाभाविक है। अपने स्वतंत्र रूप में श्यामरूप की कथा नायक के आदिम मिथकीय व्यापारों की व्यंजक है। उपन्यास में चित्रित श्यामरूप के जीवन के सभी प्रमुख प्रसंग आद्यरूपात्मक हैं। यही एक ऐसी कथा है जो अपनी समग्रता में ग्रंथ्यात्मक कम, आद्यबिम्बात्मक अधिक है।

नायक के आदिम मिथकीय व्यापारों का मूलभूत कार्य व्यक्ति की अहं चेतना का विकास है। अहं–चेतना का विकास, मुख्यतः, जीवन के पूर्वार्द्ध में सम्पन्न होता है। श्यामरूप की कथा इस विकास के महत्त्वपूर्ण सोपानों को बिम्बित करती है। श्यामरूप का व्यक्तित्व अंतर्मुखी है। उसका गृहत्याग अंतर्मुखी व्यक्ति के चित्त में

बहिर्जगत् से समंजन में असफल तेजस् की प्रतिगति का व्यंजक है। मानव–सभ्यता के इतिहास में इस प्रकार के गृहत्याग के असंख्य उदाहरण मिलते हैं। बुद्ध और दयानंद के जीवन के प्रसंग तो प्रख्यात ही हैं। लड़के–लड़कियों के घर से भाग जाने की खबरें भी आये दिन अखबारों में छपती रहती हैं। उपन्यास में श्यामरूप के गृहत्याग की आद्यरूपात्मक घटना भी अपने परिवेश से समंजन में असफल तेजस् के अचेतनोन्मुख प्रवाह की आदिम व्यंजक है।

श्यामरूप हलद्वीप से भागने के बाद नट–मण्डली में रहकर चौधरी जम्भल से मल्लविद्या सीखता है। एक मल्ल के रूप में उसके दोनों धड़ चलते हैं। चौधरी जम्भल के मार्गदर्शन में वह मद्रदेश के अज्जुक मल्ल को, जो इकधड़ा है, परास्त करता है। श्यानरूप के दोनों धड़ों का चलना मनोवैज्ञानिक दृष्टि से उसके पूर्णतर होने का प्रतीक है। चौधरी जम्भल आप्तपुरुष का आद्यबिम्ब है। नायक के मिथकों में यह आद्यबिम्ब प्रायः विद्यमान होता है। इसकी अभिव्यक्ति सदैव उन परिस्थितियों में होती है जब अर्न्तदृष्टि, समझ, शुभ परामर्श, निश्चय आयोजन आदि अपेक्षित गुणों की प्राप्ति अपने बूते से बाहर हो जाये। परी कथाओं में भी आप्तपुरुष उस समय प्रकट होता है जब नायक स्वयं को असहाय और प्रतिकूल परिस्थितियों में पाता है और गूढ़ चिन्तन या आकस्मिक विचार अर्थात् कोई आध्यात्मिक कार्य या अंतः चित्तीय स्वचालन उसे मुक्त कर सकता है। यह सामान्यतः गुरु, यातुधान, पुरोहित, शिक्षक, चिकित्सक, आचार्य, पिता आदि के बिम्बों में प्रकट होता है। 'पुनर्नवा' में चौधरी जम्भल श्यामरूप को नया नाम देता है – छबीला पंडित। भीमकाय अज्जुक मल्ल को परास्त करना श्यामरूप के बूते की बात न थी। जम्भल की सहायता से ही वह अज्जुक की दुर्बलता से परिचित होते हैं और उसी के बताये गये दाव से वह अज्जुक को परास्त करता है।

श्यामरूप मांदी की खोज में मथुरा पहुँचता है। कथा–विकास के क्रम में जम्भल की भूमिका पूर्ण हो जाती है और वृद्ध पुजारी के रूप में आप्तपुरुष का एक अन्य आद्यबिम्ब उभरता है। उसकी सहायता से श्यामरूप चंद्रसेन का आश्रय प्राप्त करता है। मथुरा में वह माग् मल्ल को परास्त करता है। वृद्ध पुजारी जम्भल का समवर्ती है। श्यामरूप की कथा में आप्तपुरुष के आद्यबिम्ब चेतना–विकास के व्यंजक हैं। श्यामरूप की अहं–चेतना के विकास की स्थिति के अनुरूप वृद्ध पुजारी जम्भल की अपेक्षा सामान्य नैतिकता एवं परम्परागत मानवीय आदर्शों के प्रति अधिक निष्ठावान् है। वह श्यामरूप उर्फ़ छबीला पंडित को नया नाम देता है – शार्विलक। माग् भी अज्जुक मल्ल का समवर्ती है। अंतर केवल इतना है कि माग् राजा के साले

का कृपा पात्र है और उसे परास्त कर शार्विलक राजकोप का भाजन बनता है। इस प्रकार श्यामरूप के अहं–चेतना के विकास के दो स्तर क्रमशः छबीला पंडित और शार्विलक के व्यक्तित्व में व्यंजित हैं।

शार्विलक मांदी की खोज में उज्जयिनी पहुँचता है। उज्जयिनी में उसे सैनिक घेर लेते हैं। निःशस्त्र होने के कारण स्वयं को प्रतिरोध में असमर्थ मानते हुए वह घेरा तोड़कर जंगल की ओर भागता है। जंगल में वह शिव के मंदिर में वृद्ध दम्पती का वात्सल्य पाता है और शार्विलक से पुनः श्यामरूप बनता है। उसे शिव के मंदिर की तलवार प्राप्त होती है। उज्जयिनी लौटकर वह मांदी का उद्धार करता है और अपने भाई से मिलता है। नायक द्वारा प्रिया का उद्धार एक आद्यरूपात्मक प्रसंग है। विश्व की पुराकथाओं, परी कथाओं और लोक कथाओं में प्रिया के उद्धार की कथाओं से मानव का इतिहास भरा पड़ा है। प्रिया के उद्धार का कथात्मक अभिप्राय मातृ–बिम्ब से माया की मुक्ति को बिम्बित करता है। श्यामरूप को छबीला पंडित और शार्विलक नाम आप्तपुरुषों द्वारा दिये गये हैं। इन नामों को श्यामरूप ने सहर्ष अपनाया है। नाम माहात्म्य सुज्ञात है। नाम रखना, नाम बिगाड़ना, नाम बदल देना, नाम लेना, नाम न होना आदि मुहावरों में नाम की आद्यबिम्बात्मकता व्यक्त होती है। किसी व्यक्ति या पदार्थ का नाम जान लेने पर उससे सम्बद्ध अचेतन संवेग हमारे अहं से सम्बद्ध हो जाता है। अचेतन के किसी संवेग के वशीभूत होकर लोग अपना नाम बदल भी लेते हैं। उपनाम रखने में भी यही प्रवृत्ति लक्षित होती है। श्यामरूप के नये नाम नयी चेतनाओं के वाहक हैं। छबीला पंडित के रूप में उसकी चेतना इस स्तर तक विकसित होती है कि सामाजिक प्राणी के रूप में उसका त्वरित विकास प्रारंभ हो सके। अज्जुक मल्ल स्पष्टतः श्यामरूप के दमित व्यक्तित्व का व्यंजक है। उसे परास्त करना अपनी दुर्बलताओं पर – छाया पर – विजय प्राप्त करने का व्यंजक है। युंगीय मनोविज्ञान के अनुसार छाया का आद्यबिम्ब उन मूल्यों का व्यंजक होता है जो जीवन निर्वाह के क्रम में दमित होते हैं। यह हमारे व्यक्तित्व के कृष्ण पक्ष को प्रतीकित्त करता है। इस पर विजय–प्राप्ति का अर्थ इसके प्रति सचेत होना है। अज्जुक को परास्त करने के साथ ही श्यामरूप की कथा में मांदी का प्रवेश होता है। मांदी की ओर आकृष्ट होने के साथ ही उसमें अहं–चेतना के पृथक्करण का संघर्ष प्रबल होता है। अहं–चेतना के पृथक्करण और विकास का अर्थ उसका अचेतन से – माता के आद्यरूप से – मुक्त होना है। मांदी के उद्धार का प्रयास मुख्यतः इसी चित्तीय प्रक्रिया को प्रतीकित करता है। मातृबिम्ब में अहं–चेतना के मुक्त हुए बिना कोई भी पुरुष पत्नी या प्रेयसी के साथ अपने सम्बन्ध का सम्यक् निर्वाह नहीं कर सकता।

अहं–चेतना के विकास के साथ ही व्यक्ति, चाहे वह अंतर्मुखी हो अथवा बहिर्मुखी, अधिकाधिक सामाजिक होता जाता है। विवेच्य प्रसंग में शार्विलक की चेतना छबीला पंडित की चेतना से स्पष्टतः भी अधिक विकसित है और इस विकास के लिये उत्तरदायी है – मांदी जो मनोवैज्ञानिक दृष्टि से माया का आद्यबिम्ब है। विकास के इस वैशिष्ट्य के अनुरूप आप्तपुरुष को बिम्बित करने वाले जम्भल ने और छाया को बिम्बित करने वाले अज्जुक ने क्रमशः वृद्ध पुजारी और माग् का रूप प्राप्त किया है।

चेतना–विकास को प्रतीकित करने वाली नायक की कथाएँ प्रायः मृत्यु और द्विजत्व के आद्यरूप से सम्बद्ध होती हैं। श्यामरूप की कथा भी इसका अपवाद नहीं है। चेतना के विकास के लिये यह अनिवार्य है कि नारी के साथ अपने सम्बन्ध के सम्यक् निर्वाह के लिये उत्तरदायी माया के आद्यबिम्ब को मातृबिम्ब की गिरफ्त से मुक्त करके छबीला पंडित उर्फ़ शार्विलक पुनः श्यामरूप बने। यही प्रक्रिया द्विजत्व के आद्यरूप में व्यक्त हुई है। जननी के साथ–साथ प्रतीकात्मक माता का अभिप्राय नायक की कथाओं में प्रायः मिलता है। सीता की खोज में प्रवृत्त हनुमान को भी सुरसा के मुख से प्रतीकात्मक जन्म लेना पड़ता है। युंग ने तो यहाँ तक कहा है कि "वह नायक होता है जो दो माताओं से उत्पन्न होता है, पहले जन्म से वह नश्वर प्राणी बनता है और दूसरे से वह अनश्वर देवकल्प बन जाता है।" [23] उज्जयिनी के जंगल में स्थित शिव मंदिर में शार्विलक द्विजत्व को प्राप्त होता है। वृद्धा उसे शिव की तलवार देती है जिसे पाकर वह दैवी शक्तियों से मुक्त होता है। ध्यातव्य है कि यह तलवार युद्ध में किसी के प्राण नहीं लेती। तलवार स्पष्टतः तेजस् प्रतीक है। उसका ग्रहण तेजस् की प्रगति का व्यंजक है। इसका श्यामरूप की कथा के मूल में अहं चेतना के विकास के लिये तेजस् की प्रतिगति और प्रगति की चित्तीय प्रक्रियाएँ मृत्यु एवं द्विजत्व के आद्यबिम्ब में व्यक्त हुई है।

श्यामरूप की कथा में अहं–चेतना के विकास का अंतिम सोपान है – माया–बिम्ब की मातृ–बिम्ब में मुक्ति। ऊपर कहा जा चुका है कि देवरात की कथा मातृ–ग्रंथि से सम्बद्ध है। देवरात की मुख्य समस्या माता–पत्नी की समस्या है। चंद्रमौलि भी प्रकारान्तर में इसी समस्या से सम्बद्ध है। ये दोनों पात्र इस ग्रंथि से उबर नहीं पाये हैं। गोपाल आर्यक भी मातृ–ग्रंथि की जकड़ के कारण मृणाल मंजरी और चंद्रा के साथ अपने सम्बन्धों के प्रति सजग होने के स्थान पर पाप भावना से अभिभूत रहता है। ऐसी स्थिति में श्यामरूप की कथा विवेच्य उपन्यास में सर्वाधिक महत्त्वपूर्ण हो उठी है। यह कथा मृत्यु एवं द्विजत्व के आद्यबिम्बों की वाहिका है और

उपन्यासकार की उस मातृ–ग्रंथि का मोचन करती है जिसके कारण गोपाल आर्यक और देवरात के चरित्र एवं व्यापारों के चित्रण में अनेक अस्वाभाविकताएँ निहित हैं। यह दृढ़तापूर्वक कहा जा सकता है कि यदि, द्विवेदी जी के चित्त में श्यामरूप की कल्पना के द्वारा मृत्यु एवं द्विजत्व के आद्यबिम्ब उद्दीप्त नहीं होते तो 'पुनर्नवा' की रचना संभव नहीं हो पाती। मानव चित्त की स्वतः नियमन व्यवस्था इतनी विलक्षण है कि ग्रंथियों की ध्वंसात्मकता से बचने के लिये नये–नये बिम्ब स्वतः प्रकट होते रहते हैं। श्यामरूप के कारण ही गोपाल आर्यक की कथा में गति आयी है। गोपाल आर्यक के व्यक्तित्व का जो पक्ष सूचित है वही पक्ष श्यामरूप की कथा में चित्रित है। गोपाल का महाबलाधिकृत रूप सूचित है; श्यामरूप उज्जयिनी के युद्ध के संचालक के रूप में चित्रित है। एक प्रेयसी से भागता है, दूसरा प्रेयसी के लिये भागता है। इस प्रकार श्यामरूप गोपाल आर्यक का ही 'श्याम रूप' है। उसकी कथा आर्यक की कथा की संपूरक है। इस स्तर पर उपन्यास का कथानक नायक–द्वय की आद्यरूपात्मकता से सम्बद्ध हो जाता है। हमारी सांस्कृतिक परम्परा में नायक–द्वय का आद्यरूप प्रायः मिलता है। राम–लक्ष्मण और बलराम–कृष्ण की जोड़ियाँ प्रख्यात् हैं। उपन्यास के प्रारंभ में श्यामरूप और गोपाल आर्यक की उपमा भी बलरामकृष्ण से दी गयी है। नायक–द्वय के आद्यबिम्ब प्रायः मानव चित्त की द्विपक्षीयता के व्यंजक होते हैं। चित्त के ये दोनों पक्ष अपनी प्रकृति में परस्पर संपूरक होते हैं।

उपन्यास के संपूर्ण कथानक में व्यापार इस रूप में संयोजित है कि उज्जयिनी में घटनाचक्र तीव्रतम हो जाता है। श्यामरूप मांदी की खोज में उज्जयिनी पहुँचता है। सेना को छोड़कर भागा हुआ गोपाल आर्यक भी उज्जयिनी में प्रकट होता है। चंद्रमौलि का तो पात्रत्व ही उज्जयिनी की ओर जाते पथिक के रूप में प्रारंभ हुआ है। देवरात भी भटकते हुए उज्जयिनी पहुँच जाते हैं। मंजुला का भावरूप भी उज्जयिनी में विद्यमान है। यहाँ तक कि चंद्रा पर उसके पति द्वारा मुकद्दमा भी इसीलिये दायर होता है कि विद्वत्सभाओं के निर्णय लाने के बहाने सुमेर काका और उनके साथ मृणाल मंजरी एवं चंद्रा को उज्जयिनी की ओर भेजा जा सके। सम्राट समुद्रगुप्त भी जलमार्ग से जाती हुई मृणाल मंजरी की रक्षा का दायित्व वहन करते हुए सेना के साथ किनारे–किनारे उज्जयिनी की ओर बढ़ते हैं। इस प्रकार उपन्यास के लगभग सभी महत्त्वपूर्ण पात्र या तो उज्जयिनी पहुँचे हुए होते हैं या पहुँच रहे होते हैं। इससे स्पष्ट है कि विवेच्य उपन्यास में उज्जयिनी को 'मृच्छकटिकम्' के कारण ही महत्ता नहीं मिली है। उज्जयिनी के असाधारण महत्त्व का कारण उसका मातृ–बिम्बत्व है। युंग के अनुसार माता का आद्यरूप भूमि, नगर, गुफ़ा, मंदिर, चर्च आदि में भी बिम्बित हो सकता है। प्रस्तुत उपन्यास में उज्जयिनी माता का आद्यबिम्ब है माता के

आद्यबिम्बात्मक धरातल पर द्वन्द्वों का शमन होता है। मातृबिम्बत्व के कारण ही उज्जयिनी प्रत्येक पात्र के लिये व्यक्तित्वान्तर का स्थान बन जाती है।

उज्जयिनी पहुँचकर गोपाल आर्यक का भावरूपिणी मंजुला से साक्षात्कार होता है। गोपाल आर्यक के मन में "माता संन्यासिनी का बिम्ब उदित होता है। मंजुला के रूप में गोपाल आर्यक अपने ही चित्तीय यथार्थ का साक्षात्कार करता है। वह नारी के पुत्री–भाव, प्रिया–भाव और मातृ–भाव को अलगाता है। निबन्ध के प्रारंभ में कहा जा चुका है कि मंजुला प्रस्तुत उपन्यास में शाश्वत नारी के – माया के – आद्यबिम्ब की वाहिका है। इस बिम्ब के साक्षात्कार से गोपाल आर्यक अपनी माता–माया की समस्या के प्रति सचेत होता है। माया का यह प्रभावक बिम्ब उसे चारूदत्त और धूतादेवी की ओर ले जाता है। धूतादेवी से गोपाल आर्यक भाभी का रिश्ता जोड़ता है। भारतीय जीवन के संदर्भ में भाभी का मनोवैज्ञानिक महत्त्व निर्विवाद है। वह माता भी है और माया भी। इस संदर्भ में उल्लेख्य है कि श्यामरूप भी प्रौढ़ भाभी के व्यवहार से ही प्रथमतः मांदी की ओर आकृष्ट होता है। धूता देवी भी माता–माया को बिम्बित करती है। उसकी प्रेरणा से गोपाल आर्यक अपनी ग्रंथि से मुक्त होकर दो आँखों की तरह जीवन के दो समान महत्त्व वाले पक्षों को प्रतीकित करने वाली मंजुला और चंद्रा से समंजित होता है और इस प्रकार अपनी 'आत्मा' को उपलब्ध करता है।

इस प्रकार 'पुनर्नवा' की मुख्य समस्या माता–माया की ग्रंथि की समस्या है जिसके निःसत्त्व होने पर उपन्यास का नायक अपनी व्यक्तिता की – आत्मा की उपलब्धि करता है। सर्जक के चित्त में माता–माया की इस ग्रंथि के कारण उपन्यास में पात्रों के चरित्र एवं व्यापारों के चित्रण में अनेक विसंगतियाँ हैं। उपन्यास का कथानक अनेक स्थलों पर ग्रंथ्यात्मक है, उसमें आद्यबिम्बों की दीप्ति क्षीण है। केवल श्यामरूप की कथा ही ऐसी है जो अपनी प्रकृति में आद्यन्त आद्यबिम्बों का संस्पर्श लिये हुए है। आद्यबिम्बों के ऐसे संस्पर्श के कारण ही कथानक अपनी अनेक विसंगतियों के बावजूद फल–प्राप्ति की दिशा में अग्रसर होता है। श्यामरूप की कथा में व्यक्त मृत्यु और द्विजत्व के व्यंजक आद्यबिम्बों ने 'पुनर्नवा' के रचयिता को इतना समर्थ बनाया है कि वह प्रमाता को उपन्यास के कथानक की संरचनात्मक समग्रता की प्रतीति कराने में सफल हुआ है अन्यथा 'चारुचंद्रलेख' के कथानक की तरह 'पुनर्नवा' के कथानक का भी सही 'बिन्दु' तक पहुँचना असंभव होता। समग्र विवेचन से स्पष्ट है कि उपन्यास की संरचनात्मक गहनताओं के उद्घाटन में आद्यबिम्बात्मक आलोचना एक विश्वसनीय आधार प्रदान करती है।

संदर्भ-सूची

1. प्रो. नगेन्द्र, मिथक और साहित्य, पृ. 75
2. वही, पृ. 84
3. नार्थ्रप फ्राइ, एनॉटमी ऑव् क्रिटिसिज्म, देखिये – भूमिका
4. विस्तार के लिये देखिये – कृष्णमुरारि मिश्र, आद्यबिम्ब और नयी कविता, द्वितीय अध्याय
5. प्रो. नगेन्द्र, मिथक और साहित्य, पृ. 74
6. वही
7. कृष्णमुरारि मिश्र, आद्यबिम्ब और नयी कविता, देखिये – द्वितीय अध्याय
8. डॉ. एस. एन. गणेशन, हिन्दी उपन्यास का अध्ययन, पृ. 27
9. हिन्दी साहित्य कोश, देखिये – "कथा, कथासाहित्य"
10. हिन्दी साहित्य कोश, देखिये – "कथानक"
11. अज्ञेय, संवत्सर, पृ. 50
12. वही, पृ. 51
13. वही, पृ. 125
14. डॉ घनश्याम मधुप, हिन्दी लघु उपन्यास, पृ. 38
15. डॉ शिवमूर्ति पांडेय, "नई समीक्षा और नार्थ्रप फ्राई" शीर्षक लेख, 'समन्विति' पत्रिका प्रवेशांक
16. मॉड बादकिन, आर्केटाइपल पैटर्न्ज़ इन पोइट्री, पृ. 9
17. सी. जी. युंग, द क्लैक्टेड वर्क्स ऑव् सी. जी. युंग, खण्ड 5, पृ. 59–60
18. मॉड बादकिन, आर्केटाइपल पैटर्न्ज़ इन पोइट्री, पृ. 2
19. आर्थर केसलर, इनसाइट एंड आउटलुक, पृ. 327
20. पद्धति और निकषत्व के विस्तार के लिये देखिये – आद्यबिम्ब और नयी कविता, द्वितीय अध्याय
21. प्रोफ़ेसर डॉ. सत्यप्रकाश सिंह, 'शकुन्तल में अवचेतन और अतिचेतन का सन्निवेश' शीर्षक शोधलेख, 'प्राच्य–प्रज्ञा', अलीगढ़ मुस्लिम विश्वविद्यालय के संस्कृत विभाग की शोध पत्रिका, 1979
22. यह शोधपत्र 'नया आलोचक' के अंक दो (अप्रैल–जून 1983) में प्रकाशित हुआ था।
23. सी. जी. युंग, द क्लैक्टेड वर्क्स ऑव् सी. जी. युंग, खण्ड 5, पृ. 322

3
आद्यबिम्ब और गोदान

प्रेमचंद के उपन्यासों में 'गोदान' कई अर्थों में विशिष्ट है। इसकी लेखनावधि प्रेमचंद के अन्य उपन्यासों की अपेक्षा प्रदीर्घ रही। सन् 1932 के आरंभ में 'गोदान' का लेखन आरंभ हुआ; नवम्बर 1934 में अंतिम पृष्ठ लिखने बाकी रह गये थे और, अनुमानतः, दिसम्बर 1935 या जनवरी 1936 में लेखन–कार्य पूर्ण हुआ।[1] लेखनावधि की इस दीर्घता का कारण प्रेमचंद की व्यस्तता के अतिरिक्त यह भी हो सकता है कि 'गोदान' पूर्ववर्ती उपन्यासों के ढर्रे पर नहीं लिखा गया था और इसीलिये लेखन के लिये अपेक्षित सृजनात्मक दबाव के बनने में समय लगा। प्रेमचंद के अनेक उपन्यासों में तत्युगीन आंदोलनों का चित्रण है। 'गोदान' ऐसे चित्रणों से मुक्त है। यह तथ्य कि 'गोदान' की वस्तु तत्युगीन आंदोलनों में नहीं है सिद्ध करता है कि 'गोदान' का यथार्थ प्रेमचंद के पूर्ववर्ती उपन्यासों के यथार्थ की अपेक्षा कहीं अधिक आभ्यंतरिकृत है। दूसरे शब्दों में, उसमें प्रेमचंद का अंतर्मन कहीं अधिक मुखर है और इसीलिये वह पूर्ववर्ती उपन्यासों के यथार्थ से कहीं अधिक गहरा है। भारतीय कृषक के यथार्थ के प्रसंगात् चित्र तो प्रेमचंद के पूर्ववर्ती उपन्यासों में भी देखे जा सकते हैं लेकिन उसे प्रेमचंदीय समग्रता 'गोदान' में ही मिली है।

'गोदान' का सर्वाधिक विवादास्पद पक्ष उसका कथानक है। 'गोदान' के कथानक के विश्लेषण के वैविध्य का ही परिणाम है कि आलोचक उसके उद्देश्य को लेकर भी एकमत नहीं है। यहाँ विवेच्य उपन्यास के कथानक एवं उद्देश्य के साथ उसकी भाषा के आद्यबिम्बत्व पर निम्नलिखित शीर्षकों में विचार किया जा रहा है –

1. कथानक का आद्यबिम्बत्व,
2. बिम्बित उद्देश्य,
3. भाषा का आद्यबिम्बत्व।

1. कथानक का आद्यबिम्बत्व

'गोदान' एक मनोवैज्ञानिक उपन्यास है। उसके मनोवैज्ञानिक उपन्यास होने

का अर्थ सिर्फ़ इतना है कि उसके अधिकांश प्रसंग बुद्धिगम्य हैं। वे उपन्यासकार की चेतना के बाह्य विषयों से संयोग पर आधारित है। दूसरे शब्दों में 'गोदान' की वस्तु बाह्य विषयों के चेतनानुभवों से सम्बन्धित है। इन चेतनानुभवों के संदर्भ में 'गोदान' की अनेक गंभीर व्याख्याएँ की जा चुकी हैं। यहाँ उसकी संरचना पर विचार किया जा रहा है।

आलोचकों का एक वर्ग यह मानता है कि 'गोदान' में ग्राम–कथा और नगर–कथा की समान्तरता है।[2] डॉ. कमलकिशोर गोयनका का विचार है कि "होरी की ग्रामकथा के अर्थों में 'गोदान' में कोई नगर–कथा नहीं है।"[3] उन्होंने कथानक के तीन भाग किये हैं – 1. किसान की जीवन–गाथा, 2. किसान के शहरी सम्पर्क की गाथा और 3. किसान और उसके ग्राम्य जीवन एवं नगर पात्रों के जीवन की तुलनात्मक गाथा।[4] प्रोफ़ेसर शैलेश ज़ैदी के अनुसार, "गोदान की कथा एक समूचे युग की कथा है और इस युग को शहरों और देहातों की सीमा में नहीं बाँधा जा सकता। 'गोदान' में शहर को तलाश करने पर मायूसी होगी। देहात के साथ भी एक सीमा तक ऐसी स्थिति बन सकती है।"[5] उन्होंने 'गोदान' के कथा–संगठन की विशृंखलता को उसके महाकाव्यात्मक पक्ष का उत्कर्षक माना है।[6]

'गोदान' की संरचना में ग्राम–कथा और नगर–कथा की समान्तरता देखना सतही दृष्टि का परिचायक है। 'गोदान' में नगर–कथा नहीं है। 'गोदान' मूलतः होरी की कथा है। उपन्यास की कथा होरी से शुरु होती है और होरी पर ख़त्म होती है। गोबर–झुनिया, मातादीन–सिलिया और भोला–नौहरी के प्रसंग उससे जुड़े हैं। साथ में राय साहब, मेहता–मालती, खन्ना–गोविन्दी, ओंकारनाथ और मिर्ज़ा खुर्शेद के प्रसंग हैं। राय साहब आदि के प्रसंगों को नगर–कथा के अंतर्गत स्वीकार किया जाता रहा है। राय साहब सामंतीय संस्कृति से बँधे हैं जो नागर सभ्यता से उल्लेखनीय सीमा तक भिन्न है। पं. ओंकारनाथ और तंखा की कोई स्वतंत्र कथा नहीं है; कतिपय प्रसंग मात्र हैं। पूँजीवाद से सम्बद्ध खन्ना की कथा अधूरी है और वह खन्ना–गोविन्दी की कथा बनकर रह जाती है। मेहता–मालती की कथा किसी भी रूप में नगर संस्कृति की समग्रता की बोधक नहीं है। मिर्ज़ा खुर्शेद के सभी प्रसंग लगभग एक जैसे हैं – मिर्ज़ा खुर्शेद के स्थिर चरित्र के व्यंजक। उनमें कथात्मकता का सर्वथा अभाव है। 'गोदान' में मिर्ज़ा खुर्शेद है; मिर्ज़ा खुर्शेद की कथा नहीं है। इस प्रकार उपन्यास में नागर–कथा है ही नहीं।

डॉ. गोयनका द्वारा किये गये कथा के तीन भाग भी संगत प्रतीत नहीं होते। कृषक के शहरी सम्पर्क की कथा 'गोदान' में नहीं है। गोबर कृषक के रूप में

शहर नहीं जाता। उसकी कृषि–कर्म में रुचि तक नहीं है। अतः उसकी कथा को कृषक के नगर–सम्पर्क की कथा मानना तर्कसंगत नहीं है। डॉ. गोयनका ने उपन्यास के संरचनागत शैथिल्य को अस्वीकार किया है। उनके अनुसार नागर पात्रों के प्रसंग "लेखक ने ग्रामीण जीवन की पवित्रता, निःस्वार्थता एवं मानवीयता के कंट्रास्ट"[7] में रखे हैं। संरचना की दृष्टि से आधिकारिक एवं प्रासंगिक कथाओं में कंट्रास्ट का सम्बन्ध संभव ही नहीं है। यह उसी तरह बेमानी है जैसे सूर्य और दीपक के कंट्रास्ट की चर्चा। कंट्रास्ट से तो समान्तरता का विचार पुष्ट होता है जिसका डॉ. गोयनका ने स्वयं विरोध किया है।

'गोदान' का संरचनागत शैथिल्य सिद्ध है और यह शैथिल्य ग्राम–कथा एवं नगर–कथा की समान्तरता के रूप में न होकर आधिकारिक कथा से असम्बद्ध प्रसंगों के विधान तथा अनेक प्रसंगों के अनपेक्षित विस्तार के रूप में है।

'गोदान' की आधिकारिक कथा होरी की है। उपन्यास का मर्म उसी में निहित है। मुंशी प्रेमचंद को लोकजीवन के मर्मस्थलों की गहरी पहचान थी। वे भारतीय जनजीवन के अत्यन्त सामान्य प्रसंगों की सप्रभ अभिव्यक्ति में अद्वितीय रहे। 'गोदान' की आधिकारिक कथा में ऐसे प्रसंगों को तीन सोपानों में रखकर विवेचित किया जा सकता है – 1. गोहत्या, 2. किसान का बिगड़कर मजदूर बनना और 3. आर्थिक कारणों से अपनी पुत्री का अयोग्य वर से विवाह करने के लिये विवश होना। प्रथम सोपान की समाप्ति पर होरी बीमार पड़ जाता है, द्वितीय के चरम पर बेहोश हो जाता है और तृतीय के अंत में मर जाता है। इसके समवर्ती धनिया दरोगा का सफलतापूर्वक सामना करती है, दातादीन का प्रतिकार करने में पूर्णतया सफल नहीं हो पाती और गोदान के प्रयास में पछाड़ खाकर गिर पड़ती है।

प्रथम सोपान के प्रसंग मुख्यतः गाय के आने और मार दिये जाने से सम्बन्धित हैं। होरी की गौ–लालसा अत्यन्त तीव्र है। इस लालसा से व्यंजित लक्ष्य है – मर्यादापूर्वक सामाजिक दायित्वों का निर्वाह करते हुए जीवन को सुखमय बनाना। जीवन की सुखमयता की कल्पना होरी एक आदर्श घर के रूप में करता है, जिसके द्वार पर गाय बँधी हो और जिसे देखकर लोग कहें – "किसका घर है? होरी महतो का।"[8] गाय का आना निश्चित होने पर वह रात भर सो नहीं सका। इस अवसर पर उसके संवेगों के चित्रण में उपन्यासकार ने गहरी रुचि ली है। उपन्यास का नायक होने से होरी उपन्यासकार की अहं–चेतना का व्यंजक है। गाय उसके सुखमय जीवन की पूर्णता को प्रतीकित करती है। सुखों की पूर्णता का बिम्ब प्रायः माता के आद्यरूप से सम्बद्ध होता है। इस प्रकार गोबिम्ब में उपन्यासकार के चित्त के

मातृ–आद्यरूप द्वारा संपुंजित संवेग व्यक्त हुए हैं।

युंग ने व्यक्ति चित्त की आत्मोपलब्धि–प्रक्रिया में मातृबिम्ब को पर्याप्त महत्त्व दिया है। आत्मोपलब्धि वस्तुतः मानव चित्त की स्वतः नियमन प्रक्रिया है। इसके द्वारा व्यक्ति एक मनोवैज्ञानिक इकाई अर्थात् एक पृथक् अविभाज्य इकाई या पूर्ण बन जाता है। [9] आत्मोपलब्धि का अर्थ है – आत्म की, पूर्णता की उपलब्धि। पूर्णता की उपलब्धि का अभिप्राय है – चेतन और अचेतन का जीवन्त सम्बन्ध में बँधे रहना। [10] ऐसे जीवन्त सम्बन्ध में बँधे रहना एक स्थिति न होकर व्यक्ति–चित्त में निरंतर घटित रहने वाली प्रक्रिया है अतः व्यक्ति की पूर्णता सदैव सापेक्ष ही रहती है। यह सापेक्ष पूर्णता ही हमें जीवन में प्रवृत्त रखती है। मानव चित्त की इस स्वतः नियमन व्यवस्था को बनाये रखने के लिये तेजस् आद्यबिम्बों के माध्यम से सदैव संतुलन की एक दिशा में सरणीकृत होता रहता है। इस प्रकार हमारा चित्त तेजस् की एक स्वतः नियमन व्यवस्था है जिसमें तेजस् सदैव संतुलन की दिशा में प्रवाहित रहता है और उसका ऐसा प्रवाह बिम्बों के माध्यम से होता है।

आत्मोपलब्धि–प्रक्रिया के दो सोपान हैं। पहला सोपान अचेतन से चेतना का पृथक्करण और विकास है। सामान्यतः वयस्क हो जाने पर यह सोपान पूर्ण होता है। दूसरा सोपान अलगाव की स्थिति में पड़ी अतिविकसित चेतना का अचेतन से पुनः सम्बन्ध स्थापन है। [11] जोलेंडी जैकोबी के अनुसार, आत्मोपलब्धि–प्रक्रिया के विरोधी और संपूरक विशेषताओं से युक्त दो मुख्य सोपान हैं। इनका लक्ष्य क्रमशः बहिर्जगत् और अंतर्जगत् से समंजन है। युंग ने दूसरे सोपान पर विशेषतः विचार किया है। इसीलिये जब वह आत्मोपलब्धि–प्रक्रिया की चर्चा करते हैं तो उनके मन में प्राथमिक रूप से दूसरा सोपान रहता है। [12]

इस प्रकार आत्मोपलब्धि–प्रक्रिया चित्त की स्वतः नियमन व्यवस्था है। इस व्यवस्था को बनाये रखने के लिये तेजस् का सरणीकरण प्रत्येक व्यक्ति के चित्त में होता है किन्तु आम आदमी के चित्त में यह प्रक्रिया अधिकांशतः अचेतन के रूप में ही घटित होती है, फलतः उसके लिये व्यक्ति की पूर्णता का – आत्मा का – सचेत साक्षात्कार अत्यन्त दुर्लभ रहता है, क्योंकि उसमें आद्यबिम्ब उदित होकर चित्तीय विरोधों में से किसी एक में विलीन हो जाते हैं। कोई महामानव ही बिम्बोदय को अक्षुण्ण रख पाता है और तब मानव संस्कृति अपने विकास का नया मार्ग पाती है जो पूर्ववर्ती मार्गों की अपेक्षा पूर्णतर होता है। युंग ने ऐसे सचेत साक्षात्कार पर बल दिया है।

आत्मोपलब्धि-प्रक्रिया व्यक्ति के आहत और विषण्ण होने पर आरंभ होती है। इसमें व्यक्ति की विशिष्ट चेतनावस्था के अनुरूप अभिव्यक्त महत्त्वपूर्ण बिम्बों को युंग ने कुछ वर्गों में प्रस्तुत किया है। ये वर्ग भी आद्यबिम्ब शृंखलाएँ हैं। आद्यबिम्ब-शृंखलाएँ चार हैं – 1. छाया के आद्यबिम्ब, 2. माया। एनिमस के आद्यबिम्ब, 3. आप्तपुरुष। महामाता के आद्यबिम्ब और 4. आत्म के आद्यबिम्ब।

आत्मोपलब्धि की प्रक्रिया में हमारा प्रथम साक्षात्कार छाया के आद्यबिम्बों से होता है। छाया हमारे व्यक्तित्व के दूसरे पहलू को, उसके हीन पक्ष को, प्रतीकित करती है। स्वप्नादि में छाया के आद्यबिम्ब प्रायः समलिंगी व्यक्ति के रूप में व्यक्त होते हैं। इनके साक्षात्कार का अर्थ अपनी प्रकृति की सचेत आलोचना है। युंग ने छाया के दो भेद स्वीकार किये हैं – व्यक्तिगत छाया और सामूहिक छाया। एंथनी स्टार्र के अनुसार, छाया के इन दोनों रूपों का युंग ने स्पष्ट विवेचन नहीं किया है।[13] जैकोबी ने इन दोनों का अंतर स्पष्ट करते हुए कहा है कि व्यक्तिगत छाया व्यक्ति के जीवन के आरंभ से अल्पभुक्त या अभुक्त चित्तीय पक्षों को धारण करती है। सामूहिक छाया सामूहिक अचेतन के पक्षों से सम्बन्धित और आप्तपुरुष अथवा आत्म के कृष्ण पक्ष की अभिव्यक्ति के अनुरूप होती है।[14]

आत्मोपलब्धि-प्रक्रिया में छाया के उपरान्त भिन्न-लिंगी के बिम्ब से साक्षात्कार होता है जिसे युंग ने पुरुष में 'माया' और स्त्री में 'एनिमस' की अभिधा प्रदान की है।[15] माया या एनिमस के उपरान्त पुरुष के चित्त में आप्तपुरुष और स्त्री के चित्त में महामाता के आद्यबिम्बों की अभिव्यक्ति होती है। ये क्रमशः आध्यात्मिक सिद्धान्त और प्रकृति के विषयपरक सत्य को प्रतीकित करते हैं। प्रत्येक बिम्ब की भाँति इनके भी उज्ज्वल और कलुष पक्ष हैं। अन्त में आत्मबिम्बों का उदय होता है। आत्म के आद्यबिम्ब चित्त की समग्रता को प्रतीकित करते हैं।

आत्मोपलब्धि में माया के आद्यबिम्बों का अत्यधिक महत्त्व है। युंगीय मनोविज्ञान में एनिमस की अपेक्षा माया का विस्तृत विवेचन है क्योंकि पुरुष होने के कारण युंग के लिये माया-बिम्बों की व्याख्या सहज थी।[16] एंथनी स्टार्ट ने युंग के पारिवारिक जीवन को दृष्टिगत रखते हुए यह निष्कर्ष निकाला है कि युंग एक संवेगात्मक रूप से उखड़ा हुआ व्यक्ति था। साथ ही उन्होंने स्पष्ट कहा है कि उक्त कथन का अभिप्राय यह कदापि नहीं है कि युंग की माया या एनिमस की धारणा गलत है। इसके विपरीत व्यक्ति के चित्त में भिन्नलिंगी के बिम्ब की सत्ता सिद्ध है।[17]

माया कालातीत सर्वव्यापक बिम्ब की, पुरुष के चित्त के गहनतम यथार्थ की प्रतिमा और वाहिका है। उसके हृदय में स्थित यह ख़तरनाक नारी प्रतिमा उस

वफ़ादारी की द्योतक है जो जीवन-निर्वाह में कभी–कभी त्यागनी पड़ती है। यह निराशाजनक जोखिमों, संघर्षों और बलिदानों की क्षतिपूर्ति करती है। यह जीवन की कटुता में विश्रान्ति देती है। साथ ही, वह महाठगिनी भी है जो अपनी माया से मनुष्य को जीवन के संगत और उपयोगी पक्षों में ही नहीं, सदसत्, सफ्ल–निष्फ्ल, आशा–निराशा जैसे द्वन्द्वों से युक्त जीवन में भी बाँधती है। माया की धारणा में अन्तर्भुक्त संपरीक्षात्मक यथार्थ अचेतन की अत्यन्त नाटकीय सामग्री है। संगत और वैज्ञानिक भाषा में भी इस सामग्री का विवेचन संभव है किन्तु इस रूप में इसके जीवन्त स्वरूप की अभिव्यक्ति में व्यक्ति पूर्णतः असफल रहता है। इसलिये चित्त की जीवन्त प्रक्रियाओं के विवेचन में युंग ने जानबूझकर चिन्तन और कथन के पौराणिक, नाटकीय रूप को वरीयता दी है।[18]

युंग ने माया और माता के आद्यरूप के सम्बन्ध पर भी विचार किया है। उनके अनुसार माया का बिम्ब माता का स्थानापन्न नहीं है। विपरीततः संभावना यह है कि मातृबिम्ब के सभी प्रबल गुणों का स्रोत माया का आद्यरूप हो।[19] युंग ने मातृ आद्यरूप के मनोवैज्ञानिक पक्षों का विवेचन करते हुए स्पष्ट किया है कि पुरुष के सम्मुख नृत्यरता प्रकृति का दार्शनिक मिथक मातृ आद्यरूप से संम्बन्धित न होकर माया के आद्यरूप से सम्बन्धित है। यह माया ही, पुरुष के मनोविज्ञान में, निर्वैकल्पिक रूप में, मातृबिम्ब से संयुक्त हो प्रकट होती है।[20]

मातृ–आद्यरूप और मातृ–ग्रन्थि पर युंग ने अपेक्षित विस्तार से विचार किया है। माता शिशुओं का प्रथम तथा प्रौढ़ों का अंतिम विश्व है। उद्विग्नता तथा सहानुभूति, नारी का मायावी प्रभुत्व, स्नेहशीलता, पोषकत्व, अवलम्बनत्व आदि गुण मातृ आद्यरूप से संलग्न हैं। विकरालता, सर्वग्रस्तता आदि मातृ आद्यरूप के नकारात्मक पक्ष से संलग्न है।[21] सामूहिक अचेतन की व्यंजक माता द्विजत्व–प्राप्ति का स्थान भी है। 'सिम्बल्स ऑव् ट्रांसफॉरमेशन' में युंग ने मृत्यु और द्विजत्व के बिम्बों पर अत्यन्त विस्तार से विचार किया है। चित्तीय द्वन्द्वों के चरम तनाव से तेजस् की प्रतिगति मृत्यु है और अचेतन तेजस् का चेतना में उदय द्विजत्व है। द्विजत्व–प्राप्ति के लिये मरना अनिवार्य है। मरने का अर्थ है – सुरसा के मुख में प्रवेश या होलिका की गोद में बैठना या आग के दरिया में डूबना आदि। नयी चेतना की द्योतक प्रगति प्रतिगति के बिना सम्भव नहीं है।

मातृ आद्यरूप के सकारात्मक और नकारात्मक पक्षों को क्रमशः वत्सला और कराला की अभिधाएँ प्रदान की गयी हैं। विश्व की विभिन्न संस्कृतियों में स्वर्ग, स्वर्गिक उद्यान, जन्नत आदि के विश्वास वत्सला से और नरक, दोजख आदि के

विश्वास कराला से सम्बन्धित हैं। 'सेवासदन', 'प्रेमाश्रम' आदि के युटोपिया भी वत्सला से सम्बद्ध माने जा सकते हैं। 'गोदान' की गाय वत्सला है और एक विशिष्ट अर्थ में कराला भी। वह होरी का स्वर्ग है जो उसे जीते-जी न मिल सका। मानव चित्त में सुखों की पूर्णता की व्यंजक वत्सला के बिम्बों का उदय मृत्यु को भी प्रतीकित कर सकता है। युंग के अनुसार जीवन की उच्चतमावस्था स्वयं को मृत्यु-बिम्ब में अभिव्यक्त कर सकती है क्योंकि अपने से परे किसी भी विकास का अर्थ मृत्यु होता है।[22] होरी के लिये गाय पूर्णता है; वत्सला है और मौत भी है।

मातृ आद्यरूप की अभिव्यक्ति के लिये मानवेतर प्राणियों में गाय संभवतः सर्वाधिक समर्थ बिम्ब है। लोकविश्वास के अनुसार गाय माता है – गऊ माता। उसमें तैंतीस करोड़ देवताओं का वास है। उसके गोबर में लक्ष्मी और मूत्र में सरस्वती विद्यमान रहती हैं। पौराणिक कामधेनु तो सर्वस्वदात्री है। गाय वस्तुतः सार्वभौम प्रतीक है। उसकी क़ुर्बानी श्रेष्ठ मानी गयी है। इसका मनोवैज्ञानिक कारण संभवतः यही है कि अचेतन को प्रतीकित करने के कारण मातृबिम्ब जैव स्वभाव का भी व्यंजक होता है अतः क़ुर्बानी जैव स्वभाव से चेतना के पृथक्करण को व्यंजित करती है। प्रस्तुत पंक्तियों के लेखक ने 'दिनमान' के किसी अंक में पढ़ा था कि उत्तर-पूर्व भारत की एक जनजाति गाय को अत्यन्त पवित्र समझती है अतः वह गाय का दूध नहीं पीती; उसका माँस खाती है। पौराणिक विश्वास के अनुसार मृत्यूपरान्त वैतरणी को गाय की पूँछ पकड़कर ही पार किया जा सकता है। प्रतिगति की अवस्था में मातृबिम्ब का साक्षात्कार प्रायः होता है। एक पुराकथा के अनुसार सूर्यदेव 'रा' अस्तकाल में दिव्य गाय का आश्रय पाते हैं।[23] सामान्य अनुभव है कि प्रतिगति के क्षणों में बालक माँ की गोद में राहत पाता है।

स्पष्ट है कि गौ से सम्बद्ध सांस्कृतिक संदर्भ असंख्य हैं। अब प्रश्न यह उठता है कि 'गोदान' का गोबिम्ब क्या है? 'गोदान' के 'गोबिम्ब' में निहित उद्देश्य के विवेचन से पूर्व उसकी आधिकारिक कथा का विश्लेषण अनिवार्य है। आधिकारिक कथा का प्रारंभ राय साहब के यहाँ जाने की होरी की तत्परता से होता है। होरी जिस दुनियाँ में रहता है उसके मालिक प्रकारान्तर से राय साहब हैं। अतः होरी के लिये राय साहब सत्ता-प्रतीक हैं; पितृ-बिम्ब हैं। रसपानी तक न करने की होरी की जल्दबाज़ी उनके साक्षात्कार से कतराने का ही एक रूप है। यदि ऐसा न होता तो वह मार्ग में भोला से इतनी देर तक बतियाता नहीं। साक्षात्कार से कतराने का कारण उसका मातृ-ग्रंथि से प्रभावित होना है। मनोविज्ञान का सुज्ञात तथ्य है कि मातृ-ग्रंथि असंख्य मानवों को उन मूल्यों के अपनाने से रोकती है जो बहिर्जगत् से समंजन के

लिये अनिवार्य होते हैं। होरी के संदर्भ में राय साहब पितृबिम्ब होने के कारण दुनियावी मूल्यों के व्यंजक हैं और उसके सामने बाधा के रूप में गाय है।

यहाँ पात्रों के ग्रंथिग्रस्त मन के उपन्यासकार द्वारा सजग रूप से चित्रित किये जाने और प्रसंग–विशेष के ग्रंथ्यात्मक हो जाने के अंतर का विवेचन अनिवार्य है। किसी प्रसंग के ग्रंथ्यात्मक हो जाने पर, अर्थात् उसमें उपन्यासकार के चित्त की किसी ग्रंथि के व्यक्त होने पर, सम्बन्धित कृति का सौंदर्य अनिवार्यतः बाधित होता है जबकि पात्रों की ग्रंथि–प्रभावित मनः स्थितियों के सचेत वर्णन से ऐसा नहीं होता। अब प्रश्न 'गोदान' की आधिकारिक कथा के प्रथम प्रसंग की ग्रंथ्यात्मकता के प्रमाण का है क्योंकि रसपानी तक न करने की जल्दबाज़ी के भोला के साथ बतियाने से विरोध का प्रमाण होरी के कृषक स्वभाव के संदर्भ में अपुष्ट प्रतीत हो सकता है।

होरी पचास साल के विधुर भोला को उसके विवाह का प्रलोभन देकर तथाकथित छल करता है। उपन्यास के अन्त में होरी अपनी पुत्री की शादी रामसेवक से करने के लिये विवश होता है और उसके द्वारा भेजी गयी गाय के आने से पूर्व ही मर जाता है। प्रारंभ और अंत के प्रसंगों का सम्बन्ध सुस्पष्ट है और मनोवैज्ञानिक दृष्टि से महत्त्वपूर्ण है। प्रारंभिक छल ही अंत में प्रतिफलित होता है। होरी के तथाकथित छल को प्रेमचंद ने उसकी व्यावहारिकता के सप्रभ वर्णन से निष्प्रभ करने का प्रयास किया है – "भोला के साथ वह छल कर रहा था और यह व्यापार उसकी मर्यादा के अनुकूल था। अब लेन–देन में उसके लिये लिखा–पढ़ी होने और न होने में अंतर न था। सूखे–बूड़े की विपदाएँ उसके मन को भीरु बनाए रहती थीं। ईश्वर का रौद्र रूप सदैव उसके सामने रहता था। पर यह छल उसकी नीतियों में छल न था। यह केवल स्वार्थ–सिद्धि थी और यह कोई बुरी बात न थी। इस तरह का छल तो वह दिनरात करता रहता था। घर में दो–चार रुपये पड़े रहने पर भी महाजन के सामने कसमें खा जाता था कि एक पाई भी नहीं है। सन को कुछ गीला कर देना और रुई में बिनौले भर देना उसकी नीति में जायज था। और यहाँ तो केवल स्वार्थ न था थोड़ा सा मनोरंजन भी था। बुड्ढों का बुड़भस हास्यास्पद वस्तु है और ऐसे बुड्ढों से अगर कुछ ऐंठ भी लिया जाये तो कोई दोष–पाप नहीं।" [24] इस प्रकार होरी व्यावहारिक किन्तु धर्मभीरु एवं सज्जन है। प्रश्न यह है कि क्या विवेच्य प्रसंग में होरी की यह छवि स्वाभाविक रूप से चित्रित हुई है। होरी की सज्जनता की व्यंजना के लिये भोला द्वारा भूसे के अभाव का उल्लेख करने पर होरी द्वारा उस समय गाय न लिये जाने का वर्णन है। इस वर्णन की अस्वाभाविकता प्रेमचंद के इस कथन में सहज लक्षित की जा सकती है – "भोला जब नकद रुपये नहीं माँग रहा तो स्पष्ट

था कि वह भूसे के लिये गाय नहीं बेच रहा है बल्कि इसका कुछ और आशय है लेकिन जैसे पत्तों के खड़कने पर घोड़ा अकारण ही ठिठक जाता है, वही दशा होरी की थी।" [25] यहाँ होरी जानता है कि भोला विवाह के प्रलोभन में गाय दे रहा है; भूसे के लिये गाय नहीं बेच रहा। इतनी समझ तो होरी को है ही। प्रश्न यह है कि होरी को इतना नासमझ प्रेमचंद ने कैसे चित्रित किया कि वह यह समझने लगा कि भोला उसे भूसे के लिये गाय दे रहा है अतः संकटग्रस्त व्यक्ति की गाय लेना पाप है। यहाँ पूरे प्रसंग में गाय देने का आशय तो स्पष्ट है – विवाह का प्रलोभन। अतः जिस "कुछ और आशय" का जिक्र किया गया है उसका सम्बन्ध भूसे से ही है। समग्र प्रसंग में प्रेमचंद ने पात्रों के व्यापारों की बारीकियों का ध्यान रखा है लेकिन भोला के आशय का उल्लेख नहीं किया जो इस तथ्य का द्योतक है कि उपन्यासकार की चेतना किसी ग्रंथि से बाधित हो गयी है। भोला का होरी से भूसे के लिये पैसे माँगने का कोई आशय है ही नहीं। वह गाय उसे विवाह के प्रलोभन में उधार दे रहा है। होरी की धर्मभीरुता की व्यंजना के लिये भोला के आशयहीन व्यापार का गहनतया अस्वाभाविक चित्रण पूरे प्रसंग की ग्रंथ्यात्मकता का द्योतक है क्योंकि ग्रंथियाँ प्रत्युत्तर की विफलता में भी व्यक्त होती हैं। प्रेमचंद के मन की ग्रंथ्यात्मकता उनके द्वारा गृहीत उपमा से भी व्यक्त होती है। घोड़ा तेजस् के प्रसिद्धतम प्रतीकों में से एक है और पत्तों के खड़कने से उसका अकारण ठिठकना ग्रंथि की सक्रीयता के कारण तेजस् के पूर्वनिर्धारित दिशा में प्रवाह के अवरोध का व्यंजक है।

विवेच्य प्रसंग की अस्वाभाविकता बाद में गोबर–होरी संवाद से भी पुष्ट होती है –

"होरी ने कसम खायी – नहीं, जवानी कसम, अपनी पछाईं गाय दे रहे थे। हाथ तंग है, भूसा–चारा नहीं रख सके। अब एक गाय बेचकर भूसा लेना चाहते हैं। मैंने सोचा संकट में पड़े आदमी की गाय क्या लूँगा। थोड़ा सा भूसा दिये देता हूँ, कुछ रुपये हाथ में आ जायेंगे तो गाय ले लूँगा। ....

गोबर ने आड़े हाथों लिया – तुम्हारा यही धर्मात्मापन तो तुम्हारी दुर्गत कर रहा है। साफ़–साफ़ तो बात है। अस्सी रुपये की गाय है, हमसे बीस रुपये का भूसा ले लें और गाय हमें दे दें। साठ रुपये रह जायेंगे, वह हम धीरे–धीरे दे देंगे।

होरी रहस्यमय ढंग से मुस्कराया – मैंने ऐसी चाल सोची है कि गाय सेंत–मेंत में हाथ आ जाय। कहीं भोला की सगाई ठीक करनी है, बस। दो–चार मन भूसा तो खाली अपना रंग जमाने को देता हूँ।" [26]

होरी के उपर्युक्त कथन उसके स्वभाव के विरुद्ध हैं। संकटग्रस्त भोला का विवश होकर गाय बेचना और विवाह के प्रलोभन में गाय देना – इन दोनों में अंतर्विरोध है। होरी जानता है कि भोला भूसे के लिये उसे गाय नहीं दे रहा तब उसे उसका संकटग्रस्त समझना बेमानी है। यदि गाय वह अपनी व्यावहारिक्ता के बलबूते पर पाना चाहता है तो विवाह का प्रलोभन काफ़ी है। सगाई तक रुकने की जरूरत ही नहीं है। स्पष्ट है कि पूरा प्रसंग अस्वाभाविक एवं ग्रंथ्यात्मक है।

प्रमाता को भी निश्छल प्रतीत होने वाले होरी के तथाकथित छल को प्रेमचंद का अचेतन छल ही समझता है। इसीलिये होरी की धर्मभीरुता के वर्णन से उसके छल को निष्प्रभ करने का प्रयास किया है। होरी के छल में कोई दोष–पाप नहीं है – इस विचार पर असामान्य बल देना ही उसके दोष–पाप को महसूस करना है। इस पाप-भावना के कारण होरी गाय नहीं ले पाता। वह सोचता है – "जब मेरे पास चारा हो जायेगा तब गाय खोल लूँगा। भगवान करे कोई महरिया मिल जाय। फिर तो कोई बात ही नहीं।" [27] होरी प्रतीक्षा नहीं कर पाता। अगले दिन ही गाय आ जाती है। इस अस्वाभाविकता का किंचित् निराकरण भोला के आग्रह से हो जाता है। होरी की पाप–भावना व्यभिचार से सम्बद्ध है जिसका प्रमाण भोला का विवाह निस्संतान युवती परित्यक्ता से कराने का प्रलोभन देना है। उल्लेख्य है कि प्रेमचंद ऐसे अनमेल विवाह के विरोधी थे। उनका विरोध रूपा की शादी के प्रसंग में स्पष्टतः व्यक्त हुआ है। भोला को प्रलोभन देने के तत्काल बाद होरी के मन से निस्संतान युवती परित्यक्ता सदैव के लिये लुप्त हो जाती है और 'कोई महरिया मिल जाय' का भाव आ जाता है। यह लुप्त होना भी स्पष्टतया पाप–ग्रंथि की सक्रियता के कारण है। होरी के लिये गाय पाने का रास्ता भोला के विवाह से गुजरता है। भोला के साथ उपन्यासकार की पितृ ग्रंथि सम्बद्ध हो गयी है। वह ग्वाला है, गोपालक है, मर्द के लिये साठे पर पाठे की बात कहने वाले होरी के लिये पचास साल का होने पर भी बूढ़ा है, ऊपर से खंखड़ पर किन्तु भीतर से स्निग्ध है, उनका बुढ़भस हास्यास्पद वस्तु है और उससे कुछ ऐंठ लेने में भी कोई दोष-पाप नहीं है। प्रेमचंद ने उपन्यास के अन्त में नौहरी से विवाह करने पर भोला की अत्यधिक दुर्गति का भी चित्रण किया है। भोला के इन वैशिष्ट्यों से सिद्ध है कि उपन्यासकार पितृग्रंथि की चपेट में आ गया है। यह तथ्य सुज्ञात है कि पिता की कामुकता की प्रतीति उसके आतंक को कम करती है। भोला के दूसरा विवाह करने पर उसका पुत्र उसका जरा भी लिहाज नहीं करता। प्रेमचंद ने तो यहाँ तक चित्रित किया है कि कामता ने "भोला को पटककर कई लातें जमा दीं और घर से निकाल दिया।" [28] होरी की गो-लालसा उसकी मातृ रति की आकांक्षा से सम्बद्ध है और व्यभिचार को निषेधित करने वाले

पितृ बिम्ब का आतंक उसमें बाधक है। भोला की कामुकता के अनुभव और उसके विवाह के प्रलोभन दिये जाने से यह आतंक कुछ कम होता है। इस प्रकार होरी की गो – लालसा की तृप्ति के लिये जिस वस्तु का सचेत विधान है उसमें पितृबिम्ब के आतंक से उभरने का प्रयास किया गया है किन्तु अचेतन के पितृबिम्ब ने उस प्रयास को विफल कर दिया है और फलतः होरी गाय नहीं ले सका है। पितृबिम्ब के आतंक को कम करने का चेतन प्रयास पितृग्रंथि को और अधिक उग्र बना देता है। अतः होरी की मातृ–रति की इच्छा पर उसकी पाप–भावना हावी हो गयी है। "छल कर रहा है" यह भाव उसे वत्सला की गोद में बैठने से रोकता है। यह भाव पितृ–ग्रंथि से जन्मा है। मातृ–रति की अचेतन आकांक्षा ने बाप का मजाक उड़ाने के लिये चेतना को प्रेरित किया है और अचेतन पितृबिम्ब के आतंक ने चेतना के प्रयास को ध्वस्त कर दिया है। होरी गाय नहीं ले सका। वह गाय ले आता है – राय साहब से मिलने के बाद। राय साहब की स्वीकारोक्तियों के सचेत वर्णन से पितृबिम्ब का आतंक कुछ कम हो गया है। इससे यह भी स्पष्ट है कि क्यों प्रेमचंद ने अपेक्षित होने पर भी राय साहब के शोषक रूप का भयावह चित्रण नहीं किया।

गोदान के प्रारंभिक प्रसंग के विश्लेषण से स्पष्ट है कि वत्सला को प्रतीकित करने वाली गाय मातृग्रंथि से सम्बद्ध हो गयी है। यह एक खुला सवाल है कि मातृग्रंथि का विकास इसकी रचना में एक प्रदर्शनीय हेतुक घटक के रूप में माता की भूमिका के बिना हो सकता है या नहीं। युंग का अनुभव यह है कि विशेषतः बाल मनस्ताप या ऐसे मनस्ताप में जिसका निदान निस्संदेह शैशवावस्था में निहित होता है, माता सदैव विघ्न की उत्पत्ति में सक्रिय भाग लेती है। मातृग्रंथि के दुष्प्रभाव पुत्र और पुत्री पर अलग अलग पड़ते हैं। पुत्र पर पड़े विशिष्ट दुष्प्रभाव हैं – समलैंगिकता, व्यभिचार और कभी-कभी नपुंसकता (इसमें पितृ ग्रंथि भी महत्त्वपूर्ण भाग लेती है)। लिंग के अन्तर के कारण पुत्र की मातृ ग्रंथि विशुद्ध रूप में व्यक्त नहीं होती। यही कारण है कि प्रत्येक पुरुष मातृग्रंथि में, मातृ–आद्यरूप के साथ–साथ माया के, पुरुष के यौन प्रतिरूप के, बिम्ब की महत्त्वपूर्ण भूमिका होती है। मातृ ग्रंथि मनोविकृति विज्ञान में सदैव क्षति और रुग्णता के विचार से सम्बद्ध होती है किन्तु युंग ने उदारतापूर्वक इसके सकारात्मक प्रभावों का भी विवेचन किया है जिनमें प्रेम, मैत्री, सौंदर्यबोध, शिक्षकत्व, इतिहासप्रियता धार्मिक भावनाएँ, अडिग पौरुष, उच्चतम लक्ष्यों के लिये प्रयास, संकीर्णता, अन्याय आदि का प्रतिकार, न्याय के लिये बलिदान होने की भावना, क्रांतिकारिता आदि का उल्लेख किया जा सकता है।

यहाँ होरी की कथा के प्रथम सोपान में गाय के आगमन के प्रसंग का

विस्तृत विवेचन इसलिये किया गया है कि आधिकारिक कथा की संरचना में उसकी निर्णायक भूमिका है। इसी प्रसंग में गोबर–झुनिया का प्रेम पनपता है जो आर्थिक दृष्टि से होरी को ध्वस्त कर देता है। कुशकन्या देने में इसी प्रसंग की समवर्तिता लक्षित होती है। इसी प्रसंग की ग्रंथ्यात्मकता होरी की कथा में आगे चलकर विभिन्न रूपों में व्यक्त हुई है। अपनी ग्रंथ्यात्मकता के बावजूद यह समग्र प्रसंग मानव मात्र के सामान्य अनुभवों को बिम्बित करने के कारण प्रमाता के चित्त पर गहरा प्रभाव डालता है।

पितृ ग्रंथि द्वारा बाधित कर दिये जाने पर मातृरति की अतृप्त आकांक्षा होरी द्वारा भाई से छल किये जाने के प्रसंग में व्यक्त हुई है। सम्पूर्ण उपन्यास में होरी एक ही पाप करता है – भाई के साथ छल। ऐसे शुभ समय में जबकि गाय घर में आने को है, होरी भाइयों के लिये कुछ सीझने की बजाय लगभग 83 नये पैसे के लिये दमड़ी बंसोर को ढाई रुपये की छूट देकर विश्वासघात करने की सोचता है। गोदान का यह पहला और आखिरी प्रसंग जिसमें प्रेमचंद धनिया को भूल गये हैं अर्थात् धनिया के प्रत्युत्तरों के सम्यक् चित्रण में विफल रहे हैं। धनिया को यह तो पता है कि बाँस बीस रुपये सैकड़े के हिसाब से बेचे गये हैं किन्तु यह पता नहीं है कि उसके पति ने भाई के साथ विश्वासघात किया है। होरी यह पाप उपन्यास की समग्रता में व्यंजित उसके चरित्र के प्रतिकूल है। बाह्यानुभवों से सम्बद्ध प्रसंग का ऐसा अस्वाभाविक चित्रण स्पष्टतया किसी ग्रंथि के विस्फोट का सूचक है।

होरी पाप के प्रत्यक्ष लक्ष्य को पाने में विफल रहता है। विफलता का कारण है – पुनिया। बंसोर को रोककर वह प्रकारान्तर से होरी के पाप का विरोध कर रही है। इस रूप में वह धनिया की स्थानापन्न है जिसे होरी का छलपूर्ण आवरण उचित नहीं लगता और जो, फलतः, ऐसे आचरण का विरोध करती है। पुनिया और बंसोर का संघर्ष औरत की इज्जत के सवाल से जुड़ जाता है और उसके चरम पर होरी का खून खौल उठता है। पुनिया के विचार से होरी उसका जेठ है और होरी के विचार से पुनिया उसके छोटे भाई की पत्नी है। मतलब यह है कि हिन्दी में दूर–दूर तक के रिश्ते के लिये स्वतंत्र शब्द है लेकिन छोटे भाई की पत्नी के लिये कोई शब्द प्रचलित नहीं है। भौज, भौजाई, भाभी आदि शब्दों का प्रयोग बड़े भाई की ही पत्नी के लिये होता है; छोटे भाई की पत्नी के लिये नहीं। दूसरे शब्दों में, हिन्दीभाषी समाज में नारी का अपने पति के बड़े भाई से जेठ का रिश्ता है किन्तु नर का अपने छोटे भाई की पत्नी से धूपछाँही रिश्ता है। बिहारी जब यह कहते हैं कि 'बैठि रही अति सघन बन, पैठि सदन तन माँह। देखि दुपहरी जेठ की, छाँहों चाहति छाँह ।।'

तब जेठ का अर्थ जेठ के महीने तक ही सीमित नहीं रहता और छाया छोटे भाई की पत्नी को भी व्यंजित करती है। इससे स्पष्ट है कि छोटे भाई की पत्नी के प्रति यौन भाव का विरोध हमारे समाज में इतना प्रबल रहा है कि वह विवेच्य रिश्ते के प्रति सचेत नहीं रह सका। खानदान की इज़्ज़त के सवाल से होरी के खून का खौलना व्यभिचार–निषेध की प्रबल उद्दीप्ति का द्योतक है। वर्जना की प्रबलता के कारण होरी नैतिक मूल्यों के वाहक पितृबिम्ब से तदात्म हो जाता है और बिना सोचे–समझे बंसोर पर बरस पड़ता है। मातृ ग्रंथिग्रस्त अहं के पितृबिम्बों से ऐसे तादात्म्य के अनेक उदाहरण सामान्य जीवन में देखे जा सकते हैं किन्तु ऐसे तादात्म्यों से ग्रंथि का निर्ग्रंथन संभव नहीं हो पाता। यही कारण है कि उपन्यास में तत्काल बाद हीरा पुनिया संघर्ष चित्रित है। पितृबिम्ब से तादात्म्य की ग्रंथ्यात्मक स्थिति जिस मनस्ताप को जन्म देती है उसका व्यंजक हीरा है। ऐसे तादात्म्य के वृत्यात्मक व्यवहार में विस्फोट के बाद असमंजित मन दाम्पत्य जीवन के तनावों के लिये उत्तरदायी होता है क्योंकि वह माता और पत्नी को अलगा नहीं पाता। यही कारण है कि पुनिया की सभी गालियों को हीरा सह लेता है किन्तु कोढ़ होने की गाली उसे लग जाती है क्योंकि कोढ़ प्रबलतया वर्जित यौन सम्बंध के दुष्परिणाम के भारतीय लोकविश्वास से सम्बद्ध रहा है। पुनिया के माया बिम्बों में व्यक्त यौन नैतिकता की प्रबलता को ग्रंथ्याभिभूत अहं स्वीकार नहीं कर पाता फलतः वह पाप के प्रतिफलित होने और असम्मान के भाजन होने के आतंक में व्यक्त हुई है। ऐसा आतंक अहं को सामयिक रूप से वत्सलता में सो जाने को विवश कर देता है। इस व्याख्या के पुष्ट्यर्थ प्रसंगान्त में होरी की मनःस्थिति को दी गयी उपमा का उल्लेख किया जा सकता है – "होरी ने अपनी पराजय मन ही मन में डाल ली जैसे कोई चोरी से आम तोड़ने पर पेड़ पर चढ़े और गिर पड़ने पर धूल झाड़ता हुआ उठ खड़ा हो कि कोई देख न ले।" [29] 'गोदान' को समझने के लिये इस उपमा को समझना अनिवार्य है।

आम तोड़ना आदम के सेब तोड़ने की तरह, आद्यरूपात्मक व्यापार है। युंग ने स्वप्न से सम्बद्ध चित्तीय प्रक्रियाओं को स्पष्ट करने के लिये अपने एक लेख में, प्रथमतः और प्रधानतः एक नवयुवक के सेब तोड़ने के स्वप्न–बिम्ब का उदाहरण लिया है। नवयुवक का स्वप्न इस प्रकार है "मैं एक विचित्र बाग में खड़ा हुआ था और एक वृक्ष से एक सेब तोड़ा। मैंने, यह निश्चित करने के लिये कि किसी ने मुझे देखा नहीं, इधर उधर देखा।" [30] युंग ने नवयुवक की चेतन स्थिति के उल्लेख के उपरान्त, पहले फ्रायडीय दृष्टिकोण से, स्वप्न की व्याख्या की और उसके बाद अपने दृष्टिकोण से। फ्रायड के अनुसार यह स्वप्न नवयुवक की अतृप्त व्यभिचारेच्छा की अभिव्यक्ति सिद्ध होता है। युंग ऐसी व्याख्या से संतुष्ट नहीं होते। उनके अनुसार

नवयुवक अपने मित्रों द्वारा यौन–वर्जनाओं के अतिक्रमण को देखकर नवयुवक वर्जित यौन सम्बन्धों को अनैतिक मानता ही नहीं था। मानव की तीव्रतम आकाँक्षाओं पर लगाये गये बंधन यह सिद्ध करते हैं कि चित्त के उच्चतर कार्यों में यौन नैतिकता एक अनुपेक्षणीय घटक है। अचेतन के स्वप्न के माध्यम से नवयुवक को यौन नैतिकता की प्रतीति करायी है। ऐसी प्रतीति व्यक्ति की मातृ ग्रंथि की जकड़ से मुक्त होने में सहायक होती है। युंग के अनुसार सेब की चोरी का विशिष्ट अभिप्राय सभी देशों और सभी कालों की असंख्य पुराणकथाओं और परीकथाओं में लक्षित किया जा सकता है। सेब या आम तोड़ने के आद्यरूपात्मक व्यापार में व्यक्त मानव के मूल पाप का यह अभिप्राय माता के बिम्ब की गिरफ़्त से मुक्ति का व्यंजक है। नवयुवक की और होरी की स्थिति में अंतर है। नवयुवक सेब तोड़ता है और देखता है कि किसी ने उसे देखा तो नहीं। होरी आम तोड़ नहीं पाता और देखता है कि कोई उसे देख न ले। होरी पाप करके भी सचेत नहीं हो पाया है। उपन्यासकार का मातृ ग्रंथ्याभिभूत मन पितृबिम्ब के कारण जिस प्रकार की लज्जा का अनुभव करता है वह प्रत्येक व्यक्ति को माता की गोद में धकेल देती है। यही कारण है कि होरी के घर में गाय आ गयी है।

'गोदान' की कथा के विकास के लिये यह अनिवार्य था कि उपन्यासकार का अहं गोबिम्ब की जकड़ से मुक्त हो। इसके लिये उपन्यास में गाय बेचने में होरी के असफल रहने के चेतनोद्भूत प्रसंग के साथ–साथ भाई द्वारा गो–हत्या के अचेतनोद्भूत प्रसंग है। होरी गाय को बेचने का निश्चय कर लेता है और धनिया भी विवश होकर स्वीकृति दे देती है। ध्यातव्य है कि रामसेवक और रूपा की शादी का निर्णय भी होरी विवश होकर करता है और धनिया उस निर्णय को विवश होकर स्वीकार करती है। रामसेवक और रूपा की शादी हो जाती है क्योंकि होरी अपनी जमीन नहीं बेच सकता; गाय नहीं बिकती क्योंकि होरी को उधार मिल रहा है। चेतनोद्भूत परिस्थितियाँ इतनी प्रभावक नहीं हो सकी हैं कि गाय बेच दी जाय। प्रेमचंद की प्रसंगोद्भावना–शक्ति को दृष्टिगत रखते हुये कहा जा सकता है कि भाई द्वारा गो–हत्या के प्रबल अचेतन संवेग के कारण न तो वे गाय के बिकने की परिस्थितियों को प्रभावक बना सके और न ही प्रयास करने पर भी गोहत्या के प्रसंग को जीवन्त रूप में चित्रित कर पाये। हीरा द्वारा गाय की हत्या का प्रसंग अत्यंत अस्वाभाविक है और प्रेमचंद भरसक प्रयास करने पर भी उसे विश्वसनीय नहीं बना पाये हैं। यह तो ठीक है कि द्वेषांध भाई अहित करने के लिये किसी भी सीमा तक जा सकता है किन्तु हीरा को क्या ज्ञात नहीं था कि होरी गाय को बाहर नहीं बाँधता। स्पष्ट है कि उस दिन होरी से गाय इसीलिये बाहर बँधवायी गयी थी कि

हीरा उसे जहर दे सके। फिर उसी दिन हीरा जहर के लिये अपने भाई से खुरपी माँगता है। किसान के घर में खुरपी तक नहीं थी ! [31] और अगर किसी कारण घर में खुरपी नहीं थी तो क्या हीरा को यह पता था कि होरी आज रात गाय बाहर बाँधेगा जो वह दिन में अपने भाई से खुरपी माँगने गया। स्पष्ट है कि उपन्यासकार का मन अचेतन ग्रंथि की जकड़ में भाई द्वारा गोहत्या की कल्पना करता है। वस्तुतः मातृ ग्रंथि में जकड़ी चेतना में ऐसे मूल्य अचेतन हो जाते हैं जिन्हें अपनाकर हम समाज से समंजित हो सकते हैं। होरी के प्रथम पाप के विश्लेषण से स्पष्ट है कि वह मातृ ग्रंथि से मुक्त होने के बजाय उसमें और जकड़ गया है। दुनियावी समस्याओं से भागकर माँ की गोद में बैठे रहने की चाह इसी जकड़न को व्यक्त करती है। हीरा द्वारा गाय को जहर देना होरी के दमित समंजन मूल्यों के वाहक छाया–व्यक्तित्व द्वारा मातृ–बिम्ब से मुक्ति का प्रयास है। लोक–व्यवहार में भी बाहरी दुनिया का सामना करने को विवश होने पर मातृ ग्रंथिग्रस्त व्यक्ति माँ, बहन या पत्नी को अकारण प्रताड़ित करते देखे जा सकते हैं। हीरा होरी की ही छाया है। इस प्रकार गाय का हत्यारा होरी का ही छाया–व्यक्तित्व है।

गो–हत्या का यह प्रसंग होरी के मूल पाप के प्रसंग का समवर्ती है। वहाँ होरी पाप करता है और हीरा एवं पुनिया में संघर्ष है, यहाँ हीरा पाप करता है और होरी और धनिया में संघर्ष है। भाई का मोह वहाँ भी है और यहाँ भी। वहाँ पुनिया का टकराव है, यहाँ धनिया और दरोगा का संघर्ष है। फिर भी, दोनों में महत्त्वपूर्ण अन्तर है। पुनिया बंसोर को हरा कर भी नहीं हरा पाती, धनिया दरोगा पर विजय पाती है। होरी का पाप असफल रह जाता है, हीरा का पाप सफल हो जाता है। स्पष्ट है कि गोहत्या के प्रसंग ने उस मनोवैज्ञानिक लक्ष्य को पूरा किया है जो होरी के मूल पाप के प्रसंग से नहीं हो पाया था। गाय के मरते ही उपन्यासकार की सर्जनात्मक शक्ति को प्रतीकित करने वाली धनिया अपने प्रचंड तेजस् से सामूहिक छाया के व्यंजक दरोगा का सफलतापूर्वक सामना करती है।

गोदान में समाज की क्रूरता का गहरा चित्रण है। समाज के आतंक का अनुभव प्रायः आप्त पुरुष के आद्यरूप से सम्बद्ध होता है। विवेच्य प्रसंग में समाज की क्रूरता का व्यंजक दरोगा स्पष्टतया सत्ता-प्रतीक है। "पुलिस" शब्द के व्युत्पत्तिपरक अर्थ में सत्ता का, राज्य का अर्थ निहित है। [32] इस प्रकार समाज के शाश्वत कालुष्य का व्यंजक दरोगा आप्त पुरुष के कृष्ण पक्ष को प्रतीकित करता है। धनिया स्पष्टतया प्रेमचंद की सर्जनात्मक शक्ति को प्रतीकित करने वाला माया–बिम्ब है। अचेतन का प्रतिनिधित्व करने के कारण माया का आद्यबिम्ब हमारे चित्त की

आभ्यंतर स्थिति का भी व्यंजक होता है। विवेच्य प्रसंग में प्रेमचंद की सामाजिक अन्याय के प्रतिकार की क्रांतिकारिता ने स्वयं को धनिया के प्रभावक मायाबिम्ब में रूपायित किया है। धनिया वास्तव में दुर्गा है क्योंकि वह दुर्गा जैसी चित्रित है। प्रेमचंद ने लोगों को उसके दुर्गावत् प्रतीत होने का वर्णन भी किया है। इस प्रकार विवेच्य उपन्यास के प्रथम सोपान का चरम प्रसंग असुरविनाशिनी दुर्गा के आद्यबिम्ब से दीप्त है।

"सिम्बल्स आफ ट्रान्सफॉरमेशन" में प्रस्तुत युंग द्वारा मिस मिलर की फन्तासियों की व्याख्या से स्पष्ट है कि निर्ग्रन्थन के अभाव में ग्रंथियाँ आद्यरूपात्मक स्तर से व्यक्त हो सकती हैं। प्रथम सोपान के प्रसंगों के विश्लेषण से स्पष्ट होता है कि होरी की गोलालसा में उपन्यासकार के चित्त की ग्रंथ्यात्मकता व्यक्त हुई है और गोहत्या के प्रसंग की अस्वाभाविकता से सिद्ध है कि उपन्यासकार की चेतना मातृ–ग्रंथि से मुक्त नहीं हो पायी है। ऐसी मुक्ति के लिये ग्रंथि का सचेत साक्षात्कार अनिवार्य है। इतना होने पर भी उपन्यासकार की चेतना पर गोहत्या के प्रसंग के उपरान्त मातृ–ग्रंथि की जकड़ कुछ कम अवश्य हो गयी है।

विगत विवेचन से स्पष्ट है कि 'गोदान' के कथानक का प्रथम सोपान ग्रंथ्यात्मक है जिसकी चरम परिणति दुर्गा और दैत्य के आद्यबिम्ब में हुई है। ग्रंथि की ऐसी आद्यबिम्बात्मक परिणति मुक्तिदायिनी नहीं होती। इतना होने पर भी यह प्रसंग उपन्यास के सशक्ततम प्रसंगों में से एक है। गोहत्या के बाद के परिवेश को प्रेमचंद ने अत्यंत जीवन्त रूप में चित्रित किया है। होरी के लिये अपनी और परिवार की मर्यादा सर्वोपरि है। हीरा और शोभा के अलग होने के बाद भी वह उन्हें अपने परिवार का अंग ही समझता है। धनिया के लिये परिवार का अर्थ अपने पति और बच्चों तक ही सीमित है। इसीलिये गोहंता हीरा से उसे कोई सहानुभूति नहीं है। पति के साथ उसके संघर्ष का कारण यही है। होरी के लिये परिवार की इज़्ज़त पर चोट उसके जीवन पर चाट है अतः वह जी–जान से धनिया को रोकने की कोशिश करता है। धनिया के लिये गाय की हत्या उसके अपने परिवार के सुखों का नाश है अतः वह प्रतिशोधाकुल है। उसका और होरी का संघर्ष आदिम संवेगों की तीव्रता लिये है। दरोगा के रूप में होरी को साक्षात् मृत्यु दिखलायी दे रही है। उसके मनोभावों का प्रेमचंद ने अत्यन्त सटीक चित्रण किया है। भय और हताशा से जड़ीभूत उसकी चेतना पचास और सौ रुपये में कोई अंतर नहीं कर पाती। केवल धनिया ही आद्या शक्ति की तरह दैत्यरूप दरोगा का सफलता–पूर्वक सामना करती है।

'गोदान' में प्रेमचंद ने गोबर की कथा को विशेष महत्त्व दिया है। गोबर एंटी–होरी है। वह कभी अपने पिता से किसी भी महत्त्वपूर्ण मसले पर सहमत नहीं होता। होरी की कथा से गोबर की कथा का केवल पूर्वार्ध ही विशेषतः सम्बद्ध है। शहर जाने के बाद उसका स्वतंत्र विकास होता है। उत्तरार्द्ध का सम्बन्ध भिन्न है। गाय के आगमन के संदर्भ में गोबर–झुनिया का प्रेम पनपता है। झुनिया भोला की पुत्री है। विधवा है। रूढ़िवादी समाज में विधवा–विवाह को प्रोत्साहित नहीं किया जाता। दाम्पत्य सम्बन्धों में ब्रह्मचर्य को महत्त्व देने वाले माहात्मा गांधी ने भी विधवा–विवाह को प्रोत्साहित नहीं किया। उनकी दृष्टि में विधवा के लिये संयमित जीवन ही वरेण्य है। विधवा के साथ विवाहपूर्व यौन सम्बन्ध तो स्पष्टतया अगम्यागमन है; पाप है। इसीलिये गोबर की स्थिति को स्वर्ग–च्युत होने की उपमा मिली है। मूल पाप के आद्यरूपात्मक अभिप्राय से सम्बद्ध स्वर्ग–च्युति मातृबिम्ब से युक्त तेजस् की व्यंजक है। प्रथम सोपान के प्रसंगों से स्पष्ट है कि माता से मुक्ति की अचेतन प्रक्रियाओं के सम्यक् साक्षात्कार में उपन्यासकार विफल रहा है। प्रेमचंद के व्यक्तिगत जीवन में भी मातृ–ग्रंथि उनके दाम्पत्य–सम्बन्धों की मधुरता में बाधक रही है। प्रोफ़ेसर शैलेश ज़ैदी के अनुसार "अजायब लाल के निधन के बाद धनपत और उसकी चाची दोनों एक दूसरे के बहुत निकट आ गये थे। इसी नैकट्य के फलस्वरूप धनपत की पहली पत्नी को सदैव के लिये घर छोड़ना पड़ा। और यही नैकट्य प्रारंभिक वर्षों में शिवरानी देवी के साथ भी रंग दिखा रहा था। धनपत और शिवरानी देवी की शुरू के आठ वर्षों तक नहीं बनी।"[33] 'गोदान' के प्रथम सोपान की ग्रंथ्यात्मकता को ऐसे व्यक्तिगत संदर्भों में भी व्याख्यायित किया जा सकता है। गोबर की कथा इस ग्रंथ्यात्मकता से उभरती है। अतः गोबर सामाजिक समस्याओं से जूझने को तत्पर उपन्यासकार के स्फीत अहं का व्यंजक है और यह अहं उस तेजस् से स्फीत है जो उपन्यासकार की चेतना में दुर्गा के आद्यबिम्ब से सरणीकृत हुआ है। प्रथम सोपान के बाद होरी की कथा के स्वाभाविक विकास का श्रेय गोबर की कथा को है क्योंकि इस तेजस् प्रतीक ने होरी की कथा के स्वाभाविक विकास को मातृ–ग्रंथि द्वारा बाधित होने से बचा लिया है।

गोबर–झुनिया का प्रेम प्रसंग अत्यन्त स्वाभाविक है। झुनिया अनुभवी है। उसकी वाचालता और प्रदीर्घ संवाद उसके स्वभाव के अनुकूल हैं। वह बम्बई–रिटर्न है। अपने लम्बे संवादों में बार–बार गोबर को अपनी वफ़ादारी का विश्वास दिलाती है। पुरुषों के मनोभावों की जानकार है – "बरसों से दूध लेकर बाजार जाती हूँ। एक से एक बाबू, महाजन, ठाकुर, वकील, अमले, अफ्सर अपना रसियापन दिखाकर मुझे फँसा लेना चाहते हैं। कोई छाती पर हाथ रखकर कहता है, झुनिया तरसा मत;

कोई मुझे नशीली, रसीली चितवन से घूरता है, मानो मारे प्रेम के बेहोश हो गया है, कोई रुपये दिखाता है, कोई गहने। सब मेरी गुलामी करने को तैयार रहते हैं . . . . . . लेकिन मैं उन सबों की नस पहचानती हूँ।" [34] झुनिया का यह कथन स्पष्टतः अतिरंजित है। परम्परागत अहीर समाज में पुत्रियों को इतनी अधिक स्वतंत्रता नहीं मिलती। तिलकधारी पंडित के जिस प्रसंग का झुनिया ज़िक्र करती है, उसके चित्रण में भी अनेक झोल हैं। झुनिया की लताड़ सुनने के बाद भी पंडित का अनुनय करना अस्वाभाविक है और एक बार करारी लताड़ के बाद झुनिया का उससे पचास रुपये माँगना तो निश्चय ही उसके स्वभाव के विरुद्ध है। समूचे प्रसंग की अस्वाभाविकता का परिहार इस तथ्य से होता है कि प्रेम–प्रसंगों में आत्मप्रशंसा के अतिरंजित कथन खप जाते हैं। गोबर–झुनिया के सम्बन्ध के माध्यम से प्रेमचंद ने विधवा–विवाह का समर्थन किया है। यह सही है कि गोबर और झुनिया का विधिवत् विवाह 'गोदान' में कहीं वर्णित नहीं है लेकिन है तो झुनिया गोबर की पत्नी ही। विवाह–पूर्व यौन सम्बन्ध का प्रेमचंद ने समर्थन तो नहीं किया है लेकिन ऐसे सम्बन्ध की पति–पत्नी सम्बन्ध में परिणति को अवश्य स्वीकार किया है। गांधी के युग में यह एक बड़ी बात थी। यहाँ इतना उल्लेख अप्रासंगिक न होगा कि जयशंकर प्रसाद ने 'ध्रुवस्वामिनी' में विधवा–विवाह से आगे बढ़कर विशिष्ट परिस्थितियों में नारी के तलाक के अधिकार का समर्थन किया। लगता है 'इतिहास के गड़े मुर्दे उखाड़कर' भी प्रसाद प्रेमचंद से कम से कम नर–नारी सम्बन्ध के मामले में अधिक प्रगतिशील थे। समग्र प्रसंग में गोबर का पलायन भी विचार्य है। 'कर्मभूमि' और 'गबन' के नायक भी पलायन करते हैं। 'गबन' का नायक रमाकान्त अपनी बदनामी के डर से घर छोड़कर भाग जाता है। 'कर्मभूमि' का नायक अमरकांत भी अपने और सकीना के सम्बन्ध की बदनामी के डर से पलायन करता है। इन दोनों की तुलना में गोबर का पलायन कहीं अधिक सार्थक है। वह पलायन तब करता है जब देख लेता है कि झुनिया को उसके घर में आश्रय मिल गया है। ग़ौरतलब बात यह है कि तीनों उपन्यासों में पलायन के प्रसंग अत्यधिक स्वाभाविक और प्रभविष्णु हैं। 'कर्मभूमि' और 'गबन' के पलायन–प्रसंग जहाँ मध्यमवर्गीय युवक के चरित्र की दुर्बलता को उजागर करते हैं वहाँ 'गोदान' के पलायन–प्रसंग में कृषकपुत्र के संकल्प की झलक है।

कहा जा चुका है कि 'गोदान' मनोवैज्ञानिक उपन्यास है अर्थात् उसकी कथा बाह्य जगत के यथार्थ के चेतन अनुभवों से सम्बन्धित है। इस प्रकार के उपन्यासों के सर्वोत्तम अंश वही होते हैं जिनमें उपन्यासकार के चेतन और अचेतन के जीवन्त सम्बन्धों की अभिव्यक्ति हो। विवेच्य उपन्यास में होरी की कथा के द्वितीय सोपान में चेतन और अचेतन का सम्बन्ध सर्वाधिक जीवन्त रहा है। आर्थिक शोषण

की भयावहता के विराट् चित्र इसी सोपान में निहित हैं। शोषण के हृदयद्रावक चित्रण की चरम सीमा होरी के मजदूर बनने में लक्षित की जा सकती है। इस सोपान का संपूर्ण घटनाक्रम चेतना के धरातल पर सृजित अत्यन्त स्वाभाविक एवं विश्वसनीय है। समग्र सोपान में होरी और धनिया में पारस्परिक समझ बनी रहती है। उनमें कहीं कोई गंभीर मतभेद नहीं होता। होरी जानता है कि पंचों द्वारा डाँड लगाया जाना अन्याय है और धनिया भी समझती है कि डाँड उसे देना ही पड़ेगा। ऊख के पैसे से कर्जे की वसूली का होरी भी विरोध करता है और उस वसूली के झेले जाने में होरी की विवशता का अनुभव धनिया भी करती है। होरी समाज को झेलने के लिये विवश है; धनिया अन्याय के यथासंभव प्रतिकार के लिये तत्पर है। यहाँ धनिया का क्रांतिकारी चरित्र प्रेमचंद के चित्त में माया के आद्यबिम्ब की उद्दीप्ति का सूचक है। सर्जक के चित्त में माया के आद्यबिम्ब की उद्दीप्ति के अभाव में ऐसे सशक्त नारी चरित्र की सृष्टि संभव ही नहीं है। विवेच्य सोपान में धनिया के व्यक्तित्व की प्रखरता झुनिया को आश्रय देने में, बिरादरी के विरोध में, पंचों के विरोध में, बच्चों के लिये डेढ़–दो मन अनाज पंचों से बचाये रखने में और झुनिया को भोला के हाथों पड़ने से रोकने में व्यक्त है। प्रेमचंद की धनिया का कलेजा ही इतना मजबूत हो सकता है कि भोला को बैल दे दिये किन्तु झुनिया नहीं दी। धनिया के चरित्र का ऐसा औदात्त्य माया के आद्यबिम्ब से दीप्त है।

झिंगुरीसिंह द्वारा कर्जे की जबरन वसूली द्वितीय सोपान के सर्वाधिक मार्मिक प्रसंगों में से एक है। पूरा गांव दैत्य–सदृश झिंगुरीसिंह से मस्त है। इस प्रसंग में शोषण की संहारकता का हृदयद्रावक चित्रण है। पूरे वर्ष अपने खून–पसीने से धरती सींचने वाला किसान फसल बिकने के दिन भी खाली हाथ घर लौटता है; बच्चों के लिये भी कुछ नहीं ला पाता। फसल बिकने के दिन भी किसान अपनी भूखप्यास भुलाने के लिये महाजन की नज़रों से बचाकर रखी इकन्नी की ताड़ी पीने पर मजबूर होता है। झिंगुरीसिंह के शोषण की इस भयावहता में सामूहिक छाया का आद्यबिम्बत्व सहज ही लक्षित किया जा सकता है। यह समूचा प्रसंग एक प्रकार की लघु प्रलय का दृश्य उपस्थित कर देता है। झिंगुरीसिंह मिलमालिक खन्ना का प्रतिनिधि है। अतः उसका शोषण पूंजीवाद वर्ग द्वारा कृषक सभ्यता के ध्वंस को प्रतीकित करता है। इस पूरे प्रसंग में झिंगुरीसिंह उस नगर–दैत्य को प्रतीकित करता है जिसका विरोध 'रंगभूमि' में आद्यन्त हुआ है। गांवों के सुख–चैन को लीलने वाला यह नगर–दैत्य आज़ादी के बाद भी साहित्यकारों को विकल कर रहा है। एक स्वप्न – कविता में ऐसे ही नगर–दैत्य की भीषणता का चित्र है –

पास उसी के
एक दौड़ता नगर आ गया।
उखड़ी उसकी सांस,
विषम थी रक्त-चाप-लय।
बेढ़ंगी अनुपातहीन काया फैली
ज्यों वातग्रस्त की।
परस गयी कालौंसी छाया
या फिर यंत्रागार व्यस्त की।
शस्य श्यामला भूमि कुचलने
या नव दशकंधर उतरा था।[35]

विवेच्य उपन्यास का झिंगुरसिंह भी मिल से जुड़ा है। उसकी काया भी अनुपातहीन है और वह भी नव दशकंधर की तरह निस्सहाय कृषकों का रक्त–पान कर रहा है।

विवेच्य उपन्यास के द्वितीय सोपान की चरम घटना है – होरी और उसके परिवार द्वारा दातादीन की मजदूरी। शोषक होने के कारण दातादीन आप्तपुरुष के कृष्ण पक्ष को प्रतीकित करता है। वह होरी और धनिया के असम्मान का प्रयास करता है। होरी की तरह धनिया के असम्मान को प्रेमचंद भी नहीं सह पाते और, इसीलिये, गोबर गांव वापिस लौटता है। धनिया के प्रताड़ित होने पर उपन्यासकार का अहं स्फीत हो उठता है। इस स्फीत अहं को प्रतीकित करने वाला गोबर सभी से अपने ढंग से बदला लेता है। अहं–स्फीति के चुक जाने पर होरी–धनिया और गोबर–झुनिया के मध्य असमंजस बढ़ता है। धनिया की क्रांतिकारिता और गोबर की स्वार्थपरता को प्रेमचंद साथ–साथ नहीं रख सकते थे। गोबर झुनिया को लेकर शहर चला जाता है।

होरी की कथा दातादीन की मजदूरी करते हुए उसके बेहोश हो जाने पर भी समाप्त हो सकती थी। आगे सोना और रूपा की शादी के प्रसंग हैं। सोना की शादी नोहरी के आर्थिक सहयोग से सम्पन्न होती है किन्तु रूपा की शादी में होरी की मरजाद टूटती है। रूपा होरी की अंतिम पुत्री है और उसके लिये यह कामना सहज है कि वह उसकी शादी करके, मुहावरे में कहें तो, गंगा नहा ले। 'गोदान' में प्रसंगों का बाहुल्य है और प्रेमचंद अपनी विलक्षण प्रसंगोद्भावना–शक्ति से किसी ऐसे प्रसंग की कल्पना सहज ही कर सकते थे जिससे होरी को कुशकन्या न देनी पड़ती। इससे स्पष्ट है कि प्रेमचंद के चित्त में कथा के दुःखान्त रहने का संवेग अत्यन्त तीव्र था। जहाँ कथा दुःखान्त हो रही थी वहाँ उन्होंने उसे दुःखान्त होने से बचाने के लिये पूरी

ताक़त से भोला-नोहरी के प्रसंग को तूल दिया और जहाँ उसकी दुःखान्तता को आसानी से टाला जा सकता था वहाँ उसके लिये एक प्रसंग उभार दिया गया। उनका यह संवेग सहजगम्य है कि कथा होरी के बिगड़ने की ही न रहे, उसकी मरजाद टूटने की रहे क्योंकि बिगड़कर तो बना भी जा सकता है मरजाद के टूटने पर ज़िन्दा नहीं रहा जा सकता। होरी की मौत स्पष्टतया प्रेमचंद के चित्त में गाय के उस मृत्युबिम्ब की उदीप्ति की सूचक है जिससे प्रेमचंद प्रथम सोपान से ही जूझे हैं, किन्तु जिसे अन्ततोगत्वा टाल नहीं पाये।

होरी की कथा के तृतीय सोपान में मातादीन–सिलिया, सिलिया–सोना और सिलिया मथुरा के प्रसंगों की सोद्देश्यता तो सुस्पष्ट है किन्तु प्रधान कथा के संदर्भ में उनके नियोजन की अनिवार्यता संदिग्ध है। ऐसी स्थिति में भोला नोहरी के प्रसंग के साथ–साथ ये प्रसंग भी सर्जक के चित्त में ग्रंथि की सक्रियता की सूचना देते हैं। भोला का दुर्गति दातादीन और मातादीन के सवर्णत्व पर आघात, सोना का सुखी दाम्पत्य जीवन, सिलिया को अभीष्ट की प्राप्ति, आदि के द्योतक उक्त प्रसंगों के नियोजन के मूल में 'जैसी करनी वैसी भरनी' का लोकविश्वास निहित है जो मूलतः माता के आद्यरूप से सम्बद्ध है। इनमें संरचनात्मक दृष्टि से दो प्रसंग महत्त्वपूर्ण हैं – भोला–नोहरी एवं मातादीन–सिलिया के। भोला के विषय में गोबिम्ब की व्याख्या में विचार किया जा चुका है। देखा जाये तो होरी के जीवन में भोला की भूमिका निर्णायक महत्त्व की रही है। गाय आयी तो भोला के यहाँ से। डाँड लगा और होरी आर्थिक दृष्टि से ध्वस्त हो गया। प्राकृतिक न्याय की दृष्टि से भोला की दुर्गति होनी ही चाहिये थी। द्वेष के वशीभूत होकर बैल तक खोलकर ले गया था वह ! होरी ने उसे उसके धर्म पर छोड़ दिया। प्रकृति ने उसे दण्डित किया। प्रेमचंद विधवा–विवाह के समर्थक अवश्य थे किन्तु अनमेल विवाह का उन्होंने तीव्र विरोध किया है। 'सेवासदन' में यह समस्या प्रमुखता से उठायी गयी है। वृद्ध भोला ने विधवा युवती से विवाह किया तथा अपने ही बेटों से तिरस्कृत एवं प्रताड़ित हुए। घर से तो भोला को निकाल दिया गया। पं. नोखेराम ने भोला को आश्रय दिया – वासना से प्रेरित होकर। वासना के साथ ही पटवारी के प्रति प्रतिस्पर्धा का भाव भी था। नोहरी पं. नोखेराम के मन पर अपना अधिकार जमा लेती है। प्रेमचंद ने इस प्रसंग में अशक्त–काम भोला की दुर्दशा का अत्यन्त स्वाभाविक एवं प्रभावक चित्रण किया है।

मातादीन–सिलिया प्रसंग में भी प्रेमचंद ने पर्याप्त रुचि ली है। इस प्रसंग का मूल उत्स प्रेमचंद की पहली रचना में मिलता है। इस पहली रचना के विषय में प्रोफेसर शैलेश ज़ैदी ने लिखा है – "रचना क्या थी, नाते के एक मामा के रोमांस पर

व्यंग्य था। मतलब यह कि घर ही की बात थी। शायद सारे का सारा आँवाँ ही एक जैसा था। मामा जी अधेड़ हो गये थे पर उनका ब्याह नहीं हुआ था। एक चमारिन उनके घर आया-जाया करती थी। उसी से भूख मिटा लेते थे। चमारों ने आपस में पंचायत की और निश्चय किया कि लाला जी को ऐसा सबक दिया जाय कि जीवन भर याद रखें। दूसरे दिन जैसे ही चमारिन के आने पर मामा जी ने कमरे की किवाड़ बंद की, दरवाजा पीटा जाने लगा। सारा गांव जमा हो गया। किवाड़ तोड़े गये। मामा जी जूता-लात खाकर बेहोश हो गये और लोगों ने उन्हें मुर्दा समझकर छोड़ दिया।" [36] 'गोदान' में मातादीन की पिटाई का प्रसंग उक्त प्रसंग के समवर्ती है। इस प्रसंग में प्रेमचंद की दृष्टि सामाजिक यथार्थ पर भी टिकी है। इसमें जातिवाद की अमानवीयता तथा आर्थिक शोषण का भी चित्रण है। इस प्रकार उपन्यासकार ने व्यक्तिगत अनुभव को युगानुरूप साधारणीकृत किया है।

होरी की कथा का अंतिम सोपान अत्यधिक बिम्बात्मक है। होरी का अंतिम वाक्य है – "मेरा कहा-सुना माफ करना धनिया। अब जाता हूँ। गाय की लालसा मन में ही रह गयी। अब तो यहाँ के रुपये क्रियाकरम में ही जायेंगे। रो मत धनिया, अब कब तक जिलाएगी। सब दुर्दशा तो हो गयी। अब मरने दे।" [37] आम हिन्दुस्तानी किसान की ज़िन्दगी मानो दुःखों को झेलने के लिये ही बनी है। प्रेमचंद कृषक की दुर्दशा को उसकी समग्रता में चित्रित करना चाहते थे। यहाँ गाय की जिस लालसा का जिक्र है वह ग्रंथ्यात्मक न होकर, बिम्बात्मक है। 'सब दुर्दशा हो गयी' में गहरे पराजय की विवशता व्यक्त हुई है। भूमि-स्वर्ग के रूप में गाय होरी के लिये सदैव स्वप्न ही रही। कृषक जिस मर्यादा के लिये कष्ट सहकर भी कृषक बना रहता है, उसकी रक्षा भी नहीं कर पाता। होरी के इस अंत से 'पूस की रात' कहानी का हलकू बरबस याद आ जाता है। प्रोफेसर शैलेश ज़ैदी ने होरी और हलकू की समवर्तिता का उल्लेख किया है – "होरी और हलकू एक ही तस्वीर के दो नाम थे।" [38] होरी की त्रासदी यह है कि वह हलकू की तरह मजदूरी का विकल्प भी नहीं चुन सकता – रूपा की शादी जो करनी है। अपनी कृषि-भूमि के किले को बचाना उसके लिये जरूरी है। यहीं प्रेमचंद की प्रसंगोद्भावना-शक्ति का सर्वोत्तम प्रस्फुटन हुआ है। उन्होंने पूरे प्रसंग में कोई झोल नहीं छोड़ा। कुशकन्या का प्रसंग हृदयविदारक है। इस प्रसंग की बुनावट में प्रेमचंद की कारयित्री प्रतिभा का सुन्दर परिचय मिलता है। होरी जमीन से बेदखल किया जाने वाला है। बेदखली का अर्थ है – उसके कृषक जीवन की समाप्ति और उसकी पुत्री के विवाह का खटाई में पड़ना। उसके सम्मुख एक ही मार्ग शेष है – कुश-कन्या देना। उस युग में लगान से मुक्ति पाने के लिये कुश-कन्या देने की विवशता अकेले होरी की न होकर अनेक

किसानों की थी। इस संदर्भ में प्रोफ़ेसर कुंवरपाल सिंह का यह कथन महत्त्वपूर्ण है – "अवध के जिलों में किसानों का निर्मम शोषण पश्चिमी उत्तर प्रदेश की अपेक्षा अवर्णनीय था। तत्कालीन प्रतापगढ़ के डिप्टी कमिश्नर बी. एन. मेहता की एक रिपोर्ट (1920) के अनुसार अवध के किसान कर्जे से मुक्ति पाने के लिये 5 वर्ष से लेकर 12 वर्ष तक की उम्र की लड़कियों को 50 से लेकर 60 या और अधिक उम्र के आदमियों को 300 रुपये तक के लिये बेच दिया करते थे। ऐसी सैंकड़ों घटनाएँ मेहता रिपोर्ट में बताई गई थीं।"[39] 'गोदान' के अंतिम प्रसंग में प्रेमचंद की दृष्टि कृषक जीवन के इस भीषणतम यथार्थ पर टिकी है। 1920 की रिपोर्ट में जब कृषकों की उपरि–वर्णित स्थिति थी तब 'गोदान' की लेखनावधि की परिस्थितियों की भीषणता सहज अनुमेय है। परिस्थितियों की ऐसी भीषणता ही धनिया को मौन स्वीकृति देने के लिये विवश करती है। उल्लेख्य है कि अनमेल विवाह के बावजूद रूपा को प्रेमचंद ने सुखी दिखाया है जो इस तथ्य का द्योतक है कि जीवन की यौनेतर आवश्यकताएँ भी कम महत्त्वपूर्ण नहीं होतीं।

होरी की मृत्यु से पहले हीरा का अकस्मात घर वापिस आना संयोग तो अवश्य है किन्तु अविश्वसनीय नहीं। कहावत है – ट्रुथ इज़ स्ट्रेन्ज़र दैन फिक्शन। जीवन में ऐसे नाटकीय संयोग कभी–कभी निर्णायक भूमिका अदा करते हैं। हीरा के आगमन से कहानी एक प्रकार से उसी मोड़ पर आ गयी जहाँ से शुरु हुई थी – गाय की लालसा। लेकिन इस बार प्रसंग ग्रंथिरहित है। मृत्यु से पूर्व होरी अपनी छाया का, आस्कर वाइल्ड के 'द पिक्चर ऑव् डोरियन ग्रे' शीर्षक उपन्यास के नायक की तरह, साक्षात्कार कर ग्रंथिमुक्त होता है। व्यक्ति चित्त के निर्ग्रंथन की प्रक्रिया में छाया का साक्षात्कार अनिवार्य होता है। हीरा होरी का ही छाया व्यक्तित्व है। उसका चित्रण इन शब्दों में है – "होरी अंधेर मुँह उठा तो देखता है कि हीरा सामने खड़ा है, बाल बढ़े हुए, कपड़े तार–तार, मुँह सूखा हुआ, देह में रक्त और माँस का नाम नहीं, जैसे कद भी छोटा हो गया है। दौड़कर होरी के कदमों पर गिर पड़ा।"[40] सर्जनात्मक लेखन में ऐसे छाया–व्यक्तित्वों के चित्र प्रायः मिल जाते हैं। 'अंधेरे में' की प्रसिद्ध पंक्तियाँ हैं –

यह सिविल लाइन्स है। मैं अपने कमरे में
यहाँ पड़ा हुआ हूँ
पीटे गये बालक सा मार खाया चेहरा
उदास इकहरा
स्लेट पट्टी पर खींची गयी तस्वीर

भूत जैसी आकृति
क्या वह मैं हूँ
मैं हूँ? [41]

हीरा की भी आकृति भूत जैसी ही है। उसके आगमन की पृष्ठभूमि का प्रेमचंद ने सम्यक् रूप से चित्रण किया है जिससे यह प्रसंग नाटकीय होते हुए भी विश्वसनीय हो गया है – "क्या बताऊँ दादा! बस, यही समझ लो कि तुम्हारे दर्शन बदे थे, बच गया। हत्या सिर पर सवार थी। ऐसा लगता था कि गऊ मेरे सामने खड़ी है; हरदम, सोते–जागते, कभी आँखों से ओझल न होती। मैं पागल हो गया और पाँच साल पागलखाने में रहा। आज वहाँ से निकले छः महीने हुए। माँगता–खाता फिरा। यहाँ आने की हिम्मत न पड़ती थी। संसार को कौन मुँह दिखाऊँगा? आखिर जी न माना। कलेजा मजबूत करके चला आया।" [42] हीरा के समग्र स्वभाव और उसके दुष्कृत्य को देखते हुए उसका पागल होना अस्वाभाविक नहीं लगता। उसके आने से होरी की कथा पूर्णता प्राप्त करती है; शेष रहती है तो केवल गाय – मृत्यु के रूप में।

'गोदान' की आधिकारिक कथा के विश्लेषण से स्पष्ट है कि उसमें व्यक्त समस्या कृषक के आर्थिक शोषण की है। उसकी सामग्री बहिर्जगत् के चेतनानुभवों से गृहीत है। उसकी सीमाओं के लिये उपन्यासकार की ग्रंथ्याभिभूत मनःस्थिति उत्तरदायी है। उसकी शक्ति का श्रेय माया और सामूहिक छाया के आद्यबिम्बों को है। उसकी संरचनात्मक समग्रता में माता का आद्यरूप निहित है।

2. बिम्बित उद्देश्य

'गोदान' की आधिकारिक कथा के साथ ही प्रासंगिक कथा के सम्बन्ध को उपन्यास के उद्देश्य के संदर्भ में समझने के प्रयास हुए हैं। प्रासंगिक कथाओं में व्यक्त उद्देश्य की व्यापकता को देखते हुए हिन्दी के अनेक आलोचकों ने 'गोदान' को 'महाकाव्यात्मक उपन्यास' का विधागत वैशिष्ट्य प्रदान किया है। कथानक और उद्देश्य का विधागत वैशिष्ट्य के साथ अनिवार्य सम्बन्ध होता है अतः उद्देश्य के संदर्भ में 'गोदान' की महाकाव्यात्मकता प्रथमतः विचारणीय है।

महाकाव्यात्मक उपन्यास से उपन्यास के विधागत वैशिष्ट्य का बोध होता है। अतः 'गोदान' को महाकाव्यात्मक उपन्यास कह देने से उसकी महत्ता बढ़ नहीं जाती और उसे महाकाव्यात्मक उपन्यास न मानने से उसके महत्त्व का अवमूल्यन नहीं

हो जाता । हिन्दी की कतिपय लम्बी कविताओं के महत्त्व से अज्ञेय की 'चिड़िया की कहानी' जैसी लघु कविताओं का महत्त्व कम नहीं हो जाता । मत्स्य-न्याय काव्य-न्याय नहीं है और न ही साहित्य के क्षेत्र में लागू होता है ।

महाकाव्यात्मक उपन्यास में युग की समग्रता का चित्रण ही अपेक्षित नहीं होता । चित्रण का औदात्त्य भी अपेक्षित होता है । 'गोदान' की प्रासंगिक कथाएँ उसके उद्देश्य को तो व्यापकता प्रदान करती हैं किन्तु जैसा कि अधिकांश आलोचकों का मत है, यह व्यापकता कथा–संगठन की उपेक्षा से प्राप्त की गयी है । आलोचकों के एक वर्ग को ऐसी उपेक्षा महाकाव्यात्मकता के संदर्भ में वरेण्य लगती है और एक वर्ग इसे प्रेमचंद की उपन्यास–कला का अनुपेक्षणीय छिद्र मानता है ।

महाकाव्यात्मक उपन्यास की सर्जना गोदानकार का लक्ष्य भले ही न रहा लेकिन अपने युग का व्यापक चित्रण वे अवश्य करना चाहते थे । चित्रण की इस व्यापकता का उल्लेख करते हुए प्रोफ़ेसर शैलेश ज़ैदी ने लिखा है – "देश में व्याप्त किसानों की दयनीय स्थिति, आर्थिक विषमता, टूटते हुए परिवार, फैलती हुई महाजनी सभ्यता, सामंतवाद के भव्य खंडहर, देशभक्ति के विभिन्न मुखौटे, निर्बलों के प्रति अमानुषिकता, मिल–मालिकों द्वारा गरीबों के रक्त का शोषण, मजदूरों के वेतन में कटौती, हड़तालियों पर पड़ने वाले पुलिस के डंडे, भूखे और नंगे मजदूरों का रेला, बिरादरी का विष, पंचायत की पक्षपातमय शोषक मनोवृत्ति, मनुष्य और मनुष्य के बीच की फूट, भद्रता की ओट से झांकती हुई चरित्रहीनता, धार्मिक पाखंड, जातिगत भेदभाव, पददलित जातियों में उभरती हुई चेतना, शिक्षित नारी की स्वतंत्र दृष्टि, प्रेम और विवाह संबंधी विचारों का वैविध्य, एकात्मवाद के आध्यात्मिक मार्ग की असफलता, ईश्वर का हिलता हुआ आसन, भौतिक एकात्मवाद, काले कानूनों का युग, बुद्धिजीवियों की स्वार्थमय दृष्टि – सारांश यह है कि इस प्रकार के अनेक विषय हैं जिन्हें 'गोदान' के कथा–संगठन में बड़ी ही कलात्मकता के साथ पिरो दिया गया है ।[43] इस तरह प्रो. शैलेश ज़ैदी का यह मत है कि प्रासंगिक कथाएँ उसके महाकाव्यात्मक पक्ष को उभारती हैं ।[44] यह एक अलग बात है कि उन्होंने 'गोदान' की व्याख्या और मूल्यांकन एक उपन्यास के रूप में ही करना अधिक उपयुक्त समझा है । डॉ. गोयनका का भी यही विचार है कि विवेच्य उपन्यास का 'पहले एक विशुद्ध उपन्यास के रूप में उल्लेख किया जाना चाहिये ।'[45] डॉ. जितेन्द्रनाथ पाठक ने आग्रहपूर्वक 'गोदान' को महाकाव्यात्मक उपन्यास सिद्ध करने का प्रयास किया है । उनके अनुसार उपन्यास की बुनावट की सघनता और अन्तस्सम्बद्धता की अनिवार्यता महाकाव्यात्मक उपन्यासों पर लागू नहीं होती ।[46] वस्तुतः लूज़ प्लाट वाले उपन्यासों में

प्लाट को लूज़ ही रहने दिया जाता है। उसमें विभिन्न कथात्मक प्रसंगों को जबरदस्ती नत्थी करने का प्रयास नहीं किया जाता। विवेच्य उपन्यास के संदर्भ में ऐसा नहीं है। गोदानकार ने कथानक को सुगठित करने का प्रयास अवश्य किया है, वरना पठान से जूझते होरी को न दिखाया जाता और मालती को गोबर राह चलते न मिलता।

वस्तुतः किसी भी उपन्यास को महाकाव्यात्मक उपन्यास कह सकने के लिये अपेक्षित है कि उसमें युगीन इतिहास की प्रतीयमान समग्रता का उदात्त बिम्ब हो। प्रेमचंद की व्यक्तिता अपने युग के इतिहास की अपेक्षा अपने युग के भूगोल में अधिक रमी है। विवेच्य उपन्यास में उन्होंने युग के भूगोल की भयावहता को उजागर किया है। कृषक–कथा के माध्यम से उन्होंने भारत के इतिहास के कटुतम यथार्थों में से एक को अभिव्यक्त किया है। अंग्रेजी राज की स्थापना के साथ ही देश की पारंपरिक कृषि–व्यवस्था नष्ट हो गयी और जिन वैकल्पिक व्यवस्थाओं को लागू किया गया वे कृषकों के व्यापक शोषण का कारण बनीं। अंग्रेजी राज की इस शोषणमूलकता का वर्णन करते हुए प्रोफेसर कुंवरपाल सिंह ने लिखा है – "अंग्रजों ने अट्ठारहवीं शताब्दी के अन्त में भारत भूमि व्यवस्था को बदलना आरंभ कर दिया। उन्होंने पैदावार के लाभांश के स्थान पर ज़मीन का लगान निश्चित कर दिया। पहली व्यवस्था में अकाल, बाढ़ आदि के कारण यदि पैदावार कम होती तो उसी अनुपात में लगान भी कम हो जाता, लेकिन नयी व्यवस्था में किसान को, चाहे फसल अच्छी हो या बुरी, निश्चित लगान देना अनिवार्य हो गया था। . . . . . मालगुजारी तथा किसान के ऊपर पड़ने वाले अन्य खर्च पचास प्रतिशत से भी अधिक होते थे।"[47] अंग्रजों की शोषणमूलक नीति से देश की अर्थव्यवस्था को गहरा धक्का लगा। यह शोषण मुख्यतः तीन रूपों में हुआ – 1. परम्परागत कृषि–भूमि व्यवस्था में परिवर्तन, 2. दस्तकारी का ध्वंस और 3. विदेशी माल का आयात। भारत जैसे कृषि–प्रधान देश के लिये भूमि–व्यवस्था में परिवर्तन घातक सिद्ध हुआ। देश की अधिकांश आबादी किसान थी। उसकी आर्थिक स्थिति निरंतर बिगड़ती गयी। 'गोदान' के लेखन–काल में भी इस स्थिति में कोई उल्लेखनीय सुधार नहीं हुआ। प्रेमचंद ने कृषक जीवन के इस आर्थिक पक्ष को अपनी संवेदना का विषय बनाया। प्रोफेसर कुंवरपाल सिंह के अनुसार, " 'गोदान' इस गहरे होते संकट और पूँजीवादी व्यवस्था के वर्चस्व का दस्तावेज़ है। जमींदार अब पूँजीपति का स्वयं कर्जदार है। . . . 'गोदान' 'कर्मभूमि' से आगे की कहानी है। साहूकारों द्वारा कराये गये 'कर्मभूमि' के समझौते से किसानों को कोई लाभ नहीं हुआ। उनकी स्थिति निरन्तर बिगड़ती गयी। आर्थिक मंदी और उसके बाद लगान उसी हिसाब से वसूल किया जाता रहा। 'गोदान' का शोषण–तंत्र सूक्ष्म और जटिल है। प्रेमचंद ने बहुत विस्तार से भारतीय कृषक पर

पड़ने वाले प्रभावों का व्यापकता से परिचय दिया है।" [48] स्पष्ट है कि 'गोदान' कृषक जीवन के कटुतम यथार्थ को स्वर देता है। होरी की कथा राष्ट्र के कृषक जीवन की त्रासदी है। यह त्रासदी अपने आप में महाकाव्यात्मक है। अनेक छिद्रों के बावजूद होरी की कथा में महाकाव्योचित औदात्त्य है। होरी के व्यापार उदात्त हैं, उसका चरित्र उदात्त है और उसका उद्देश्य उदात्त है। इतना होने पर भी उपन्यास की प्रासंगिक कथाओं में औदात्त्य का अभाव है। प्रासंगिक कथाओं के अनेक प्रसंग प्रभावोत्कर्षक न होकर प्रभावापकर्षक हैं। इनमें केवल राय साहब की कथा एक सापेक्षिक पूर्णता की प्रतीति कराती है। अंत उसका भी अनुदात्त है। उनकी रुग्ण काया और विकल आत्मा एक सभ्यता के अवशिष्ट होते जाने की द्योतक हैं किन्तु उसके लिये जो प्रसंगोद्भावना की गयी है वह अस्वाभाविक है। खन्ना की कथा अधूरी है। आश्चर्य का विषय है कि अंग्रेज चरित्र पूरे उपन्यास से लुप्त है। एकाध स्थल पर सूचित अवश्य है किन्तु चित्रित कहीं नहीं है। यहाँ तक कि राय साहब की पार्टी में भी एक भी अंग्रेज नज़र नहीं आता। स्पष्ट है कि प्रासंगिक कथाओं के आधार पर उपन्यास को महाकाव्यात्मक उपन्यास का विधागत वैशिष्ट्य प्रदान करना तर्कसंगत नहीं है। कृषक–कथा में भी अपने युग के भूगोल को स्वर मिला है; इतिहास के विराट् परिवर्तन की प्रक्रिया को नहीं। इस दृष्टि से यदि देखा जाये तो 'रंगभूमि' 'गोदान' की अपेक्षा कहीं अधिक महाकाव्यात्मक है। उसमें पसरते पूँजीवाद के ऐतिहासिक यथार्थ का प्रभावक चित्रण है।

'गोदान' के उद्देश्य का निश्चयन इस बात पर निर्भर है कि उसकी प्रासंगिक कथाओं को किस रूप में ग्रहण किया जाता है। प्रासंगिक कथाओं को अतिरिक्त महत्त्व देने पर वह 'भारतीय जीवन का विराट चित्र' [49] प्रतीत हो सकता है और प्रासंगिक कथाओं की उपेक्षा करने पर उसके उद्देश्य को ग्रामीण जीवन के विविध पक्षों तक ही सीमित रखा जा सकता है। [50] केवल युगीन संदर्भों में कथा–साहित्य की व्याख्या से इस प्रकार के विषयपरक निष्कर्षों की गुंजाइश हमेशा रहती है। अतः 'गोदान' के वास्तविक उद्देश्य की विवृत्ति के लिये उसकी संरचनागत समग्रता का वस्तुनिष्ठ विवेचन अनिवार्य है।

प्रथमतः आधिकारिक कथा से बिम्बित उद्देश्य विचार्य है। उपन्यास की संरचना और शीर्षक उसकी मूल समस्या को आधिकारिक कथा से सम्बद्ध सिद्ध करते हैं। प्रासंगिक कथाएँ या तो मूल समस्या का विस्तार हैं या उसके समाधान के प्रयास को प्रतीकित करती हैं। आधिकारिक कथा को भारतीय ग्रामीण जीवन की समग्रता का व्यंजक मानना समीचीन प्रतीत नहीं होता। उसमें कृषक जीवन का आर्थिक पक्ष

अधिक उभरा है। अतः डॉ. रामविलास शर्मा का यह मत समीचीन है कि 'गोदान' की मूल समस्या कृषकों की ऋणग्रस्तता है।[51] वस्तुतः बहिर्मुखी व्यक्तित्व के कारण प्रेमचंद बहिर्जगत् के ठोस यथार्थ पर बल देते थे। अपने सृजन के अंतिम दौर में उन्होंने समाज के आर्थिक जीवन को विशेष महत्त्व दिया। 'गोदान' में उन्होंने कृषकों के आर्थिक जीवन को अपनी संवेदना का विषय बनाया। होरी के आर्थिक शोषण को प्रेमचंद ने अपेक्षित विस्तार और गहनता से अभिव्यक्त किया है। इस शोषण को रेखांक्ति करते हुए प्रोफेसर कुंवरपाल सिंह ने लिखा है – " 'गोदान' में किसानों के शोषणकर्त्ताओं की एक लम्बी सूची है जिसमें आधा दर्जन महाजन, ज़मींदार, उनके कारकुन, पटवारी, थानेदार व पुलिस के दूसरे कर्मचारी तथा सरकारी और गैरसरकारी अफसर हैं।"[52] इस प्रकार 'गोदान' की प्रत्यक्षतः द्योतित समस्या ऋणग्रस्तता ही है।

प्रश्न यह है कि इस ऋणग्रस्तता का स्वरूप क्या है? 'गोदान' में होरी की ऋणग्रस्तता का कारण बनी है – गाय की लालसा। ऐसा नहीं है कि गाय आने से पूर्व होरी ऋणमुक्त था। ऋणग्रस्त तो वह पहले से ही था और न केवल ऋणग्रस्त था बल्कि ऋणग्रस्तता का अभ्यस्त भी था। इतना अभ्यस्त कि कर्जे को वह एक तरह से मुफ़्त ही समझता था। गाय की लालसा ने इस समस्या को इतना विकट बना दिया कि वह आजीवन उससे कभी उबर नहीं पाया। यह गाय ही गोबर और झुनिया के प्रेम का निमित्त बनती है। झुनिया को घर में आश्रय देकर होरी समाज की प्रचलित मर्यादा को भंग करता है और, फलतः, उसे डॉंड भरनी पड़ती है। इसी झुनिया के कारण भोला गाय के कर्जे के बहाने होरी के बैल खोलकर ले जाता है और होरी को दातादीन की मजदूरी करनी पड़ जाती है। झुनिया का प्रेम ही गोबर के गांव से पलायन का निमित्त बनता है और वही गोबर एक नयी चेतना लेकर गांव वापिस लौटता है। यही चेतना गांव की शोषणमूलक व्यवस्था से संघर्ष करती है। यह संघर्ष होरी को भारी पड़ता है। ज़मीन की बेदखली की नौबत आ जाती है। उसे कुश-कन्या देनी पड़ती है। उसकी मर्यादा नष्ट हो जाती है। इस प्रकार होरी की ऋणग्रस्तता के मूल में उसकी गाय की लालसा है।

गाय की लालसा वस्तुतः इतनी क्षुद्र और सीमित नहीं है जितनी समझ ली जाती है। पीछे कहा जा चुका है कि 'गोदान' की गाय धरासुतों के सुखों की पूर्णता की व्यंजक है। होरी की समस्या केवल गाय की लालसा नहीं है क्योंकि केवल गाय की समस्या होती तो वह तो उसकी पुत्री उसे भेज हो रही थी। गाय प्रतीकात्मक है। होरी हिन्दुस्तान के आम आदमी को प्रतीकित करता है और उसकी गाय की लालसा आम आदमी के भूमि–स्वर्ग की कामना को बिम्बित करती है। कथात्मक

प्रसंगों की ऐसी प्रतीकात्मकता मनोविज्ञानसम्मत तो है ही, आलोचकों द्वारा स्वीकृत भी रही है। जन सामान्य की भूमि–स्वर्ग की समस्या देश के अधिकांश साहित्यकारों को विकल करती रही है। इसी भूमि–स्वर्ग की स्थापना के लिये अयोध्यासिंह उपाध्याय 'हरिऔध' के 'प्रियप्रवास' की राधा लोकसेविका का जीवन अपनाती है। मैथिलीशरण गुप्त जैसे कवि के राम भी भूमि–स्वर्ग को ही जीवन का लक्ष्य बनाते हैं – संदेश यहाँ मैं नहीं स्वर्ग का लाया। इस भूतल को ही स्वर्ग बनाने आया। जयशंकर प्रसाद की 'कामायनी' में मनुपुत्र इड़ा के सहयोग से भूमि–स्वर्ग की स्थापना में प्रवृत्त होता है। यही नहीं, प्रेमचंद के बाद भी अनेक साहित्यकार इस समस्या को अपनी रचना का केन्द्र बनाते रहे हैं। गजानन माधव मुक्तिबोध के तो समूचे रचनाकर्म की एकमात्र समस्या यही है –

कि मैं अपनी अधूरी दीर्घ कविता में
सभी प्रश्नोत्तरी की तुंग प्रतिमाएँ
गिराकर तोड़ देता हूँ हथौड़े से
कि वे सब प्रश्न कृत्रिम और
उत्तर और भी छलमय
समस्या एक –
मेरे सभ्य नगरों और ग्रामों में
सभी मानव
सुखी, सुन्दर व शोषणमुक्त
कब होंगे? [53]

जन–जन की शोषणमुक्ति की समस्या 'गोदान' के लेखन-काल में प्रेमचंद को विकल करती रही है। रचना–यात्रा के इस दौर में आम आदमी का आर्थिक शोषण उनकी संवेदना का मूल विषय रहा है। यही कारण है कि विवेच्य उपन्यास में तत्युगीन राजनीतिक–सामाजिक आंदोलनों के प्रभाव के स्थान पर प्रेमचंद की संवेगात्मक अनुभूतियाँ अधिक प्रबल हो उठी हैं। आधिकारिक कथा के प्रथम सोपान की ग्रंथ्यात्मकता के छँट जाने पर ये अनुभूतियाँ चित्त के गहनतर स्तरों का सहयोग पा गयीं। यही कारण है कि विवेच्य उपन्यास में कृषकों के शोषण के विकराल चित्र हैं। प्रेमचंद ने अपने युग के कालुष्य का अनुभव शोषण–तंत्र के रूप में किया ठीक उसी प्रकार जिस प्रकार मन्नूभंडारी ने 'महाभोज' में राजनीतिक नेताओं की स्वार्थपरता से जन्मी अमानवीयता में युग के कालुष्य को देखा है। 'गोदान' में चित्त के गहनतर स्तरों का सहयोग पा लेने पर युग का कालुष्य सामूहिक छाया के आद्यबिम्ब में व्यक्त

हुआ है। सामूहिक छाया को प्रतीकित करने वाला शोषण–तंत्र माता के आद्यरूप से सम्बन्धित आम आदमी के भूमि–स्वर्ग में बाधक है। शोषण–तंत्र की विकरालता की प्रतीति उस समय और अधिक सघन हो जाती है जब हम आम आदमी को मानवीय मूल्यों को पक्षधर के रूप में देखते हैं। होरी मानवीय मूल्यों से प्रेरित हो झुनिया को आश्रय देता है और अपनी इस गहरी सज्जनता के कारण दंडित होता है। गहरी सज्जनता के मारे–मारे फिरने का ऐसा ही एक चित्र मुक्तिबोध ने भी अंकित किया है –

> जो सोच रहा क्यों मानव के
> इस तुलसी–वन में आग लगी,
> क्यों मारी–मारी फिरती है
> मन की यह गहरी सज्जनता
> दुःख के कीड़ों ने खायी क्यों
> ये जुही पत्तियाँ जीवन की
> निर्माल्य हुए क्यों फूल युवक
> युवती जन के,
> क्यों मानव–सुलभ सहज
> आकांक्षाओं के तरु
> यों ठूँठ हुए वृन्दावन के
> मानव आदर्शों के गुम्बद में आज यहाँ
> उलटे लटके चिमगादड़ पापी
> भावों के।[54]

'गोदान' की तरह यहाँ भी आम आदमी की सुखमय जीवन की सहज आकांक्षाएँ ठूँठ बनकर रह जाती हैं। भूमि–स्वर्ग के लक्ष्य के सदृश लीलाभूमि वृन्दावन का मातृबिम्बत्व सुस्पष्ट है। होरी की सज्जनता की तरह यहाँ भी गहरी सज्जनता मारी–मारी फिरती है। सज्जनता की इस दुर्दशा में निहित करुणा का आधार निश्चय ही माता का आद्यरूप है।

'गोदान' की आधिकारिक कथा कृषक की शोषणमुक्ति की विराट समस्या को बिम्बित करती है। माता और सामूहिक छाया के सार्वभौम बिम्बों से दीप्त होने के कारण यह समस्या प्रमाता पर स्थायी प्रभाव छोड़ती है। इतना होने पर भी आधिकारिक कथा का एक बड़ा और प्रारंभिक अंश ग्रंथ्यात्मक है। अब जब तक इन ग्रंथियों का निरोध नहीं हो जाता तब तक आधिकारिक कथा का वैसा सहज विकास,

जैसा कि 'गोदान' में है, संभव न था। सृजन–प्रक्रिया की दृष्टि से यह अनिवार्य था कि आधिकारिक कथा के आद्यबिम्बत्व की रक्षा के लिये ग्रंथ्यात्मकता किन्हीं अन्य प्रसंगों में व्यक्त हो। यही कारण है कि 'गोदान' की प्रासंगिक कथाएँ अधिकांशतः ग्रंथ्यात्मक एवं आधिकारिक कथा से असम्बद्ध हैं।

'गोदान' की संरचना से स्पष्ट है कि प्रेमचंद आर्थिक शोषण के चित्रण को केवल कृषक जीवन तक सीमित नहीं रखना चाहते थे। शोषण की समस्या को व्यापकतर संदर्भों में प्रस्तुत करने के लिये ही विवेच्य उपन्यास में अनेक प्रासंगिक कथाओं का विधान किया गया है। इनमें राय साहब की कथा मुख्य है। राय अमरपाल सिंह होरी का शोषक है। उसकी कथनी और करनी में भेद है। वह सिद्धान्ततः शोषण के विरुद्ध होते हुए भी परिस्थितियों का दास होने से शोषण करने के लिये विवश दिखाया गया है। राय अमरपाल सिंह के शोषण का विरोध करते हुए भी उपन्यासकार ने उनकी बेचारगी को सहानुभूतिपूर्वक उभारा है। यह सहानुभूति उस समय बढ़ जाती है जब वह स्वयं चंद्रप्रकाश खन्ना द्वारा शोषित होते हैं। इसके औचित्य के संदर्भ में कहा जा सकता है कि हमारे देश में सामंतीय शोषण उतना विकराल नहीं रहा जितना कि पूंजीवादी शोषण है। दूसरे राय अमरपाल सिंह द्वारा किये गये शोषण के लिये तत्कालीन अंग्रेजी शासन भी काफ़ी हद तक जिम्मेदार था। तीसरे राय अमरपाल सिंह अंतिम शोषक नहीं है; अंतिम शोषक खन्ना है। राय अमरपाल सिंह के चित्रण के औचित्य के संदर्भ में उपर्युक्त तथ्य पर्याप्त होते यदि उपन्यास में खन्ना की कथा का स्वतंत्र विकास होता किन्तु खन्ना का शोषक रूप अपेक्षित विकरालता के साथ उभर नहीं पाया है। इससे स्पष्ट है कि अपने कथा–साहित्य में जमींदारों के भीषण अत्याचारों का चित्रण करने वाले प्रेमचंद की रायसाहब के प्रति सहानुभूति किसी अचेतन आग्रह से जन्मी है। मनोविश्लेषण में यह तथ्य सुविदित है कि पाप–ग्रंथि पिता के प्रति असंयत सहानुभूति उत्पन्न कर सकती है।

उपन्यास की संरचना में राय साहब की पार्टी का असाधारण महत्त्व है। असाधारण इस अर्थ में कि प्रासंगिक कथाओं के सभी प्रमुख पात्र इस पार्टी में प्रथम बार दृग्गोचर होते हैं। पार्टी–प्रसंग की उद्भावना का मुख्य लक्ष्य यही है। इसमें प्रासंगिक कथाओं के पात्रों का विस्तृत परिचय है। समग्र पार्टी–प्रसंग अपने आप में स्वतंत्र है। स्वतंत्र इस अर्थ में कि वह प्रासंगिक कथाओं के विकास के लिये कोई महत्त्वपूर्ण कथा–सूत्र प्रस्तुत नहीं करता। मेहता–मालती की कथा इसका अपवाद है। मेहता–मालती के सम्बन्ध का बीजवपन पार्टी में ही हो जाता है।

पार्टी–प्रसंग के तीन अंश हैं – पं. ओंकारनाथ की दुर्गति, पठान का नाटकीय आगमन और शिकार। पं. ओंकारनाथ पत्रकारिता को प्रतीकित करते हैं। उनका इस उपन्यास में जिस रूप में चित्रण है उससे उस युग की पत्रकारिता की छवि धूमित हुई है। प्रेमचंद युग की पत्रकारिता अपने दायित्वों के निर्वाह में पीछे नहीं रही। उस युग की पत्रकारिता की अपनी सीमाएँ हो सकती हैं और उस युग के पत्रकारों–सम्पादकों की भी अपनी दुर्बलताएँ हो सकती हैं। फिर भी जिस रूप में ओंकारनाथ का चरित्र–हनन किया गया है, उसकी दुगति करायी गयी है और उसकी खिल्ली उड़वायी गयी है उससे सिद्ध है कि उपन्यास के इस पात्र में प्रेमचंद का अपना छाया–व्यक्तित्व प्रक्षेपित हो गया है। मनोवैज्ञानिक दृष्टि से ऐसे प्रक्षेपों की जननी माया होती है। ओंकारनाथ की दुर्गति मालती के हाथों हुई है जो माया के आद्यरूप को बिम्बित करती है।

आलोचकों को पठान के नाटकीय आगमन का ध्येय होरी की शूरवीरता का चित्रण प्रतीत हुआ है। वस्तुस्थिति भिन्न है। होरी की शूरवीरता इस उपन्यास में अनेकत्र चित्रित है, और कहीं अधिक प्रभावक रूप में चित्रित है। उसके लिये मेहता को पठान बनाने की आवश्यक्ता नहीं थी। मेहता का पठान–रूप केवल मालती के कारण प्रदर्शित है। पार्टी के इस अंश में मेहता और मालती के संबंध की नींव पड़ती है। शिकार के अंश का भी मुख्य ध्येय मेहता और मालती के संबंध का विकास है। शिकार का विधान इसीलिये है कि मेहता मालती को अपने कंधों पर बिठा कर नदी पार करा सके। इस प्रकार समग्र पार्टी–प्रसंग में प्रासंगिक कथाओं के पात्रों से प्रमाता परिचित हो जाता है तथा मेहता और मालती की कथा के विकास का मार्ग प्रशस्त हो जाता है।

राय साहब की अपनी मर्यादा है जिसके लिये वह प्रयासरत रहते हैं। इसी मर्यादा की रक्षा के लिये वह विधुर का जीवन व्यतीत करते हैं। उनके लिये मर्यादा का अर्थ है – सामंतीय संस्कारों के अनुरूप उनका प्रभामंडल एवं यश। पार्टी–प्रसंग के बाद राय साहब मिर्ज़ा खुर्शेद की कबड्डी में दिखायी देते हैं और इस प्रसंग में उपन्यासकार ने खन्ना द्वारा उनके शोषण का संकेत किया है। राय साहब की कथा में पहली बार उनके यश पर आँच आती दिखायी देती है – पं. नोखेराम आदि से तावान की बसूली के संदर्भ में। इसी संदर्भ में उनका पं. ओंकारनाथ से टकराव होता है। इस प्रसंग में प्रेमचंद ने पुनः अपने युग की हिन्दी पत्रकारिता की छवि को धूमिल किया है। समूचे उपन्यास में हिन्दी पत्रकारिता के उज्ज्वल पक्ष की कहीं चर्चा नहीं है। राय साहब की कथा में तावान की बसूली के प्रसंग की उद्भावना का एक

मात्र लक्ष्य हिन्दी पत्रकारिता की उज्ज्वल छवि को धूमिल करना है । यह कारण है कि इस लक्ष्य को प्राप्त कर यह प्रसंग समाप्त हो जाता है अन्यथा राय अमरपाल सिंह जैसा जमींदार यह सहज ही समझ सकता था कि तावान की बात ओंकारनाथ तक पहुँचाने वाले कौन लोग हैं और उन लोगों को सबक भी सिखा सकता था । समग्र प्रसंग स्पष्टतया प्रेमचंद के व्यक्तित्व के हीन पक्ष की – छाया-व्यक्तित्व की – अभिव्यक्ति है ।

राय साहब की अपनी कथा 'गोदान' में सीमित ही है । उनकी तीन चिन्ताएँ हैं – राजा सूर्यप्रताप सिंह के विरुद्ध चुनाव, सम्पत्ति का मुकद्दमा और बेटी की शादी । साथ ही वह आर्थिक संकट से भी गुजर रहे हैं । खन्ना के अनुसार वे ज्वालामुखी के मुख पर खड़े हैं और एक हल्की सी ठोकर उन्हें पाताल में पहुँचा सकती है ।[55] प्रेमचंद चाहते तो राय साहब की कथा का अन्त एक ऐसी ही ठोकर पर कर सकते थे लेकिन उससे राय साहब नष्ट होते; राय साहब की मर्यादा नष्ट न होती । जिस प्रकार होरी की बर्बादी उसकी मरजाद के नष्ट होने में निहित थी उसी प्रकार राय साहब की बर्बादी भी उनकी मर्यादा के नष्ट होने में निहित थी । अतः राय साहब ने तीनों मोर्चों पर फ़तह पायी । चुनाव जीता, मुकद्दमा जीता और पुत्री का विवाह किया । राय साहब की मर्यादा टूटती है अपने पुत्र के प्रेमविवाह से । इस प्रकार नर–नारी सम्बन्ध की भूमिका राय साहब की कथा में भी महत्त्वपूर्ण है । होरी नर–नारी सम्बन्ध की नयी मर्यादा को स्वीकार करने पर बर्बाद कर दिया जाता है और राय साहब उस मर्यादा को स्वीकार न करने पर बर्बाद अनुभव करते हैं । पुत्र के प्रेमविवाह का प्रमाण मिलने पर राय साहब की चरम हताशा इन शब्दों में व्यक्त है – "ओह ! सारा जीवन नष्ट हो गया । सारा जीवन !"[56] बिम्बात्मक दृष्टि से होरी की कथा और राय साहब की कथा एक ही परिणति को प्राप्त हैं । होरी की भी मर्यादा नष्ट होती है और राय साहब की भी । राय साहब की इतनी बर्बादी पर्याप्त थी किन्तु उपन्यासकार को इतने से ही संतोष न हुआ अतः पुत्री के तलाक का प्रसंग उसमें और जोड़ दिया ।

राय साहब की पुत्री मीनाक्षी के तलाक का प्रसंग नितान्त अस्वाभाविक है । मीनाक्षी को प्रारंभ में साधारण हिन्दू बाल़िकाओं की तरह बेजुबान बतलाया गया है । बेजुबानी यदि पहचान का अंश हो सकती है तो वह हमारे देश में हिन्दू बालिकाओं तक ही सीमित नहीं है । स्वाध्याय, क्लब–जीवन और सत्संग से उसमें नयी चेतना जगती है और बालिका से रणचंडी बन जाती है । इस नयी चेतना के वशीभूत होकर वह जो कुछ करती है उसकी स्वाभाविकता संदिग्ध है – "उसने

रणचंडी की भाँति पिशाचों की इस चांडाल चौकड़ी में पहुँचकर तहलका मचा दिया। हंटर खा खाकर लोग इधर–उधर भागने लगे। उसके तेज के सामने वह नीच शोहदे क्या टिक्ते? जब दिग्विजय सिंह अकेले रह गये तो उसने उन पर सड़ासड़ हंटर जमाने शुरु किये और इतना मारा कि कुंवर साहब बेदम हो गये।" [57] घृणा के अतिरेक में यहाँ कल्पना की असंगत उड़ान को स्पष्टतः लक्षित किया जा सकता है। मुकद्दमे के बाद राय साहब की बेटी का यह कारनामा यथार्थ से कोसों दूर है। नशेड़ी होते हुए भी कुंवर साहब कसरती थे। बकौल प्रेमचंद एक बकरा पचा डालते थे। प्रतिभावान् भी थे। ऐसा व्यक्ति एक सीमा तक अपनी पत्नी का तो लिहाज कर सकता है किन्तु परित्यक्ता का नहीं। प्रेमचंद के युग में ज़मींदार घराने की ऐसी लड़की जो बेजुबान रही हो इतना नहीं बदल सक्ती कि तलाक के बाद परित्यक्त पति की महफ़िल में पहुँच जाये और हंटर मार-मार कर उसे बेदम कर दे। इस हादसे के बाद दोनों एक दूसरे के खून के प्यासे बन जाते हैं। राय साहब की कथा के इस अस्वाभाविक अंत से सिद्ध है कि प्रेमचंद पसरते पूँजीवाद और डूबते सामंतवाद का चित्रण करना चाहते थे किन्तु इसके लिये अपेक्षित अपने अचेतन चित्त का सहयोग उन्हें नहीं मिल पाया। चंद्रप्रकाश खन्ना की कथा से भी इस तथ्य की पुष्टि होती है।

चंद्रप्रकाश खन्ना पूँजीपति है। उपन्यास की संरचनात्मक समग्रता में राय साहब और खन्ना की कथाएँ शोषण के व्यापकतर संदर्भों में चित्रण के प्रत्यक्ष उद्देश्य से विन्यस्त हैं। इतना होने पर भी खन्ना की कथा में दाम्पत्य सम्बन्ध की समस्या को अनपेक्षित विस्तार मिला है। खन्ना का मालती के प्रति आकर्षण उसके दाम्पत्य सम्बन्ध की मधुरता में बाधक है। मालती की ओर से निराश होने पर दाम्पत्य सम्बन्ध पुनर्स्थापित होता है। खन्ना द्वारा प्रकारान्तर से कृषकों के शोषण का चित्रण यदि होरी की कथा के माध्यम से हुआ है तो मजदूरों के शोषण का चित्रण गोबर की कथा के माध्यम से हुआ है। मिल के अमानवीय वातावरण में काम करने वाला मजदूर देह की थकान और देह से अधिक मन की थकान को मिटाने के लिये ताड़ी पीने पर विवश है। उसकी मानवीय संवेदनाएँ धीरे-धीरे नष्ट हो रही हैं। बेरोजगारी की कराला के कारण हड़ताल विफल हो जाती है तथा पूँजीपति को और अधिक शोषण का विकल्प मिल जाता है। आर्थिक शोषण के व्यापकतर संदर्भ में चित्रण के उद्देश्य को ध्यान में रखते हुए उपन्यास में खन्ना की कथा का विशेष महत्त्व है किन्तु यह विडम्बना ही है कि खन्ना की कथा अधूरी है। खन्ना अन्त तक पूँजीपति ही बने रहते हैं। उनका हृदय–परिवर्तन नहीं होता। कथा के अंत में खन्ना को मिल में आग लगने के आघात से तो उबरते दिखाया है किन्तु यह स्पष्ट नहीं होता कि

उन्होंने मजदूरों के वेतन के विषय में क्या निर्णय लिया। उनकी कथा इस वाक्य पर अपूर्ण रह जाती है – "सबसे पहले तो उन्होंने गोविन्दी की सलाह ली।" [58] खन्ना की कथा की तरह यह वाक्य भी अधूरेपन की प्रतीति कराता है। उपन्यास में इसके बाद कहीं भी यह उल्लेख नहीं है कि खन्ना कहाँ गये, किस-किस की राय ली और क्या निर्णय किया। खन्ना की कथा के इस अधूरेपन से सिद्ध है कि शोषण–प्रक्रिया की समग्रता के प्रति प्रेमचंद का चित्त असमंजित रहा। खन्ना की कथा का अधूरापन और उसमें सम्बन्धों के निर्वाह की समस्या का अनपेक्षित रूप से प्रबल हो जाना स्पष्टतया मातृ-ग्रंथि के प्रस्फोट का द्योतक है।

'गोदान' की आधिकारिक कथा के विश्लेषण में कहा जा चुका है कि गोबर सामाजिक समस्याओं से जूझने को तत्पर उपन्यासकार के स्फीत अहं का व्यंजक है और यह स्फीति उपन्यासकार की चेतना में दुर्गा के आद्यबिम्ब द्वारा सरणीकृत तेजस् से ही संभव हो पायी है। गोबर मातृबिम्ब से मुक्त तेजस् का व्यंजक है – यह इस तथ्य से भी सिद्ध होता है कि अपने पलायन के तुरन्त बाद गोबर एक दम्पती के सम्बन्ध मधुर बनाता है एवं दम्पती की माता का आशीर्वाद भी प्राप्त करता है। यह पूरा प्रसंग माता की निर्भरता से मुक्त चेतना को प्रतीकित करता है। इसके उपरान्त गोबर मिर्ज़ा खुर्शेद के यहाँ नौकरी प्राप्त करता है। अपनी आमदनी बढ़ाने के चक्कर में वह खोमचा लगाता है। आमदनी बढ़ने पर वह अपनी पत्नी के पास गांव जाता है और शोषणमूलक व्यवस्था के विरुद्ध विद्रोह करता है। उसका यह विद्रोह होरी के लिये भारी पड़ता है। वस्तुतः स्फीत अहं जागतिक यथार्थ की उपेक्षा कर बैठता है। गोबर को तो गांव में रहना नहीं था अतः होरी की परिस्थितियों का उसके लिये कोई महत्त्व नहीं था। होरी अपनी सीमाओं में रहने के लिये विवश है। प्रेमचंद ने इस पूरे प्रसंग में यह प्रतिपादित किया है कि दूधिया उफान जैसे सतही आवेश से विराट् समस्याएँ हल नहीं हो जातीं। शहर आने पर गोबर देखता है कि उसका ठीया छिन चुका है। विलासिता में डूबने के कारण वह खोमचा लगाकर भी अपेक्षित आय अर्जित नहीं कर पाता। झख मार कर मिल में नौकरी कर लेता है। मिल का अमानवीय वातावरण खुली हवा में सांस लेने के आदी गोबर को रास नहीं आता। गोबर के झुनियाँ के साथ सम्बन्ध कटु हो जाते हैं। मिल में हड़ताल होने पर गोबर उसमें सक्रिय भाग लेता है और घायल होता है। घायल गोबर को झुनिया की सहानुभूति सहज ही मिल जाती है।

मनोवैज्ञानिक दृष्टि से स्फीत अहं का व्यंजक गोबर रूढ़िग्रस्त समाज के प्रति प्रेमचंद के आक्रोश को भी व्यक्त करता है। इसके अतिरिक्त गोबर की कथा

आर्थिक शोषण की समस्या को भी एक विस्तार प्रदान करती है। अपनी दूभर होती हुई ज़िन्दगी में मर्यादा और सम्मान के लिये किसान खेती नहीं छोड़ पाता। इतना होने पर भी यदि सम्मान और रोटी में से किसी एक को चुनना हो तो उसके पास मजदूर बनने के अतिरिक्त और कोई विकल्प नहीं रह जाता। गोबर मजदूरी करने इसलिये निकलता है कि रूढ़िग्रस्त मार्यादा तो वह झुनिया से प्रेम करने के कारण खो ही बैठता है। गोबर की कथा के माध्यम से प्रेमचंद ने चित्रित किया है कि किसान मजदूर बनकर भी न केवल अभावग्रस्त और शोषण का शिकार रहता है बल्कि अमानवीय औद्योगिक वातावरण में उसकी मानवीय संवेदनाएँ भी धीरे-धीरे जड़भूत हो जाती हैं तथा भूमि-स्वर्ग उसके लिये दुर्लभ ही रहता है। मनोवैज्ञानिक दृष्टि से यह तथ्य महत्त्वपूर्ण है कि गोबर की कथा का सहज विकास होता है किन्तु अन्त उसका भी अस्वाभाविक है। रूढ़िग्रस्त समाज में जीने को अभिशप्त होरी के पुत्र की रूढ़िभंजक चेतना अपनी बिम्बात्मक दीप्ति से प्रमाता को गहनतया प्रभावित करती है। उसकी कथा में कहीं कोई उल्लेखनीय अस्वाभाविकता नहीं है – अंतिम परिणति के अतिरिक्त।

यह विचारणीय प्रश्न है कि 'गोदान' की संरचना और उद्देश्य दोनों ही दृष्टियों से महत्त्वपूर्ण गोबर की कथा अपनी अंतिम परिणति में अस्वाभाविक हो गयी है। जिस प्रकार होरी की कथा में और राय अमरपाल सिंह की कथा में मर्यादा-नाश का साम्य है उसी प्रकार चंद्रप्रकाश खन्ना की कथा में और गोबर की कथा में किंचित् साम्य है। मालती की ओर से निराश होने पर और मिल में आग लगने पर चंद्रप्रकाश खन्ना गोविन्दी के निकट आते हैं। हड़ताल में घायल होने पर गोबर और झुनिया परस्पर निकट आते हैं। खन्ना की कथा अधूरी है तो थोड़े-बहुत अधूरेपन की प्रतीति गोबर की कथा भी कराती है। ऐसा प्रतीत होता है कि हड़तालरत गोबर को घायल इसीलिये कराया गया है कि वह झुनिया के निकट आये। स्वस्थ होने पर उसने जीविकोपार्जन के लिये क्या प्रयास किया – इसका संकेत तक उपन्यास में नहीं है। मिर्ज़ा की कबड्डी पर प्रेमचंद उपन्यास के कई पृष्ठ रंग सकते थे; हड़ताल के मारे गोबर का संघर्ष उन्हें आकृष्ट न कर सका। इसीलिये उसकी कथा का निपटारा एक फिल्मी संयोग से कर दिया गया। लखनऊ जैसे शहर में गोबर माघ के जाड़े में रात के नौ बजे मालती को कार धकियाने के लिये एक ऐसी सड़क पर मिल जाता है जिस पर सन्नाटा छाया है और मालती उसे अपने आश्रम जैसे घर में माली के रूप में रख लेती है। प्रश्न यह नहीं है कि गोबर की हड़ताल विफल क्यों हुई; प्रश्न यह है कि वह मालती के आश्रम जैसे घर का अंग एक फिल्मी संयोग से क्यों बना? यह प्रश्न 'गोदान' की मूल समस्या के समाधान पक्ष से जुड़ा है।

'गोदान' की संरचनागत समग्रता के उक्त विवेचन से स्पष्ट है कि आधिकारिक कथा के कुछ प्रसंग एवं प्रासंगिक कथाएँ उपन्यासकार की ग्रंथि-विशेष की अभिव्यक्ति का माध्यम बनीं। यह तथ्य सुविदित है कि व्यक्तिगत ग्रंथियों का ऐसा प्रस्फुटन तब तक संभव नहीं है जब तक हमारी चेतना उसके लिये उपयुक्त आधार प्रस्तुत न करे। प्रेमचंद की प्रसंगोद्भावना–शक्ति विलक्षण थी। 'गोदान' में अनेकत्र उन्होंने अपनी इस शक्ति का उत्तम परिचय दिया है किन्तु उपन्यास की संरचनागत समग्रता की ग्रंथ्यात्मकता इस तथ्य की द्योतक है कि अनेक स्थलों पर विभाव-चित्रण प्रेमचंद की समग्र व्यक्तिता को आकर्षित नहीं कर पाया। ऐसा क्यों हुआ?

प्रेमचंद के व्यक्तित्व और उनकी विचारधारा के सम्बन्ध का विवेचन करते हुए प्रोफेसर हरबंशलाल शर्मा ने लिखा है - "मेरे विचार से प्रेमचंद का व्यक्तित्व बहिर्मुखी था। उन्होंने अपने युग के प्रचलित मूल्यों को स्वीकार किया। इसीलिये उनके साहित्य में ऐसे जीवन-मूल्यों की तलाश व्यर्थ है जो उनके युग की सामूहिक चेतना के विपरीत पड़ते हों। ऐसे जीवन-मूल्य जयशंकर प्रसाद के साहित्य में मिल सकते हैं, शरच्चंद्र के उपन्यासों में मिल सकते हैं, मुंशी प्रेमचंद के कथा-साहित्य में नहीं मिल सकते। गांधी के जमाने में जयशंकर प्रसाद नारी द्वारा तलाक और पुनर्विवाह की बात कर सकते हैं। ('ध्रुवस्वामिनी' में) मुंशी प्रेमचंद की रचनाओं में प्रचलित मूल्यों की स्वीकृति है; किसी विशेष जीवन-दर्शन के प्रति गहरी प्रतिबद्धता नहीं है। इसीलिये उनको पूर्णतः गांधीवादी या पूर्णतया प्रगतिवादी कहना बेमानी है। यह ठीक है कि प्रेमचंद अपने जीवन के उत्तरार्द्ध में मार्क्स की ओर झुके किन्तु उनकी प्रतिबद्धता मार्क्स के प्रति उतनी ही सीमित रही जितनी कि उनकी अधिकांश रचनाओं में गांधी के प्रति सीमित रही। यही कारण है कि उनके कथा-साहित्य में आदर्शवादी समाधान आलोचकों को थोपे हुए से जान पड़ते हैं।"[59] 'गोदान' के लेखन-काल में गांधीवाद के प्रति प्रेमचंद का रुझान निरन्तर सीमित होता गया। वे चाहते तो आसानी से चंद्रप्रकाश खन्ना का हृदय-परिवर्तन दिखा सकते थे। चाहते तो राय साहब का भी हृदय-परिवर्तन दिखा सकते थे। उन्होंने चाहा ही नहीं। एक लम्बे अरसे तक प्रेमचंद गांधीवाद से प्रभावित थे। इस प्रभाव को एकदम से ताक पर उठाकर रखना उनके लिये चाहकर भी संभव न था। इसीलिये 'गोदान' में कहीं-कहीं गांधी के असर की कुछ झलकियाँ मिल सकती हैं लेकिन शोषकों के हृदय-परिवर्तन के सिद्धान्त से प्रेमचंद 'गोदान' में सहमत नहीं हैं।

'गोदान' की मूल संरचना आर्थिक शोषण की मार्क्सवादी व्याख्या के अनुरूप बैठती है। किसान और जमींदार, मजदूर और पूंजीपति की कथाएँ मार्क्सवादी

व्याख्या को सहज ही आकृष्ट कर सकतीं थीं। 'गोदान' में शोषक और शोषित के वर्ग-सम्बन्धों के चित्रण में प्रेमचंद ने अपने मार्क्सवादी रुझान का परिचय भी दिया है। इतना होने पर भी 'गोदान' में जीवन की मार्क्सवादी व्याख्या ऐकान्तिक रूप से नहीं है। इससे स्पष्ट है कि उपन्यासकार की चेतना ने अपने युग के प्रचलित जीवन मूल्य के रूप में मार्क्सवाद को स्वीकार किया है किन्तु यह विचारधारा उनके अचेतन चित्त को आकृष्ट नहीं कर पायी है। अचेतन का सहयोग न मिल पाने के कारण प्रेमचंद की व्यक्तिता मार्क्सवादी व्याख्या और समाधान दोनों को लेकर संकुचित रही है। यही संकोच 'गोदान' के संरचनागत दोषों के लिये उत्तरदायी है। अंतर्मुखी होने के कारण जयशंकर प्रसाद दर्शन-विशेष के प्रति दृढ़तया प्रतिबद्ध थे अतः उनकी रचनाओं में इस प्रकार के संरचनागत दोष प्रायः नहीं है। बहिर्मुखी होने के कारण प्रेमचंद ने किसी भी जीवन-दर्शन को पूरी तरह अंगीकार नहीं किया अतः उनके अनेक उपन्यासों की संरचना शिथिल रह गयी है। उपन्यास के संदर्भ में जीवन की समग्रता के प्रति आग्रह यदि प्रबल होगा तो प्रतिबद्धता की शिथिलता उसमें अनेक रूपों में मुखर होगी ही। 'गोदान' के संदर्भ में यही हुआ है।

उपन्यास में होरी और गोबर की कथाओं के साथ-साथ राय साहब और खन्ना की कथाएँ इस तथ्य की द्योतक हैं कि प्रेमचंद ह्रासमान सामंतवाद और वर्द्धमान पूँजीवाद के संदर्भ में आम आदमी के आर्थिक शोषण की प्रगतिवादी व्याख्या करना चाहते थे। प्रश्न यह है कि प्रेमचंद अपने इस चेतन उद्देश्य के अनुरूप सायास उत्पाद्य कथानक का निर्वाह क्यों नहीं कर पाये? महाजनी सभ्यता पर लिखने वाली कलम अंतिम रचना में मार्क्सवादी समाधान क्यों नहीं दे पायी? क्या चंद्रप्रकाश खन्ना की कथा के बार-बार खन्ना-गोविन्दी समस्या की ओर मुड़ जाने को मार्क्सवादी समाधान से ही नहीं, मार्क्सवादी व्याख्या से भी कतराने के अचेतन प्रयास के रूप में नहीं समझा जा सकता? स्पष्ट है कि चेतना के धरातल पर प्रेमचंद शोषण को उसकी समग्रता में बिम्बित करना चाहते थे। ऐसा न होता तो उपन्यास केवल आधिकारिक कथा में ही सिमटकर रह जाता; किसी अन्य कथा की आवश्यकता ही न रहती। इतना होने पर भी आर्थिक शोषण की प्रगतिवादी व्याख्या में प्रेमचंद का अचेतन चित्त बाधक बना है। चेतन और अचेतन चित्त के सहयोग के इस अभाव ने ग्रंथि की अभिव्यक्ति के लिये मार्ग प्रशस्त कर दिया है।

युंग के अनुसार व्यक्तिवाद के मूल में पिता का और मार्क्सवाद के मूल में माता का आद्यरूप विद्यमान होता है।[60] जन-सामान्य की शोषणमुक्ति और उसके सुखमय जीवन की कामना में भी माता का आद्यरूप प्रतिफलित है अतः उसकी

सम्यक् अभिव्यक्ति में यदि बाधाएँ आती हैं तो उनका मातृ-ग्रंथि से सम्बद्ध होना स्वाभाविक ही है। प्रथमतः ये बाधाएँ आधिकारिक कथा के प्रथम सोपान में आयी हैं जिनका विश्लेषण कथानक के आद्यबिम्बत्व में किया जा चुका है। प्रबल चेतन प्रयास से उपन्यासकार ने आधिकारिक कथा का परवर्ती विकास तो स्वाभाविक बना लिया है लेकिन निरोधित ग्रंथि ने प्रासंगिक कथाओं को अपनी चपेट में ले लिया है। घृणा की हद तक ज़मींदारी प्रथा का विरोध करने वाले प्रेमचंद ने राय अमरपाल सिंह के साथ जो यत्किन्चित् सहानुभूति व्यक्त की है तथा जिस रूप में उनकी कथा का अन्त किया है उससे सिद्ध है कि सतही रूप से वर्ग-सम्बन्ध की मार्क्सवादी व्याख्या से सहमत होते हुए भी प्रेमचंद का अचेतन चित्त उसके प्रति आश्वस्त नहीं था। यही कारण है कि खन्ना के शोषक रूप को दाम्पत्य सम्बन्धों के चित्रण ने दबा दिया है और हड़ताल के विफल हो जाने पर गोबर के संघर्ष का चित्रण तो क्या संकेत तक नहीं है। 'गोदान' की अनेक कथाओं के अधूरेपन, उनके अस्वाभाविक अंत तथा सदोष विभाव-चित्रण के साथ-साथ मातृ-ग्रंथि नर-नारी सम्बन्ध में भी व्यक्त हुई है। विवेच्य उपन्यास में खन्ना की कथा में दाम्पत्य सम्बन्धों का चित्रण आम आदमी के भूमि-स्वर्ग की समस्या के मार्क्सवादी समाधान से कतराने के प्रयास के रूप में समझा जा सकता है। उपन्यास की संरचना में मार्क्सवादी समाधान की भरपूर संभावना के बावजूद उसके प्रति प्रेमचंद का संकोच इस तथ्य का द्योतक है कि उनका अचेतन किसी अन्य समाधान पर टिका है। मेहता-मालती की कथा इस अन्य समाधान की व्यंजक है।

मेहता-मालती की कथा का प्रत्यक्ष उद्देश्य नर-नारी सम्बन्ध की व्याख्या है। प्रेमचंद के लिये इस व्याख्या का महत्त्व इस तथ्य से अनुमेय है कि होरी की कथा के बाद उपन्यास के सर्वाधिक पृष्ठ इसी व्याख्या ने घेरे हैं। इस कथा का आरंभ, विकास और अंत विस्तारपूर्वक चित्रित है किन्तु ऐसी महत्त्वपूर्ण कथा अत्यधिक विसंगत, अस्वाभाविक एवं अनेक स्थलों पर हास्यास्पद हो गयी है। प्रोफेसर शैलेश ज़ैदी ने 'प्रेमचंद की उपन्यास-यात्रा : नवमूल्यांकन' शीर्षक ग्रंथ में इस कथा की अनेकानेक विसंगतियों का उद्घाटन किया है अतः उनकी आवृत्ति यहाँ अनावश्यक है। मेहता और मालती की सम्पूर्ण कथा में प्रेमचंद का अचेतन पर्याप्त मुखर है और यह तथ्य सुविदित है कि अचेतन आग्रहों के सम्मुख चेतन विचारधारा अशक्त रहती है। यह कथा, वस्तुतः प्रेमचंद की सम्पूर्ण व्यक्तिता के अंतर्विरोधों को – असमंजन को – उजागर करती है। 'गोदान' की संरचना में जो मातृ-ग्रंथि प्रसंगात् अभिव्यक्त हुई है वह मेहता-मालती की कथा में खुलकर खेली है और निरोधित हुई है। मनोवैज्ञानिक दृष्टि से कहा जा सकता है कि मेहता-मालती की कथा में यदि मातृ-ग्रंथि की मुक्त

अभिक्यक्ति न होती तो गोहत्या के ग्रंथ्यात्मक प्रसंग के बाद होरी की कथा का सहज विकास संभव न था। यह तथ्य कि मूल समस्या और उसके संभावित समाधान में मातृ-ग्रंथि अवरोधक बनी है सिद्ध करता है कि 'गोदान' की मूल समस्या का समाधान उसी कथा में है जिसमें मातृ-ग्रंथि अपने प्रबल रूप में अभिव्यक्त हुई है। यही कारण है कि मेहता और मालती की कथा को 'गोदान' में अतिरिक्त महत्त्व मिला है।

कथा के अंत में मेहता और मालती एक जीवन्त सम्बन्ध में बँधते हैं जो दाम्पत्य सम्बन्ध से भिन्न है। दोनों मैत्री भाव स्वीकार करते हैं, निजत्व का त्याग करते हैं और लोकसंग्रह के लिये कर्म में प्रवृत्त होते हैं। यह निजत्व का त्याग और लोकसेवा का आदर्श ही 'गोदान' का संदेश है। प्रोफेसर कुंवरपाल सिंह ने मेहता-मालती की कथा की संदेशव्यंजकता को पहचाना है। उनके शब्दों में, "उनके इस उपन्यास का पूरा संदेश ही किसानों और मजदूरों के संगठन में मध्यवर्ग की सार्थक भूमिका की तलाश है।"[61] प्रेमचंद अपने चिंतन में मध्यवर्ग की भूमिका को असाधारण महत्त्व देते थे। उनके 'गबन' उपन्यास का तो उद्देश्य ही व्यक्ति, परिवार, समाज और राष्ट्र के संदर्भ में मध्यवर्गीय चरित्र का उसकी समग्रता में उद्घाटन है। 'गोदान' का संदेश भी यही है कि आम आदमी के भूमि-स्वर्ग की स्थापना के लिये बुद्धिजीवियों को निजत्व त्यागकर कर्मरत रहना होना। यह संदेश निष्काम कर्मयोग के निकट है। सुखमय समाज की स्थापना के लिये प्रेमचंद मध्यवर्गीय चरित्र का संस्कार अनिवार्य समझते थे। उनकी कामना थी कि मध्यवर्गीय शिक्षित जन अपनी स्वार्थजन्य दुर्बलताएँ त्याग कर 'बहुजन हिताय बहुजन सुखाय' समर्पित हों। यहाँ इस महत्त्वपूर्ण तथ्य का उल्लेख अप्रासंगिक न होगा कि गजानन माधव मुक्तिबोध जैसे मार्क्सवाद के प्रति दृढ़तया प्रतिबद्ध कवि ने भी अपनी अनेक कविताओं में मध्यवर्गीय युवक के व्यक्तित्वान्तर को विषय बनाया है। इस प्रकार दोनों साहित्यकारों ने एक हद तक लेनिन से सहमत होते हुए सामाजिक बदलाव में बुद्धिजीवियों की निर्णायक भूमिका को महत्त्व दिया है।

'गोदान' का संदेश समन्वयात्मक है। वह न तो गांधी-विरोधी है और न ही मार्क्सविरोधी। इतना होने पर भी वह गांधीवाद-समर्थक नहीं है। गांधी का अंतिम लक्ष्य सत्य की या मोक्ष की प्राप्ति थी। लोकसेवा तो उनके लिये साधन मात्र थी। गोदानकार के लिये लोकसेवा साधन-मात्र नहीं है। पं. नेहरू की तरह प्रेमचंद भी लोकसेवा को साध्य मानते थे। सामाजिक परिवर्तन के लिये निजत्व के ऐसे त्याग पर मार्क्सवाद में भी बल दिया गया है। मुक्तिबोध की कविताओं के नायक तो अपनी सुविधाप्रियता से निरन्तर संघर्ष करते हैं। ईश्वर के प्रश्न पर भी 'महाजनी सभ्यता'

का लेखक स्वयं से जूझा होगा। प्रेमचंद के इस संघर्ष का शमन इस निष्कर्ष पर पहुँचकर होता है कि लोकसेवा का आदर्श अपना लेने पर ईश्वर को मानने या न मानने से कोई अंतर नहीं पड़ता – "मानव समाज की एकता में मेहता का दृढ़ विश्वास था मगर इस विश्वास के लिये उन्हें ईश्वर-तत्त्व के मानने की ज़रूरत न मालूम होती थी।" [62] इस प्रकार मेहता और मालती की कथा में व्यक्त समाधान 'गोदान' में चित्रित मूल समस्या का ही नहीं, प्रेमचंद के चित्तीय असमंजन का भी है। इतना होने पर भी यह समाधान अपनी प्रकृति में ग्रंथ्यात्मक ही है। मेहता-मालती की पूरी की पूरी कथा ग्रंथ्यात्मक है और उसका अंत भी स्वाभाविक नहीं है। कथा के अंत में भी मातृ-ग्रंथि का प्रस्फोट है। इसका इससे अधिक पुष्ट प्रमाण और क्या होगा कि गोबर के बेटे को गोद में लिये हुए मालती के मातृ-भाव से मेहता इतने अभिभूत हो जाते हैं कि अपनी तथाकथित स्वर्ग की देवी के चरणों में दिल रख देने की कामना बलवती हो जाती है। कथा के अंत में मालती के लोकसेवा के संकल्प और उद्‌बोधन से जब मेहता अपने रोम-रोम में प्रकाश का अनुभव करते हैं तब भी उन्हें अपनी स्वर्गीया माता याद आती है – "कहाँ है वह माता, आये और देखे अपने बालक की इस सुकीर्ति को। मुझे आशीर्वाद दो। तुम्हारा वह ज़िद्दी बालक आज एक नया जन्म ले रहा है।" [63] मूल समस्या के व्यापक चित्रण और समाधान में बाधक मातृ-ग्रंथि के प्रबलतम प्रस्फोट और विमोचन के कारण ही मेहता और मालती की कथा का अनपेक्षित विस्तार एवं उसमें 'गोदान' का उदात्त उद्देश्य स्पष्टतया इस ग्रंथ्यात्मक कथा में अनुप्रविष्ट है। इस उद्देश्य की समन्वयात्मकता इसे बिम्बजन्य सिद्ध करती है। 'गोदान' में वह बिम्ब, जिससे जन्मा उद्देश्य मेहता-मालती की कथा में सरणीकृत हुआ है – मिर्ज़ा खुर्शेद का है।

'गोदान' में मिर्ज़ा खुर्शेद के प्रसंगों की कोई संरचनागत अनिवार्यता नहीं है। गोबर लखनऊ आकर मिर्ज़ा खुर्शेद के स्थान पर मेहता के घर भी नौकरी कर सकता था। हड़ताल का नेतृत्व अगर अकेले पं. ओंकारनाथ न कर पाते तो खुर्शेद की जगह मेहता उनका साथ दे सकते थे। वेश्या-सुधार का बीड़ा भी मेहता उसी प्रकार उठा सकते थे जिस प्रकार उन्होंने नारी व्यायामशाला का बीड़ा उठाया था। मेहता रूप बदलने में तो माहिर थे ही अतः वेश्याओं की नाटक-मंडली वे मिर्ज़ा खुर्शेद की अपेक्षा अधिक दक्षता से जमा सकते थे। कहना यह है कि 'गोदान' के कथा-संगठन में मिर्ज़ा खुर्शेद के प्रसंगों की बिल्कुल भी जरूरत नहीं थी। वस्तुतः मेहता-मालती की कथा जिस बिन्दु पर समाप्त होती है, उद्देश्य का वह बिन्दु गोदानकार को मिर्ज़ा खुर्शेद के बिम्ब से प्राप्त हुआ है। मिर्ज़ा खुर्शेद निजत्व त्यागकर कर्मरत है। उनकी कबड्डी के प्रसंग में उनका कोई स्वार्थ नहीं है। हड़ताल का नेतृत्व

वे श्रमिक वर्ग के हित में करते हैं और वेश्या-सुधार के प्रयास में भी लोकहित का उद्देश्य निहित है। इस प्रकार आम आदमी के भूमि-स्वर्ग की समस्या का जो समाधान मेहता-मालती की कथा में अभिव्यक्त है, उसका उत्स मिर्ज़ा खुर्शेद के बिम्ब में निहित है।

3. भाषा का आद्यबिम्बत्व

देश और विदेश के प्रायः सभी आचार्यों ने शब्द-भेद से साहित्य की भाषा को लोक और शास्त्र की भाषा से भिन्न स्वीकार किया है। नये-पुराने विभिन्न आलोचना-संप्रदायों का मतभेद इस भाषा-वैशिष्ट्य की व्याख्याओं का मतभेद है। युंगीय दृष्टि से साहित्य बिम्बात्मक शब्द है। बिम्ब को अनिवार्यतः भावात्मक या रसात्मक माना गया है।[64] अतः युंगीय धारणा "रमणीयार्थ प्रतिपादकः शब्दः काव्यम्" या "वाक्यं रसात्मकं काव्यम्" के अत्यधिक निकट है। बिम्बों की सहस्रजिह्व भाषा में ही सहृदयों के चित्त रमण करते हैं।

भाषा-सौंदर्य के उद्घाटनार्थ संस्कृत काव्यशास्त्र की समृद्धि प्रख्यात रही है। पाश्चात्य आलोचना के प्रतिमान अधिकांशतः संस्कृत काव्यशास्त्र के किसी न किसी सिद्धान्त के निकट पड़ते हैं। हिन्दी आलोचना में, पाश्चात्य आलोचना के अनुपेक्षणीय प्रभाव के बावजूद, भाषा के विश्लेषण और मूल्यांकन के संदर्भ में काफ़ी हद तक संस्कृत काव्यशास्त्र को आधार बनाया गया है। आद्यबिम्बात्मक आलोचना प्रचलित प्रतिमानों को स्वीकार करते हुए भाषा के विश्लेषण और मूल्यांकन को गहनता का एक नया आयाम प्रदान करती है।[65]

सिद्धान्तः कविता की भाषा के मूल्यांकन के लिये प्रचलित प्रतिमानों का यथावत् संप्रयोग कथा-साहित्य की भाषा पर भी किया जा सकता है किन्तु व्यवहारतः यह असंभव नहीं तो दुष्कर अवश्य है। अलंकार को काव्य का प्राण मानने वाले कविता के प्रत्येक वाक्य में अलंकार ढूँढ़ सकते हैं किन्तु कथा-साहित्य के संदर्भ में यह व्यावहारिक नहीं होगा। कविता की भाषा और कथा-साहित्य की भाषा में महत्त्वपूर्ण अंतर है। कविता में पौनःपुन्य की लय होती है जबकि कथा-साहित्य की भाषा में नैरन्तर्य की लय होती है। भाषा के वैशिष्ट्य में लयों के इस अंतर की निर्णायक भूमिका है। कविता की भाषा में वर्णविधान की लयात्मकता का महत्त्व निर्विवादतः रहता है जबकि कथा-साहित्य की भाषा में वर्णविधान को आयासपूर्वक लयात्मक बनाने की अनिवार्यता संदिग्ध है।

आई. ए. रिचर्ड्स ने भाषा के द्विविध प्रयोग स्वीकार किये हैं – अभ्युद्देशनात्मक (रिफ्रेंशियल) और रागात्मक। इन दोनों में स्थिति के प्रति व्यक्ति के प्रत्युत्तर के आधार पर अंतर किया गया है। रिचर्ड्स के मतानुसार, "कविता की भाषा ऐसी रागात्मक भाषा है, जिसमें अभ्युद्देशन आंतरिक इच्छाओं और आवेगों के सहायक रूप में गौण महत्त्व रखते हैं।" [66] कथा-साहित्य की भाषा भी रागात्मक भाषा होती है और उसमें भी अभ्युद्देशन का महत्त्व सहायक रूप में ही होता है किन्तु वह महत्त्व कविता की अपेक्षा कहीं अधिक होता है। उपन्यास के संदर्भ में यह बात और अधिक दृढ़तापूर्वक कही जा सकती है। उसमें वर्णन का विस्तार कविता की अपेक्षा, चाहे वह कथाप्रधान कविता ही क्यों न हो, कहीं अधिक होता है। अंततोगत्वा यह विस्तार किसी न किसी बिम्ब से सम्बद्ध होकर सार्थक होता है। उदाहरणार्थ 'गोदान' के प्रथम प्रसंग को लिया जा सकता है। 'गोदान' का प्रथम वाक्य है – "होरीराम ने दोनों बैलों को सानी-पानी देकर अपनी स्त्री धनिया से कहा – गोबर को ऊख गोड़ने भेज देना। मैं न जाने कब लौटूँ। जरा मेरी लाठी दे दे।" [67] यह वाक्य प्रथमतः अभ्युद्देशनात्मक है। प्रमाता को होरीराम नामक पात्र का ज्ञान होता है। बैलों और ऊख के जिक्र से उसके किसान होने का भान होता है। यह भी पता चलता है कि धनिया उसकी पत्नी है। गोबर नामक पात्र का उल्लेख है; परिचय नहीं क्योंकि उसकी अपेक्षा ही नहीं है। इस अभ्युद्देशन में भी बिम्बों की झलक देखी जा सकती है। पूरे उपन्यास में होरी को होरीराम यहीं कहा गया है। ऐसा प्रतीत होता है कि उपन्यास के प्रारंभ में होरी के साथ 'राम' रचनाकार के अचेतन संस्कारों के कारण जुड़ गया है। होरीराम ने जो कहा है वह तीन लघु वाक्यों के रूप में है अतः उसमें 'त्रिक्' के आद्यरूप की अभिव्यक्ति मानी जा सकती है। लौटने के समय की अनिश्चितता से पतिपरायणा का विकल होना स्वाभाविक है। धनिया की आशंका और विकलता पूरे प्रसंग का प्राण है। उपन्यास के इस प्रथम लघु प्रसंग का समग्र अभ्युद्देशनात्मक पक्ष धनिया के आशंकाग्रस्त हृदय के चित्रण में पर्यवसित है। इस प्रसंग में ऐसे भी वाक्य हैं – "उसकी छः संतानों में अब केवल तीन जिन्दा हैं, एक लड़का गोबर कोई सोलह साल का, और दो लड़कियाँ सोना और रूपा, बारह और आठ साल की। तीन लड़के बचपन ही में मर गये।" [68] ये वाक्य शुद्ध रूप से अभ्युद्देशनात्मक हैं। इनमें वर्ण-विधान, शब्द-विधान, पदबन्ध-विधान, वाक्य-विधान आदि का सौंदर्य या बिम्बत्व ढूंढना उपजाऊ जमीन छोड़कर ऊसर में खेती करने जैसा होगा। उपन्यास में इस प्रकार के अंशों की अधिकता होती है और इस प्रकार के अंश प्रसंग-नाभिक से संयुत होने पर ही दीप्त होते हैं। इसीलिये उपन्यास की भाषा का वैसा सांगोपांग विश्लेषण सिद्धान्ततः संभव होते हुए भी व्यावहारिक नहीं है जैसा

कि कालजयी कविताओं का किया जाता रहा है।

प्रेमचंद की भाषा के संदर्भ में प्रोफ़सर हरबंशलाल शर्मा का कथन है – "प्रेमचंद की भाषा हिन्दुस्तानी है। इस संदर्भ में उन्होंने स्पष्टतया गांधी का अनुसरण किया। वे ऐसी भाषा के हिमायती थे जिसे सब कोई समझ सके। उन्होंने जन जीवन का चित्रण जनभाषा में किया। शब्द चाहे संस्कृत के हों, अरबी-फ़ारसी के हों, अंग्रेजी के हों या किसी अन्य भाषा के – उनकी रचनाओं में इस तरह घुलमिल जाते हैं कि देशी-विदेशी का सवाल ही नहीं उठता। प्रेमचंद के बाद हिन्दी कथा-साहित्य में वैसी मुहावरेदार भाषा नहीं मिलती। प्रेमचंद की भाषा में अपने देश की मिट्टी की गंध है। अगर हम यह कहें तो गलत नहीं होगा कि प्रेमचंद जनभाषा के सबसे बड़े पक्षधर थे। वे मानते थे कि संस्कृत के बोझ से दबी हुई हिन्दी और अरबी-फ़ारसी के बोझ से लदी हुई उर्दू हिन्दुस्तान की राष्ट्रभाषा नहीं बन सकती है। प्रेमचंद ने अपने कथा-साहित्य में जनजीवन और जनभाषा को ही स्वीकार किया।" [69]

प्रेमचंद की भाषा अपनी चुस्ती और रवानगी के लिये प्रख्यात रही है। प्रेमचंद शब्दवादी नहीं थे। उन्हें शब्दों पर अटकना खटकता था। यही कारण है कि उनके अजस्र भाषा-प्रवाह में देशी-विदेशी, तत्सम-तद्भव सभी प्रकार के शब्द रलमिल कर एकमेक हो जाते हैं। 'गोदान' की भाषा इसका अपवाद नहीं है। उपन्यास की भाषा में शब्दों के विराट् वैविध्य के बावजूद भाषा-प्रवाह अजस्त्र रहता है। 'गोदान' की भाषा का वैशिष्ट्य लोकप्रचलित शब्दों को अपनाने में ही नहीं; उनमें नयी जान फूँकने में भी है। मुहावरों के प्रयोग में तो प्रेमचंद अद्वितीय हैं। कथा-साहित्य में इतनी मुहावरेदार भाषा का प्रयोग न तो प्रेमचंद से पहले था और न ही प्रेमचंद के बाद है। सरल शब्दों के सरल एवं सप्रभ वाक्यों की सर्जना में प्रेमचंद को महारत हासिल थी। उपन्यास में प्रसंग-परिवर्तन होता है। होरी राय साहब से मिलने के लिये चल पड़ता है। प्रसंगारंभ इस वाक्य से है – "होरी कदम बढ़ाए चला जाता था।" [70] देखने में अत्यन्त सरल प्रतीत होने वाला यह वाक्य रूपान्तरित नहीं किया जा सकता। 'जा रहा था' के स्थान पर 'चला जाता था' में व्यंजित काल का वैचित्र्य लोक कथाओं की शैली के निकट है। कदमों का आद्यबिम्बत्व तो स्पष्ट ही है। पैर के अर्थ में कदम तेजस् प्रतीक है। कदम बढ़ाना प्रगति-व्यंजक बिम्ब है। चलना मनुष्य का आदिमतम व्याचार है और 'जाना' क्रिया में लक्ष्य-बोध निहित है। इस प्रकार वाक्य में शब्दों का विधान आदिम व्यापारों का भी व्यंजक है।

'गोदान' की शब्द-संपदा में विविध अनुभवों का परस्परानुप्रवेश लक्षित किया जा सकता है। इसकी महत्त्वपूर्ण अभिव्यक्तियाँ उन स्थलों पर हुई हैं जहाँ भिन्न प्रकार

के शब्दों का एकत्र प्रयोग है। हड़ताल में घायल होने पर गोबर कहता है – "सारी देह भुरकस हो गयी।" [71] यहाँ 'देह' तत्सम है और 'भुरकस' देशज। देह की अनित्यता के संदर्भ में भुरकस दीप्त हो जाता है और भुरकस हो जाने के संदर्भ में देह की अनित्यता की प्रतीति गहराती है। शब्द-विधान में 'अंतवंत इमे देहा' का आद्यानुभव व्यक्त है।

'गोदान' में अनेकत्र शब्दों के कंट्रास्ट का चमत्कार है। उदाहरणार्थ इस वाक्य को लिया जा सकता है – "मालती ने ओंकारनाथ को अपने हाथों से लाल विष से भरा हुआ ग्लास दिया और कुछ ऐसी जादू-भरी चितवन से देखा कि उनकी सारी निष्ठा, सारी वर्ण-श्रेष्ठता काफूर हो गयी।" [72] यहाँ शराब के लिये 'लाल विष' शब्द का प्रयोग नैतिकता के दबाव में सप्रयास है। 'ग्लास' अंग्रेजी का शब्द है। उसके स्थान पर 'प्याला' शब्द का प्रयोग आसानी से किया जा सकता था। भाषा-प्रवाह और उच्चारण दोनों दृष्टियों से प्रस्तुत वाक्य में 'प्याला' शप्द अधिक जमता किन्तु विष का प्रयोग जहाँ नैतिक चेतना की प्रबलता के कारण हुआ है वहाँ 'ग्लास' शब्द का प्रयोग अचेतन संस्कारों के कारण अनायास हो गया है। साहित्य-परंपरा में 'प्याला' शब्द महिमा-मंडित रहा है। गोरखनाथ का उद्बोधन है – "सहज का प्याला भरौ मेरे ज्ञानी।" [73] जीवन-प्याले के रूपक से प्रमाता अपरिचित नहीं है। प्रेमचंद जैसा भारतीय कथाकार जीवन-प्याले में जहर कैसे घोल सकता था! उपन्यासकार के अचेतन संस्कार मदिरापान को प्याले की गरिमा प्रदान नहीं कर सकते थे। इसीलिये 'ग्लास' शब्द का प्रयोग हो गया। वर्ण-श्रेष्ठता के काफूर होने में शब्दों के कन्ट्रास्ट का सौंदर्य अद्वितीय है। प्रेमचंद वर्ण-व्यवस्था के घोर विरोधी थे। यहाँ वर्ण-श्रेष्ठता ही काफूर नहीं हो रही; भाषा संस्कारों का द्वैत भी काफूर हो रहा है। विभिन्न भाषा-संस्कारों की ऐसी अद्वय अनुभूति की जननी निश्चय ही माया है जो यहाँ अचेतन का प्रतिनिधित्व कर रही है।

प्रेमचंद ने अपने कथा-साहित्य में सामान्य मानवीय अनुभवों को स्वर दिया। ऐसे अनुभव अपनी अभिव्यक्ति के लिये मुहावरेदार भाषा को सहज ही आकृष्ट कर लेतें हैं। मुहावरों के प्रयोग में प्रेमचंद अद्वितीय हैं – मात्रात्मक और गुणात्मक दोनों दृष्टियों से। केवल 'गोदान' में प्रयुक्त मुहावरों को संकलित कर एक अच्छा-खासा 'गोदान मुहावरा कोश' तैयार किया जा सकता है। मनुष्य के आम अथवा सामान्य अनुभवों के व्यंजक मुहावरों में प्रायः लक्षणा का व्यापार रहता है। लक्षणा के मूल में अचेतन का सर्जनात्मक योग स्वीकृत है। इस प्रकार मुहावरों के प्रयोग में आद्यबिम्बों का अस्तित्व संभव है। प्रयोगरूढ़ि के कारण मुहावरे अपना

बिम्बत्व खो बैठते हैं। इस रूप में ये मृत प्रतीक है। सर्जनात्मक भाषा में मुहावरे अपना खोया हुआ बिम्बत्व पुनः पा लेते हैं। 'गोदान' में मुहावरों के बिम्बत्व के असंख्य उदाहरण हैं। अनेक स्थानों पर तो एक ही वाक्य में अनेक मुहावरों का प्रयोग है – "यद्यपि अनेक विवाहित जीवन के इन बीस बरसों में उसे अच्छी तरह अनुभव हो गया था कि चाहे कितनी ही कतर-ब्योंत करो, कितना ही पेट-तन काटो, चाहे एक-एक कौड़ी दांत से पकड़ो; मगर लगान बेबाक होना मुश्किल है।" [74] मूलतः अभ्युद्देशनात्मक इस वाक्य में तीन मुहावरे प्रयुक्त हैं – कतर-ब्योंत करना, पेट कटना और दांत से पकड़ना। पदार्थ की कमी को निष्प्रभावी बनाने का प्रयास कतर-ब्योंत करना है। कपड़ा कम हो तो कतर-ब्योंत करके किसी तरह वस्त्र की सिलाई कर दी जाती है। आमदनी कम हो तो किसी तरह कतर-ब्योंत करके खर्चा चलाया जाता है। यहाँ कतर-ब्योंत करना मुहावरा अपनी असीमता और अवधि की प्रदीर्घता के कारण दीप्त हो गया है। सभ्य होने की प्रक्रिया के प्रारंभ में ही मनुष्य ने तन ढंकना सीखा होगा और तभी से कतर-ब्योंत भी प्रारंभ हुई होगी। इस प्रकार मुहावरे की प्राचीनता धनिया के कटु अनुभवों से संयुत हो बिम्बात्मक हो गयी है। शेष दोनों मुहावरे और अधिक आदिम है। काटना आदिम क्रिया है। लगान के संदर्भ में पेट का काटे जाना संभव नहीं है। लक्ष्यार्थ है – भूखों रहना या भोजन में कमी करना या स्वयं को अभावग्रस्त रखना। यह अभावग्रस्तता भी अवधि की प्रदीर्घता के कारण मर्मस्पर्शी है। दांतों से पकड़ना मनुष्य की जैविक वृत्ति होने के कारण आदिमतम है। प्रत्येक कौड़ी को दांतों से पकड़ने पर भी लगान बेबाक नहीं हो रहा। यहाँ महत्त्व मुहावरों के प्रयोग मात्र का नहीं है; उनके पुनस्सृजन का है। अपनी कारयित्री प्रतिभा के संस्पर्श से प्रेमचंद ने अवधि की दीर्घता आदि के संदर्भों से मुहावरों को जीवन्त बनाया है। मिलते-जुलते अर्थ में एक ही वाक्य में तीन-तीन मुहावरों के जीवन्त प्रयोग में धनिया के वैवाहिक जीवन की अभावग्रस्तता बिम्बित हो उठती है। इसी प्रकार लाला पटेश्वरी जब नोहरी को छेड़ते हैं तो पं. नोखेराम की प्रतिक्रिया इन शब्दों में व्यक्त होती है – "नोखेराम के सिर पर भूत सवार हो गया है। अपना मोटा डंडा उठाया और आंधी की तरह हरहराते हुए बाग में पहुँचकर लगे ललकारने – आ जा बड़ा मर्द है तो! मूँछें उखाड़ लूँगा, खोदकर गाड़ दूँगा! निकल आ सामने! अगर फिर कभी नोहरी को छेड़ा तो खून पी जाऊँगा! सारी पटवारगिरी निकाल दूँगा! जैसा खुद है वैसा ही दूसरों को समझता है! तू है किस घमंड में?" [75] यहाँ भूत सवार होना, मूछें उखाड़ लेना, खोदकर गाड़ देना, सामने आना, खून पी लेना आदि मुहावरे प्रयुक्त हैं। संदर्भ-वैशिष्ट्य के कारण ये प्रयोग सप्राण हो उठे हैं। परकीया-प्रेम में मनुष्य अपनी वासना का खिलौना बन जाता है। नोहरी के

प्रति पं. नोखेराम की कामांधता ने यहाँ क्रोधांधता को जन्म दिया है। उनकी यह क्रोधांधता यहाँ हास्य का कारण बनी है। भूत सवार होना चेतना के अचेतन ग्रंथि द्वारा हस्तगत कर लिये जाने का द्योतक है। 'ललकारने लगे' में पदों का विपथन नोखेराम के कृत्य को हास्यपद बना देता है। 'आ जा' में 'युद्धं देहि' का आद्यानुभव मुखर है। छेड़ने की क्रिया के संदर्भ में मर्दानगी को ललकारना सार्थक है। मूँछों के बिम्बत्व से कौन भारतीय प्रमाता अपरिचित होगा ! जिंदा जमीन में गाड़ देने का कृत्य सभ्य समाज में प्रचलित नहीं है; आदिम मानव के अनुभव-संसार में उसकी सत्ता रही है। इस प्रकार आद्यानुभवों के व्यंजक मुहावरे समग्र प्रसंग के वैशिष्ट्य से दीप्त हैं। निष्कर्षतः 'गोदान' में मुहावरों का बाहुल्य ही नहीं; मुहावरों का बिम्बत्व भी विद्यमान है।

प्रेमचंद में प्रसंगोद्भावना की विलक्षण प्रतिभा थी। 'गोदान' अपनी समग्रता से अधिक स्वतंत्र प्रसंगों में प्रभावित करता है। उपन्यास के प्रारंभ में ही धनिया की मनःस्थिति का चित्रण है – "होरी कन्धे पर लाठी रखकर घर से निकला, तो धनिया द्वार पर खड़ी उसे देर तक देखती रही। उसके इन निराशा-भरे शब्दों ने धनिया को चोट खाए हुए हृदय में आतंकमय कम्पन-सा डाल दिया। वह जैसे अपने नारीत्व के सम्पूर्ण तप और व्रत से अपने पति को अभय-दान दे रही थी। उसके अंतःकरण से जैसे आशीर्वादों का व्यूह सा निकलकर होरी को अपने अंदर छिपाए लेता था। विपन्नता के इस अथाह सागर में सोहाग ही वह तृण था, जिसे पकड़े हुए वह सागर को पार कर रही थी। इन असंगत शब्दों ने यथार्थ के निकट होने पर भी, मानो छटका देकर उसके हाथ से वह तिनके का सहारा छीन लेना चाहा, बल्कि यथार्थ के निकट होने के कारण ही उसमें इतनी वेदना-शक्ति आ गयी थी। काना कहने से काने को जो दुःख होता है, वह क्या दो आंखों वाले आदमी को हो सकता है।"[76] यहाँ एक सहज भारतीय प्रसंग को उपन्यासकार ने इस ढ़ंग से उठाया है कि अनेक परम्पराएँ संपिंडित हो गयी है। मनोविश्लेषण का तथ्य है कि सुख-सिद्धान्त से नियंत्रित व्यक्तिगत अचेतन अप्रिय अनुभवों को नकारता है। इसी प्रवृत्ति के कारण धनिया उस यथार्थ को नकारती है। होरी के शब्द इस कड़वे यथार्थ को उसके सम्मुख रखते हैं। घर से बाहर एक महत्त्वपूर्ण व्यक्ति से मिलने जाते पति के मुख से यह शब्द सुनना कड़वेपन को और अधिक बढ़ा देता है। इस प्रसंग में भारतीय नारी की पति के प्रति मंगल-कामना अत्यंत स्वाभाविक है। इस प्रकार प्रसंग का उठान प्रेमचंद की कारयित्री प्रतिभा का परिचायक है। सुहाग भारतीय नारी का सर्वस्व माना जाता रहा है लेकिन प्रेमचंद की उपयोगितावादी दृष्टि इस सर्वस्व को तृणवत् मानती है क्योंकि धनिया को विपन्नता के सागर या भवसागर को पार कराने में होरी की

उपयोगिता तृणवत् ही है। धनिया के लिये यह तिनका भी सर्वाधिक मूल्यवान है क्योंकि इस तिनके के अलावा उसके पास सहारे के लिये कुछ भी नहीं है। इस प्रकार यहाँ उपमा-विधान में 'भवसागर' की काव्य-परम्परा और 'डूबते को तिनके का सहारा' की लोकपरम्परा का परस्परानुप्रवेश मोहक है। अंत में प्रस्तुत सार्वभौम मानवीय अनुभव का व्यंजक दृष्टान्त भाषा की बिम्बात्मकता को बहुगुणित कर देता है। ऐसी सशक्त भाषा के बावजूद उसकी कुछ सीमाएँ अनुपेक्षणीय है। राय साहब से मिलते जाते होरी को जीवन-संग्राम में प्रवृत्त व्यक्ति के रूप में बिम्बित करना तो समझ में आता है लेकिन एक ग्रामीणा अपने पति की रक्षा के लिये आशीर्वादों की व्यूह-रचना करे – यह बात गले से नहीं उतरती। संस्कृत में 'आशीर्वाद' का अर्थ भले ही मंगल कामना हो [77] लेकिन हिन्दी में वह ऐसी मंगल-कामना के लिये रूढ़ है जो बड़े छोटों के लिये करते हैं। [78] उपन्यास में जिस ग्रामीण समाज का जिक्र है उसमें पति का दर्जा पत्नी से छोटा नहीं है। धनिया द्वारा अभय-दान भी असंगत है। भयभीत तो धनिया स्वयं है। यहाँ धनिया का पत्नीत्व उपेक्षित हो गया है और उसकी दिव्यता उभर आयी है। दिव्यता का ऐसा असंगत चित्रण सिद्ध करता है कि उपन्यासकार माया के आद्यबिम्ब से अभिभूत है अतः उसका सम्यक् साक्षात्कार नहीं कर पाया है। साक्षात्कार का यही अभाव होरी के असंगत चित्रण में भी प्रकट है। होरी लाठी लेकर चलने के स्थान पर 'लाठी कंधे पर रखकर' चलता है। लाठी में कुछ बँधा तो था नहीं जो उसे कंधे पर रखकर चलता! कहना यह है कि जो ग्रंथियाँ 'गोदान' की संरचनागत सीमाओं के लिये उत्तरदायी हैं, वही ग्रंथियाँ 'गोदान' की समर्थ भाषा में विसंगतियों के रूप में व्यक्त है।

'गोदान' की ग्रंथ्यात्मकता को यदि उपेक्षित कर दिया जाए तो उसकी सबसे बड़ी शक्ति उसकी बिम्बात्मक भाषा है। स्फुट प्रसंग, पात्रों के मनोभाव, चरित्रोद्घाटन, संवाद आदि के अनेकानेक संदर्भों में प्रेमचंद की भाषा आद्यबिम्बों की शक्ति समाहित किये है। भोला होरी के सम्मुख झुनिया को निकालने का प्रस्ताव रखता है। धनिया की प्रतिक्रिया है – "धनिया ने जैसे पत्थर की लकीर खींचते हुए कहा – तो महतो, मेरी भी सुन लो। जो बात तुम चाहते हो वह न होगी। सौ जनम न होगी। झुनिया हमारी जान के साथ है। तुम बैल ही तो ले जाने को कहते हो; अगर इससे तुम्हारी कटी हुई नाक जुड़ती हो, तो जोड़ लो; पुरखों की आबरू बचती हो तो बचा लो। . . . ." [79] यहाँ पत्थर की लकीर खींचना मुहावरा प्रयुक्त है। पाषाण एवं रेखा या लकीर तेजस् बिम्ब हैं। पत्थर मनुष्य का आदितम अस्त्र रहा है। मुहावरा उसकी लकीर की अमिटता के आद्यानुभव का व्यंजक है। नारी की रक्षार्थ ऐसी लकीरें खींचा जाना परम्परापुष्ट है। लक्ष्मण-रेखा तो प्रख्यात ही है। यहाँ

प्रश्न उस झुनिया के जीवन का है जिसे उसका पिता ही नष्ट करने पर उतारू है और जो अब होरी के परिवार के सम्मान का प्रतीक बन गयी है। इस प्रतीक-रक्षा के लिये धनिया पाषाण-रेखा या लक्ष्मण-रेखा खींच रहा है। व्यंजना यह भी है कि भोला धनिया के शब्दों को लांघने में असमर्थ है। 'तो महतो' संबोधन में 'तो' की व्यंजकता ध्यातव्य है। यह संबोधन भोला की बात पर पूर्ण विराम तो लगाता ही है साथ ही उसे अत्यन्त महत्त्वहीन बना देता है। केवल 'महतो' संबोधन से यह व्यंजना संभव नहीं थी। 'मेरी भी सुन लो' में संवेग का स्वर है। 'भी' निपात भोला की एकपक्षीयता का व्यंजक है। 'सुन लो' में शब्दों की जो मार है उससे मनुष्य सभ्यता के आरंभ से ही परिचित है। भोला की बात इतनी अप्रिय और मर्यादाविरुद्ध है कि धनिया उसका प्रत्यक्ष कथन तक नहीं करती। केवल उस बात के सौ जनम तक न होने का निर्णय देती है। सौ संख्यात्मक बिम्ब है जो पूर्णता का प्रतीक है। 'झुनिया हमारी जान के साथ है' – यह वाक्य धनिया के संकल्प का सार है। इसमें आश्रित की रक्षा की परम्परागत मर्यादा के व्यंजना है। धनिया प्राण रहते इस मानव मूल्य की रक्षा के लिये तत्पर है। भोला के पुरखों की आबरू या उसकी नाक का सवाल यहाँ नहीं है। नाक कट चुकी है। झुनिया को निकाल देने से भोला का कोई हित नहीं होगा। उसका सम्मान वापिस नहीं आयेगा; प्रतिहिंसा की ज्वाला भले ही शान्त हो जाये। भोला को बैल ले जाने की अनुमति देने में सत्य और न्याय के लिये प्रत्येक कुर्बानी को तैयार रहने का आदिम संवेग व्यक्त हुआ है। इस प्रकार प्रेमचंद ने अत्यंत सरल वाक्यों में आदिम मनोभावों की व्यंजना की है। आश्रित बहू की रक्षा के लिये उद्धत धनिया का यह तेजस् कथाकार के चित्त में वत्सला के आद्यबिम्ब की उद्दीप्ति से सरणीकृत हुआ है। ऐसे अंशों से यह भी सिद्ध होता है कि प्रेमचंद रुढ़िविरोध और नारी के सम्मान को एक ही सिक्के के दो पहलुओं के रूप में देखते थे।

धनिया को यदि 'गोदान' का प्राण कहा जाये तो अत्युक्ति न होगी। प्रेमचंद ने जहाँ उसका वर्णन किया है भाषा का बिम्बत्व देखते ही बनता है। झुनिया के घर आने के प्रसंग में होरी का शिवत्व धनिया के प्रयास से ही जागृत होता है – "धनिया का यह मातृ-स्नेह उस अंधेरे में भी जैसे दीपक के समान उसकी चिंता-जर्जर आकृति को शोभा प्रदान करने लगा। दोनों ही के हृदय में जैसे अतीत यौवन सचेत हो उठा। होरी को इस बीत-यौवना में भी वही कोमल हृदय बालिका नजर आयी जिसने पच्चीस साल पहले उसके जीवन में प्रवेश किया था। उस आलिंगन में कितना अथाह वात्सल्य था, जो सारे कलंक, सारी बाधाओं और सारी मूलबद्ध परंपराओं को अपने अंदर समेट लेता था।" [80] यहाँ अंधेरा स्थिति की भयावहता का आद्यप्रतीक

है। दीपक प्रकाश-बिम्ब है। उसकी आद्यता सुस्पष्ट है। नारी के लिये दीपक का उपमान परम्परागत है। स्नेह दीपक का प्राण है। धनिया के स्नेह से उसका दीपक उपमान सार्थक हो उठा है। घनीभूत अंधकार में स्नेह के लघु दीप की उद्धारकता का यह सटीक वर्णन निश्चय ही बिम्बोत्कर्षक है। "बीत-यौवना" शब्द प्रतीकात्मक है क्योंकि यह कथाकार की उस चित्तीय स्थिति का व्यंजक है जो प्रस्तुत अनुच्छेद की सृजन-प्रक्रिया के मूल में हैं। 'बीत-यौवना' में केवल तद्भव और तत्सम का ही समास नहीं है; परम्परा और परिस्थिति का भी समास है। यहाँ मूल चिंता परिस्थिति और परम्परा के द्वैत की – विरोध की – है। एक ओर पुत्र है और दूसरी ओर समाज है तथा उसकी परम्परागत मर्यादाएँ हैं। इसी प्रकार झुनिया एक रूप में बहू जैसी है और दूसरे रूप में विकट समस्याओं की जननी है। अचेतन के किसी योजक बिम्ब के अभाव में केवल चेतन प्रयासों से ऐसे द्वैतों का निराकरण संभव न था। यह योजक बिम्ब वत्सला का है जो धनिया के रूप में व्यक्त हुआ है और जिसमें मूलबद्ध परम्पराओं के साथ सभी कलंक और बाधाएँ भी समाहित है। वत्सला के आद्यबिम्ब की समाहार-शक्ति परम्परा और परिस्थिति के द्वैत का शमन कर रही है। भाषिक संरचना में इस चित्तीय स्थिति का प्रतीकन तद्भव और तत्सम के समास में हुआ है।

'गोदान' के सामान्य वर्णनों में भी प्रेमचंद ने अपनी बिम्बविधायिनी प्रतिभा का सुन्दर परिचय दिया है। माता-पिता के औदात्त्य से प्रकाशित गोबर शहर में मजदूरी करने की सोचता है – "शहर में बेलदारों को पांच-छह आने रोज मिलते हैं, ऐसा उसने सुन रक्खा था। बाहर उसे छह आने रोज मिलें और वह एक आने में गुजर कर ले, तो पांच आने रोज बच जायें। महीने में दस रुपये होते हैं और साल भर में सवा सौ। वह सवा सौ की थैली लेकर घर आये तो किसकी मजाल है जो उसके सामने मुँह खोल सके। यही दातादीन और यही पटेसरी आकर उसकी हाँ में हाँ मिलायेंगे। और झुनिया तो गर्व के मारे फूल जाये। दो-चार साल वह इसी तरह कमाता रहे तो घर का सारा दलिद्दर मिट जाये। अभी तो सारे घर की कमाई भी सवा सौ नहीं होती। अब वह अकेला सवा सौ कमाएगा। यही तो लोग कहेंगे कि मजूरी करता है। कहने दो। मजूरी करना कोई पाप तो नहीं है। और सदा छह आने ही थोड़े मिलेंगे। जैसे-जैसे वह काम में होशियार होगा, मजूरी भी तो बढ़ेगी। तब वह दादा से कहेगा, अब तुम घर बैठकर भगवान का भजन करो। इस खेती में जान खपाने के सिवा और क्या रक्खा है? सबसे पहले वह एक पछाईं गाय लाएगा, जो चार-पांच सेर दूध देगी और दादा से कहेगा, तुम गऊ माता की सेवा करो। इससे तुम्हारा लोक भी बनेगा और परलोक भी।"[81] अलंकारवादियों की दृष्टि में प्रस्तुत अवतरण मूलतः स्वभावोक्ति है। स्वभावोक्ति में स्वभाव का वैचित्र्य महत्त्वपूर्ण

होता है। स्वभाव और वैचित्र्य का विरोध स्वाभावोक्ति की विवादास्पद स्थिति का कारण है किन्तु यह विरोध प्रतीयमान ही है। सचेत पर्यवेक्षण को जब अचेतन की कारयित्री प्रतिभा का जीवन्त सहयोग मिलता है तो स्वभाव में वैचित्र्य की सम्यक् पहचान सर्जक को स्वतः हो जाती है। कालिदास के साहित्य में तो इसके अनेकानेक उदाहरण मिल जाते हैं। हिन्दी के कथाकारों में प्रेमचंद इस दृष्टि से अग्रणी रहे हैं। यहाँ गोबर झुनिया से अपने सम्बन्ध के कारण पाप-ग्रंथि की जकड़ में था। वह अपने ही पाप के प्रत्यक्ष होने से आतंकित था – "फिर एकाएक सिर पर मँडराने वाली धिक्कार की कल्पना भयंकर रूप धारण करके उसके सामने खड़ी हो गयी . . . . उसके पाँव जैसे धरती से चिमट गये। . . . . उसकी ज्ञानेन्द्रियाँ बहुत तेज हो गयी थीं। . . . . उसके मन की कुछ ऐसी दशा हो रही थी मानो सिर पर गंडासे का हाथ पड़ने वाला हो। देह का सारा रक्त जैसे सूख गया हो।" [82] पाप के प्रत्यक्ष होने का आतंक मानव मात्र के लिये सामान्य है। माता-पिता द्वारा झुनिया को आश्रय देते देख गोबर का यह आतंक शमित होता है। इसके फलस्वरूप पाप-ग्रंथि में संपिंडित चित्तीय ऊर्जा मुक्त होकर जड़ीभूत चेतना को सक्रिय करती है। पाप-ग्रंथि के मोचन से तेजस् की ऐसी मुक्ति मानव मात्र का सामान्य अनुभव है। यह मुक्ति सदैव प्रगति-व्यंजक होती है और मनुष्य को उसके कर्त्तव्यों में प्रवृत्त करती है। 'गबन' के रमानाथ का पलायन उसकी कर्त्तव्यविमुखता का द्योतक है जबकि 'गोदान' के गोबर का पलायन उसके कर्त्तव्यतेजस् होने का व्यंजक है। प्रेमचंद चाहते तो गोबर भी रमानाथ की तरह भाग सकता था और वह अस्वाभाविक न होता लेकिन उनके अचेतन संस्कार देहात के एक आम आदमी के चरित्र के अवमूल्यन के विरुद्ध पड़ते थे। झुनिया को आश्रय मिलने पर एक ओर होरी का कथा के सहज विकास का मार्ग प्रशस्त होता है और दूसरी ओर गोबर के ग्रंथिबद्ध तेजस् की मुक्ति स्वाभाविक हो जाती है। उसमें दायित्व-बोध जगता है। दायित्व- बोध जिस चिंतन को जन्म देता है उसी की अभिव्यक्ति उद्धृत अंश में है।

दायित्व-बोध के कारण गोबर पलायन से पूर्व लक्ष्य निर्धारित करता है – मजदूरी। 'उसने सुन रखा था' से मजदूरी के लक्ष्य का औचित्य सिद्ध होता है। उसके बाद परिश्रम के सुफल की सुखद कल्पना स्वाभाविक ही है। माता-पिता की ओर से तनाव कम होने पर भी समाज का भय तो बरकरार है और उससे जूझने के लिये सामर्थ्य चाहिये। समर्थ के सामने मुंह खोलने की मजाल किसकी हो सकती है। समर्थ गोबर के समक्ष गांव के धर्मध्वज दातादीन और अर्थध्वज पटेसरी का व्यवहार कुछ और ही होगा। पुरुषार्थ-चतुष्टय में प्रथम दो पुरुषार्थ यही हैं। अर्थ-साधन से धर्म स्वयं सध जाता है; अर्थाभाव में तो धर्म पीड़ित ही करता है। बिना अर्थ के

तृतीय पुरुषार्थ काम की सिद्धि भी संभव नहीं अतः महत्त्व सवा सौ की थैली का है जिसे देखकर 'झुनिया भी फूल जाये।' तीन पुरुषार्थों के सिद्ध होने पर चौथा पुरुषार्थ अगम्य नहीं रह जाता। पैसा होने पर पछाईं गाय खरीदी जायेगी और गो-सेवा से परलोक भी सुधरेगा। गोबर की अवस्था में चतुर्थ पुरुषार्थ की चिंता उतनी नहीं रहती अतः होरी के परलोक-सुधार की कामना व्यक्त हुई है। इस प्रकार साधारण से दिखने वाले गोबर के इस 'अर्थशास्त्र' के वर्णन में परम्परापुष्ट पुरुषार्थ-चतुष्टय बिम्बित है। सवा सौ की थैली भी व्यंजक है। भारतीय परम्परा में सवायी संख्याएँ शुभ मानी गयी हैं। यहाँ बिम्बों का क्रम भी द्रष्टव्य है। प्रथमतः गोबर के मन में शत्रु-समाज का बिम्ब उदित होता है। शत्रुओं को परास्त करने के उपरान्त प्रेयसी का बिम्ब दीप्त होता है और अंत में पिता को सुख पहुँचवाने की भावना बलवती ओती है। धनिया का उल्लेख यहाँ नहीं है। बिम्बों का यह क्रम दर्शाता है कि इनका उत्स आप्तपुरुष का आद्यरूप है। आप्तपुरुष का आद्यरूप सामाजिक समंजन के लिये अपेक्षित नैतिक मूल्य, कर्त्तव्य-पालन की भावना, जीवन-संघर्ष में प्रवृत्ति, पितृ-भक्ति, शुभ संकल्प, तत्परता आदि का वाहक होता है। इस प्रकार उद्घृत अंश की भाषिक संरचना आप्तपुरुष के आद्यबिम्ब की व्याप्ति से रमणीय है।

प्रस्तुत विवेचन से स्पष्ट है कि आद्यबिम्बों की सत्ता कविता की भाषा तक सीमित न होकर सृजनात्मक भाषा तक व्याप्त है।

आद्यबिम्ब की दृष्टि से 'गोदान' के उपर्युक्त अध्ययन से निम्नलिखित निष्कर्ष प्राप्त होते हैं –

1. 'गोदान' का यथार्थ प्रेमचंद के पूर्ववर्ती उपन्यासों में व्यक्त यथार्थ की अपेक्षा कहीं अधिक आभ्यंतरिकृत है। उसमें प्रेमचंद का अंतर्मन कहीं अधिक मुखर है।

2. 'गोदान' मनोवैज्ञानिक उपन्यास है। उसके अधिकांश प्रसंग बुद्धिगम्य है। उसकी वस्तु बाह्य विषयों के चेतनानुभवों से सम्बन्धित है।

3. उपन्यास में नगर-कथा नहीं है। वह मूलतः होरी की कथा है।

4. उपन्यास में संरचनागत शैथिल्य निश्चित रूप से है किन्तु वह आधिकारिक कथा से असम्बद्ध प्रसंगों के विधान तथा अनेक प्रसंगों के अनपेक्षित विस्तार के रूप में है।

5. 'गोदान' में आधिकारिक कथा होरी की है। उसके स्थूलतः तीन सोपान हैं – (क) गोहत्या, (ख) किसान का बिगड़कर मजदूर बनना तथा

(ग) आर्थिक कारणों से अपनी पुत्री का अयोग्य वर से विवाह करने के लिये विवश होना।

6. उपन्यास का नायक होरी अहं-चेतना का व्यंजक है। गाय उसके सुखों की पूर्णता को प्रतीकित करने के कारण माता के आद्यरूप से सम्बन्धित है।

7. युंग ने माता के आद्यरूप पर अपेक्षित विस्तार से विचार किया है। माता शिशुओं का प्रथम तथा प्रौढ़ों का अंतिम विश्व है। सामूहिक अचेतन की व्यंजक होने पर माता द्विजत्व-प्रप्ति का स्थान भी है। माता के आद्यरूप के सकारात्मक पक्ष को वत्सला और नकारात्मक पक्ष को कराला की अभिधाएँ मिली हैं। मानव चित्त में सुखों की पूर्णता की व्यंजक वत्सला के बिम्ब का उदय मृत्यु को भी प्रतीकित कर सकता है। गाय होरी के लिये पूर्णता है, वत्सला है और माता भी है।

8. माता के आद्यरूप की अभिव्यक्ति के लिये मानवेतर प्राणियों में गाय संभवतः सबसे सशक्त बिम्ब है। उससे सम्बद्ध सांस्कृतिक संदर्भ असंख्य हैं।

9. 'गोदान' में होरी का राम साहब से मिलने जाना तथा गाय के आगमन सम्बन्धित समस्त प्रसंग अस्वाभाविक हैं।

10. सत्ता-प्रतीक होने के कारण राय साहब पितृ-बिम्ब हैं। रसपानी तक न करने की जल्दबाजी उनके साक्षात्कार से कतराने का ही एक रूप है। पितृबिम्ब होने के कारण राय साहब दुनियावी मूल्यों के व्यंजक है। उनके साक्षात्कार से कतराने का कारण मातृ-ग्रंथि है जो बहिर्जगत् से समंजन के लिये अनिवार्य मूल्यों को अपनाये जाने से रोकती है।

11. होरी का भोला के साथ बतियाने का प्रसंग भी अस्वाभाविक है। इस प्रसंग में होरी की गोलालसा अगम्यागमन की व्यंजक है और पितृ-बिम्ब का आतंक उसमें बाधक है। भोला की कामुकता का अनुभव इस आतंक को कम करता है किन्तु ऐसें चेतन प्रयास से पितृ-ग्रंथि और अधिक उग्र हो जाती है तथा होरी में यह पाप-भावना बलवती हो जाती है कि वह भोला के साथ छल कर रहा है। यह पाप-भावना उसे वत्सला की गोद में बैठने से रोकती है। अतः होरी गाय नहीं ले पाता। राय साहब की स्वीकारोक्तियों से पितृबिम्ब के आतंक से मुक्ति मिलती है और गाय घर में आती है। इससे स्पष्ट है कि 'गोदान' के प्रथम सोपान में वत्सला को प्रतीकित करने वाली गाय मातृ-ग्रंथि से सम्बद्ध हो गयी है और मातृ-ग्रंथि ने प्रथम सोपान के विविध प्रसंगों को अस्वाभाविक बना दिया है।

12. गाय के आगमन में व्यक्त मातृ रति की अतृप्त आकांक्षा पितृ-ग्रंथि द्वारा बधित होने पर होरी द्वारा भाई से छल किये जाने के प्रसंग में उग्रतर रूप में व्यक्त हुई है जिससे यह पूरा प्रसंग अस्वाभाविक हो गया है।

13. भाई के साथ छल करके भी होरी सफल नहीं हो पाता - पुनिया के कारण। पूरे प्रसंग में पुनिया व्यभिचार-निषेध की प्रबल उद्दीप्ति की द्योतक है और उसकी इज्जत के सवाल पर मातृ-ग्रंथिग्रस्त अहं का द्योतक होरी पितृ-बिम्ब से तदात्म हो बँसोर पर बरस पड़ता है।

14. पितृ-बिम्ब से उपर्युक्त तादात्म्य की ग्रंथ्यात्मक स्थिति जिस मनःस्थिति को जन्म देती है उसका व्यंजक हीरा है। ऐसे तादात्म्य के वृत्त्यात्मक व्यवहार में विस्फोट के बाद मातृ-ग्रंथि से जकड़ा अहं दाम्पत्य सम्बन्धों में तनाव के लिये उत्तरदायी होता है। हीरा-पुनिया संघर्ष का यही कारण है।

15. गोदानकार का मातृ-ग्रंथि से अभिभूत मन पितृबिम्ब के कारण जिस ग्लानि का अनुभव करता है, वह आधिकारिक कथा के प्रथम सोपान में अनेकत्र व्यक्त है। वह प्रत्येक व्यक्ति को निरापावादिक रूप से माता की गोद में धकेल देती है। यही कारण है कि होरी के घर में गाय आ जाती है।

16. उपन्यास की कथा के विकास के लिये यह अनिवार्य था कि उपन्यासकार का मन गोबिम्ब की जकड़ से मुक्त हो। इसके लिये उपन्यास में गाय के बेचने के चेतनोद्भूत प्रसंग के साथ ही गोहत्या के अचेतनोद्भूत प्रसंग का विधान।

17. गोहत्या का प्रसंग अस्वाभाविक है। यह होरी के मूल पाप के प्रसंग का - भाई के साथ छल के प्रसंग का - समवर्ती है। वहाँ होरी पाप करता है और हीरा तथा पुनिया में संघर्ष है। यहाँ हीरा पाप करता है और होरी और धनिया में संघर्ष है। आधिकारिक कथा में इसके बाद होरी और धनिया में कोई संघर्ष नहीं है - यह तथ्य प्रदर्शित करता है कि गोहत्या के प्रसंग के बाद आधिकारिक कथा ग्रंथि की जकड़ से काफी हद तक मुक्त है।

18. गाय का हत्यारा हीरा होरी का ही छाया-व्यक्तित्व है। उसके द्वारा गाय को जहर दिया जाना होरी के दमित समंजन-मूल्यों के वाहक छाया-व्यक्तित्व द्वारा मातृ-ग्रंथि से मुक्ति का अचेतन प्रयास है। इस प्रकार होरी की गोलालसा में उपन्यासकार के चित्त की ग्रंथ्यात्मकता व्यक्त हुई है और गोहत्या के प्रसंग की अस्वाभाविकता से सिद्ध है कि उपन्यासकार की चेतना मातृ-ग्रंथि की जकड़ से

सामयिक रूप से भले ही उबर गयी हो; पूर्णतया मुक्त नहीं हो पायी है।

19. 'गोदान' के प्रथम सोपान की परिणति दुर्गा और दैत्य के आद्यबिम्ब में हुई है। यह प्रसंग उपन्यास के सशक्ततम प्रसंगों में से एक है। आधिकारिक कथा के प्रथम सोपान के विश्लेषण से स्पष्ट है कि माता से मुक्ति की अचेतन प्रक्रियाओं के सम्यक् साक्षात्कार में उपन्यासकार विफल रहा है। गोबर की कथा कथा-विकास में बाधक इस ग्रंथ्यात्मकता को दूर करती है। गोबर सामाजिक समस्याओं से जूझने को तत्पर उपन्यासकार के उस स्फीत अहम् का व्यंजक है जो दुर्गा के आद्यबिम्ब से सरणीकृत हुआ है।

20. आधिकारिक कथा के द्वितीय सोपान में उपन्यासकार के चेतन और अचेतन चित्त का सम्बन्ध सर्वाधिक जीवन्त रहा है। इस सोपान का सम्पूर्ण घटना-क्रम चेतना के धरातल पर सृजित, अत्यंत स्वाभाविक एवं विश्वसनीय है। इस सोपान में धनिया के चरित्र का औदात्त्य माया के आद्यबिम्ब से दीप्त है। इसी सोपान में आर्थिक शोषण की भयावहता के विराट् चित्र है। इन चित्रों में शाश्वत कालुष्य की व्यंजक सामूहिक छाया का आद्यबिम्बत्व सहज ही लक्षित किया जा सकता है।

21. द्वितीय सोपान की धरम घटना है – दातादीन की मजदूरी। शोषक होने के कारण पं. दातादीन में आप्तपुरुष का कृष्ण पक्ष प्रतीकित है।

22. उपन्यास में भोला-नौहरी और मातादीन सिलिया के प्रसंग महत्त्वपूर्ण है। होरी के जीवन में भोला की निर्णायक भूमिका को देखते हुए भोला का दुर्गति प्राकृतिक न्याय की भावना से चित्रित है। "जैसे करनी वैसी भरनी" का आद्यविश्वास माता के आद्यरूप से सम्बन्धित है।

23. मातादीन-सिलिया के प्रसंग में उपन्यासकार ने व्यक्तिगत अनुभव को युगानुरूप साधारणीकृत किया है।

24. 'गोदान' की आधिकारिक कथा का अंतिम सोपान अत्यधिक बिम्बात्मक है। उसका यथार्थ बहु-आयामी है। उसमें प्रेमचंद की प्रसंगोद्भावना-शक्ति का सर्वोत्तम प्रस्फुटन है।

25. 'गोदान' की मूल समस्या उसकी आधिकारिक कथा में बिम्बित है। प्रासंगिक कथाएँ या तो मूल समस्या का विस्तार है या उसके समाधान को प्रतीकित करती है।

26. 'गोदान' की आधिकारिक कथा कृषक की शोषणमुक्ति की विराट्

समस्या को प्रस्तुत करती है। आम आदमी के सुखमय जीवन की – उसके भूमि-स्वर्ग की – समस्या होरी की कथा में बिम्बित है।

27. उपन्यास की सृजन-प्रक्रिया की दृष्टि से आधिकारिक कथा के आद्यबिम्बत्व के लिये उसकी ग्रंथ्यात्मकता का प्रासंगिक कथाओं में प्रस्फोट अनिवार्य था। यही कारण है कि गोदान की प्रासंगिक कथाएँ अधिकांशतः ग्रंथ्यात्मक और, फलतः, प्रभावहीन हैं।

28. 'गोदान' में राय साहब के प्रति उपन्यासकार की अतिरिक्त सहानुभूति रही है। यह असंयत सहानुभूति पाप-ग्रंथि से जन्मी है।

29. उपन्यासकार की संरचनात्मक समग्रता में राय साहब की पार्टी का विशेष महत्त्व है। प्रासंगिक कथाओं के सभी प्रमुख पात्रों का परिचय पार्टी-प्रसंग से मिल जाता है। पार्टी में पं. ओंकारनाथ की दुर्गति से सिद्ध है कि ओंकारनाथ प्रेमचंद की अपनी छाया को प्रतीकित करता है। यह दुर्गति तत्युगीन हिन्दी पत्रकारिता की उज्ज्वल छवि को धूमिल करती है।

30. राय साहब की कथा का अंत ग्रंथ्यात्मक है। कथा के अस्वाभाविक अंत से सिद्ध है कि प्रेमचंद डूबते सामंतवाद और पसरते पूंजीवाद का चित्रण करना चाहते थे किन्तु इसके लिये अपेक्षित अपने अचेतन चित्त का सहयोग उन्हें नहीं मिल पाया।

31. उपन्यास में राय साहब और खन्ना की कथाएँ शोषण के व्यापकतर संदर्भ में चित्रण के प्रत्यक्ष उद्देश्य से विन्यस्त हैं। खन्ना की कथा का अधूरापन और उसमें दाम्पत्य जीवन की समस्या का अनपेक्षित रूप से प्रबल होना स्पष्टतः मातृ-ग्रंथि के प्रस्फोट का द्योतक है।

32. उपन्यास में गोबर की कथा का सहज विकास होता है किन्तु अंत उसका भी अस्वाभाविक है। जिस प्रकार होरी और राय साहब की कथा में मर्यादा-नाश का साम्य है उसी प्रकार खन्ना और गोबर की कथा में किंचित् समवर्तिता है।

33. उपन्यास की संरचनात्मक समग्रता में ग्रंथ्यात्मकता तब तक नहीं होती जब तक उपन्यासकार की चेतना उसके लिये उपयुक्त आधार प्रस्तुत न करे।

34. प्रेमचंद का व्यक्तित्व बहिर्मुखी था। उन्होंने अपने युग के प्रचलित मूल्यों को अपनाया। 'गोदान' तक आते-आते उनका गांधीवादी रुझान सीमित होता

गया और मार्क्सवाद के प्रति उनका रुझान बढ़ता गया।

35. 'गोदान' की संरचना आर्थिक शोषण की मार्क्सवादी व्याख्या के अनुकूल पड़ती है। इतना होने पर भी उसमें मार्क्सवादी व्याख्या और समाधान ऐकान्तिक रूप से नहीं है। उपन्यासकार की चेतना ने तो अपने युग के प्रचलित जीवन-मूल्य के रूप में मार्क्सवाद स्वीकार किया है किन्तु यह विचारधारा उसके अचेतन चित्त को आकृष्ट नहीं कर पायी। अचेतन का सहयोग न मिल पाने के कारण प्रेमचंद की व्यक्तिता मार्क्सवादी व्याख्या और समाधान को लेकर संकुचित रही। 'गोदान' की संरचनागत सीमाओं के लिये यही उत्तरदायी है। उपन्यासकार के चेतन और अचेतन चित्त के सहयोग के अभाव के व्यंजक इस संकोच ने उपन्यास की संरचना में ग्रंथियों की अभिव्यक्ति का मार्ग प्रशस्त कर दिया है।

36. उपन्यास में जनसामान्य की शोषणमुक्ति और सुखमय जीवन का – भूमि-स्वर्ग का – उद्देश्य बिम्बित है। इस उद्देश्य में माता का आद्यरूप प्रतिफलित है अतः उसके सम्यक् निरुपण में जो छिद्र है उनका मातृ-ग्रंथि से सम्बद्ध होना स्वाभाविक है। 'गोदान' की अनेक कथाओं के अधूरेपन, अस्वाभाविक अंत एवं सदोष विभाव-चित्रण के साथ ही मातृ-ग्रंथि नर-नारी सम्बन्ध में भी व्यक्त हुई है। 'गोदान' में लगभग सभी कथाओं में व्यक्त नर-नारी सम्बन्ध की समस्या मार्क्सवादी समाधान के प्रति प्रेमचंद के संकोच की द्योतक है।

37. प्रेमचंद का अचेतन जिस समाधान पर टिका है वह मेहता-मालती की कथा में व्यक्त है। इसका प्रत्यक्ष उद्देश्य तो नर-नारी सम्बन्ध की व्याख्या है किन्तु वस्तुतः यह 'गोदान' की समस्या के समाधान पक्ष को प्रस्तुत करती है। मेहता-मालती की कथा सर्वाधिक विसंगत एवं अनेक स्थलों पर हास्यास्पद है। यह तथ्य, कि 'गोदान' की मूल समस्या के मार्क्सवादी समाधान में मातृ-ग्रंथि अवरोधक है, सिद्ध करता है कि समाधान उसी कथा में है जिसमें मातृ-ग्रंथि अपने प्रबलतम रूप में व्यक्त है और यह कथा मेहता-मालती की है।

64. मेहता-मालती की कथा का मूल संदेश यही है कि बुद्धिजीवियों का निजत्व त्यागकर कर्मरत रहना चाहिये। गोदानकार ने सामाजिक बदलाव में बुद्धिजीवियों की भूमिका को निर्णायक माना है। यह उद्देश्य गांधीवाद से इस अर्थ में भिन्न है कि गांधीवाद में लोकसेवा साधन मात्र है; साध्य सत्यप्राप्ति या मोक्ष है। मोक्ष गोदानकार का अभिप्रेत नहीं है। पं. नेहरू की तरह प्रेमचंद भी लोकसेवा को साध्य मानते थे; साधन नहीं।

65. मेहता-मालती की कथा में आम आदमी के भूमि-स्वर्ग की समस्या का जो समाधान अभिव्यक्त है उसका उत्स मिर्ज़ा खुर्शेद के बिम्ब में है।

66. 'गोदान' की बहुत बड़ी शक्ति शब्दों के विराट् वैविध्य के बावजूद उसके अजस्र भाषा-प्रवाह में है। प्रेमचंद ने लोकप्रचलित शब्दों को अपनाया ही नहीं है, उनमें नयी जान भी डाल दी है। सरल शब्दों के सरल एवं सप्रभ वाक्यों की सर्जना में प्रेमचंद को महारत हासिल थी।

67. 'गोदान' के शब्द-विधान में विविध अनुभवों का परस्परानुप्रवेश लक्षित होता है।

68. 'गोदान' में अनेकत्र शब्दों के कंट्रास्ट का चमत्कार है जो अचेतन के सर्जनात्मक सहयोग को प्रमाणित करता है।

69. मुहावरों के प्रयोग में प्रेमचंद अद्वितीय है। 'गोदान' के अध्ययन से यह सिद्ध होता है कि कथासाहित्य में इतनी मुहावरेदार भाषा का प्रयोग न तो प्रेमचंद से पहले था और न ही प्रेमचंद के बाद है। 'गोदान' में मुहावरों का बहुलता ही नहीं; मुहावरों का बिम्बत्व भी है।

70. प्रेमचंद में प्रसंगोद्भावना की विलक्षण प्रतिभा थी। 'गोदान' अपने स्वतंत्र प्रसंगों में कहीं अधिक प्रभावित करता है। इन प्रसंगों में भाषा का बिम्बत्व देखते ही बनता है। कहीं-कहीं भाषिक संरचना में जो झोल हैं उनके लिये वही ग्रंथ्यात्मकता उत्तरदायी है जो 'गोदान' की संरचनागत सीमाओं में व्यक्त है।

71. विविध प्रसंगों में उपन्यास की बिम्बात्मक भाषा की मूल संरचना किसी न किसी आद्यबिम्ब पर आधारित है।

72. 'गोदान' के सामान्य वर्णनों में भी प्रेमचंद की बिम्बविधायिनी प्रतिभा का सुन्दर प्रस्फुटन है।

73. 'गोदान' की भाषा के अध्ययन से सिद्ध है कि कथा-साहित्य में भी भाषा अपने बिम्बत्व के कारण ही रमणीय होती है।

74. ग्रंथिजन्य सीमाओं के बावजूद महदुद्देश्य, उदात्त चरित्र, विलक्षण और बिम्बात्मक भाषा के कारण 'गोदान' का हिन्दी कथा-साहित्य में असाधारण महत्त्व है।

संदर्भ-सूची

1. कमलकिशोर गोयनका, प्रेमचंद के उपन्यासों का शिल्प-विधान, पृ. 72-73
2. (क) नंददुलारे वाजपेयी, प्रेमचंद : साहित्यिक विवेचन, पृ. 140-142
   (ख) जैनेन्द्र कुमार, प्रेमचंद : एक कृती व्यक्तित्व, पृ. 165-66
3. कमलकिशोर गोयनका, प्रेमचंद के उपन्यासों का शिल्प-विधान, पृ. 452
4. वही, पृ. 455
5. शैलेश ज़ैदी, प्रेमचंद की उपन्यास-यात्रा : नवमूल्यांकन, पृ. 395
6. वही, पृ. 425
7. कमलकिशोर गोयनका, प्रेमचंद के उपन्यासों का शिल्प-विधान, पृ. 455
8. प्रेमचंद, गोदान, पृ. 33
9. जोलेंडी जैकोबी, द साइकॉलजी ऑव् सी. जी. युंग, पृ. 108-109
10. वही, पृ. 105
11. अनीला जैफ़ी, मिथ ऑव् मीनिंग, पृ. 83
12. जोलेंडी जैकोबी, द साइकॉलजी ऑव् सी. जी. युंग, पृ. 108-109
13. एंथनी स्टार्र, सी. जी. युंग, पृ. 53
14. जोलेंडी जैकोबी, द साइकॉलजी ऑव् सी. जी. युंग, पृ. 111
15. वही, पृ. 114
16. एंथनी स्टार्र, सी. जी. युंग, पृ. 44
17. वही, पृ. 51
18. सी. जी. युंग, द कलैक्टेड वर्क्स ऑव् सी. जी. युंग, खंड 9, भाग 2, पृ. 13
19. वही, पृ. 14
20. वही, भाग 1, पृ. 82
21. वही
22. वही, खंड 5, पृ. 345
23. वही, पृ. 242
24. प्रेमचंद, गोदान, पृ. 11
25. वही, पृ. 12
26. वही, पृ. 19
27. वही, पृ. 12
28. वही, पृ. 220
29. वही, पृ. 30
30. सी. जी. युंग, द कलैक्टेड जक्र्स ऑव् सी. जी. युंग, खंड 8, पृ. 241

31. प्रोफेसर शैलेश ज़ैदी को भी खुरपी मांगना अस्वाभाविक लगा है। देखिये – प्रेमचंद की उपन्यास-यात्रा : नवमूल्यांकन, पृ. 460
32. राजनैतिक शब्दावली, देखिये – 'पुलिस'
33. शैलेश ज़ैदी, प्रेमचंद की उपन्यास-यात्रा : नवमूल्यांकन, पृ. 64
34. प्रेमचंद, गोदान, पृ. 42
35. जगदीश कुमार, भारती का खंडहर, पृ. 19-20
36. शैलेश ज़ैदी, प्रेमचंद की उपन्यास-यात्रा : नव मूल्यांकन, पृ. 50
37. प्रेमचंद, गोदान, पृ. 300
38. शैलेश ज़ैदी, प्रेमचंद की उपन्यास-यात्रा, नव मूल्यांकन, पृ. 32
39. कुंवरपाल सिंह, प्रेमचंद और समसामयिक हिन्दी कथा-साहित्य, पृ. 26
40. प्रेमचंद, गोदान, पृ. 298
41. गजानन माधव मुक्तिबोध, चांद का मुंह टेढ़ा है, पृ. 252
42. प्रेमचंद, गोदान, पृ. 298
43. शैलेश ज़ैदी, प्रेमचंद की उपन्यास-यात्रा : नवमूल्यांकन, पृ. 427
44. वही
45. कमलकिशोर गोयनका, प्रेमचंद के उपन्यासों का शिल्प-विधान, पृ. 494
46. जितेन्द्रनाथ पाठक, गोदान : एक महाकाव्यात्मक उपन्यास, प्रज्ञा, प्रेमचंद स्मृति अंक, पृ. 96
47. कुंवरपाल सिंह, प्रेमचंद और समसामयिक हिन्दी कथा-साहित्य, पृ. 21
48. वही, पृ. 34-35
49. नलिन विलोचन शर्मा, हिन्दी उपन्यास : विशेषतः प्रेमचंद, पृ. 47
50. नंददुलारे वाजपेयी, प्रेमचंद : साहित्यिक विवेचन, पृ. 151
51. रामविलास शर्मा, प्रेमचंद और उनका युग, पृ. 101
52. कुंवरपाल सिंह, प्रेमचंद और समसामयिक हिन्दी कथा-साहित्य, पृ. 35
53. गजानन माधव मुक्तिबोध, चाँद का मुँह टेढ़ा है, पृ. 154-155
54. वही, पृ. 100
55. प्रेमचंद, गोदान, पृ. 195
56. वही, पृ. 265
57. वही, पृ. 270
58. वही, पृ. 254
59. हरबंशलाल शर्मा, प्रेमचंद, प्रज्ञा, प्रेमचंद स्मृति अंक, पृ. 4-5
60. सी. जी. युंग, मैन एंड हिज सिम्बल्स

61. कुंवरपाल सिंह, प्रेमचंद और समसामयिक हिन्दी कथा-साहित्य, पृ. 15
62. प्रेमचंद, गोदान, पृ. 254
63. वही, पृ. 284
64. नगेन्द्र, काव्यबिम्ब, पृ. 6
65. विस्तार के लिये देखिये – कृष्णमुरारि मिश्र, आद्यबिम्ब और नयी कविता, द्वितीय अध्याय
66. शम्भूदत्त झा, रिचर्ड्स के आलोचना-सिद्धान्त, पृ. 112
67. प्रेमचंद, गोदान, पृ. 7
68. वही
69. हरबंशलाल शर्मा, प्रेमचंद, प्रज्ञा, प्रेमचंद स्मृति अंक, पृ. 9
70. प्रेमचंद, गोदान, पृ. 8
71. वही, पृ. 236
72. वही, पृ. 58
73. मनीषा शर्मा, गोरखबानी : परम्परा और काव्यत्व, पृ. 126
74. प्रेमचंद, गोदान, पृ. 7
75. वही, पृ. 223
76. वही, पृ. 8
77. शब्दकल्पद्रुम
78. मानक हिन्दी कोश
79. प्रेमचंद, गोदान, पृ. 129
80. वही, पृ. 103
81. वही, पृ. 113
82. वही, पृ. 111

परिशिष्ट – 1

ग्रंथ-सूची

(अ) अंग्रेजी :

1. Aniela Jaffie
   Form the Life and Work of C.G. Jung
   Tr.R.F.C. Hull
   Harber and Row Publishers
   New York, 1971
2. Aniela Jaffie
   The Myth of Meaning
   Tr.R.F.C. Hull
   Hodder and Stoughton, 1970
3. Anthony Storr
   C.G. Jung
   The Viking Press
   New York, 1973
4. Arther Koeslar
   Insight and Outlook
5. C.G. Jung
   The Collected Works of C.G. Jung (Vol.5)
   Tr.R.F.C. Hull
   Routage and Kegan Paul, London, 1956
6. C.G. Jung
   The Collected Works of C.G. Jung (Vol.6)
   Tr.H.G. Baynes
   Revised by R.F.C. Hull
   Routlege and Kegan Paul, London, 1971

7. C.G. Jung
The Collected Works of C.G. Jung (Vol.8)
Tr.R.F.C. Hull
Routlege and Kegan Paul, London, 1960
8. C.G. Jung
The Collected Works of C.G. Jung, Vol.9, Part I
Tr.R.F.C. Hull
Princeton University Press, 1959
9. C.G. Jung
The Collected Works of C.G. Jung, Vol.9, Part II
Tr.R.F.C. Hull
Princeton University Press, 1968
10. C.G. Jung
The Integration of Personality
Tr. Stanley M. Dell
Kegan Paul, Trench, Trubner & Co. Ltd., London, 1940
11. C.G. Jung and
M.L. VonFranz,
Josef L. Handerson,
Jolande Jacobi,
Aniela Jaffie
Man and His Symbols
Adlus Book Ltd., London, 1964
12. C.G. Jung
Modern Man in Search of a Soul
Tr.W.S. Dell and Cary F.
Kegan Paul, Trench, Trubner and Co., London, 1933
13. C.G. Jung
On the Nature of the Psyche

14. Dr. Jolande Jacobi
Complex/Archetype/Symbol
Tr. Ralph Manhiem
Routlege and Kegan Paul, London, 1959

15. Dr. Jolande Jacobi
The Psychology of C.G. Jung
Tr.K.W. Bash
Kegan Paul, Trench, Trubner & Co. Ltd., London, 1942

16. M.L. VonFranz
C.G. Jung : His Myth in Out Time
Tr. William H. Kennedy
Hodder and Stonghton, London, 1975

17. Michael Fordham
New Development in Analytical Psychology
Routlege and Kegan Paul, London, 1957

18. Moud Bodkin
Archetypal Patterns in Poetry
Oxford University Press, 1963

19. Northrop Frye
Anatomy ot Criticism
Princeton University, 1957

(ब) हिन्दी :

1. अज्ञेय
संवत्सर
नेशनल पब्लिशिंग हाउस, नई दिल्ली, 1978

2. डॉ. इन्द्रनाथ मदान
प्रेमचंद प्रतिभा
सरस्वती प्रेस,
नयी दिल्ली, प्रथम संस्करण

3. डॉ. एस. एन. गणेशन
हिन्दी उपन्यास का अध्ययन
राजकमल, दिल्ली, 1964

4. डॉ. कमल किशोर गोयनका
प्रेमचंद के उपन्यासों का शिल्प-विधान
सरस्वती प्रेस, दिल्ली, 1974
5. डॉ. कुंवरपाल सिंह
प्रेमचंद और समसामयिक हिन्दी कथा-साहित्य
धरती प्रकाशन, बीकानेर, 1984
6. डॉ. कृष्णमुरारि मिश्र
आद्यबिम्ब और नयी कविता
राधाकृष्ण प्रकाशन, दिल्ली, 1980
7. गजानन माधव मुक्तिबोध
चाँद का मुँह टेढ़ा है
ज्ञानपीठ प्रकाशन, 1971
8. डॉ. घनश्याम मधुप
हिन्दी लघु उपन्यास
9. डॉ. जगदीश कुमार
भारती का खंडहर
राधाकृष्ण प्रकाशन, दिल्ली
प्रथम संस्करण, 1971
10. जैनेन्द्र कुमार
प्रेमचंद : एक कृती व्यक्तित्व
पूर्वोदय प्रकाशन, दिल्ली, 1967
11. डॉ. नगेन्द्र
काव्यबिम्ब
नेशनल पब्लिशिंग हाउस, 1967
12. डॉ. नगेन्द्र
मिथक और साहित्य
नेशनल पब्लिशिंग हाउस, नयी दिल्ली, 1959
13. नंददुलारे वाजपेयी
प्रेमचंद : साहित्यिक विवेचन
हिन्दी भवन, इलाहाबाद, 1956

14. नलिन विलोचन शर्मा
हिन्दी उपन्यास : विशेषतः प्रेमचंद
ज्ञानपीठ प्रा. लि., पटना, 1968
15. प्रेमचंद
गोदान
सरस्वती प्रेस, नयी दिल्ली, 1983
16. फ्रायड
मनोविश्लेषण
अनु. देवेन्द्रनाथ विद्यालंकार
राजपाल एंड संस, 1958
17. डॉ. मनीषा शर्मा
गोरखबानी : परम्परा और काव्यत्व
राधाकृष्ण प्रकाशन, दिल्ली, 1984
18. रामदरश मिश्र
जल टूटता हुआ
19. रामदरश मिश्र
पानी के प्राचीर
20. रामदरश मिश्र
सूखता हुआ तालाब
21. रामविलास शर्मा
प्रेमचंद और उनका युग
राजकमल प्रकाशन, तृतीय संस्करण, 1967
22. शन्भूदत्त झा
रिचर्ड्स के आलोचना-सिद्धान्त
भारती भवन, पटना, 1957
23. डॉ. शैलेश ज़ैदी
प्रेमचंद की उपन्यास-यात्रा
यूनिवर्सिटी पब्लिशिंग हाउस, 1978
24. हजारी प्रसाद द्विवेदी
चारुचंद्रलेख
25. हजारी प्रसाद द्विवेदी
पुनर्नवा

26. हजारी प्रसाद द्विवेदी
बाणभट्ट की आत्मकथा

(स) पत्र-पत्रिकाएँ :

1. नया आलोचक
अंक-2, 1983
सं. डॉ. महेन्द्र मधुकर
क्लब रोड, मुज़फ्फर पुर, बिहार
2. प्रज्ञा
प्रेमचंद स्मृति अंक
काशी हिन्दू विश्वविद्यालय
अंक 27 एवं 28, 1982
3. प्राच्य प्रज्ञा
1980, वर्ष 12
संस्कृत विभाग
अलीगढ़ मुस्लिम विश्वविद्यालय
4. समन्विति
दिल्ली विश्वविद्यालय

(द) कोश-ग्रंथ :

1. मानक हिन्दी कोश
2. हिन्दी साहित्य कोश
द्वितीय खण्ड
3. शब्द-कल्पद्रुम

परिशिष्ट – 2

पारिभाषिक शब्दावली

अंतर्दृष्टि – Insight
अंतर्मुखता – Introversion
अंतर्मुखी – Introverted
अचेतन – Unconscious
अध्यवसित रूपक – Allegory
अभिवृत्ति – Attitude
अहं – Ego
अहं-व्यक्तित्व – Ego-personality
अहं-चेतना – Ego-consciousness
आत्म – Self
आत्मोपलब्धि – Individuation
आत्मोपलब्धि-प्रक्रिया – Process of Individuation
आद्यबिम्ब – Archetypal Image
आद्यरूप – Archetype
आनुवंशिक – Inherited
आनुवंशिकता – Heridity
आप्तपुरुष – The Wise Old Man
आप्तव्यक्तित्व – Mana Personality
आशय – Motif
कराला – Terrible Mother
क्षतिपूरकता – Compensation
ग्रंथि – Complex
गहनता मनोविज्ञान – Depth Psychology
घटक – Factor
चिंतन – Thinking
चित्त – Psyche
चित्तीय निकाय – Psychic System
चित्तीय ऊर्जा – Psychic Energy
चेतन – Conscious
चेतना – Consciousness
छाया – Shadow
तेजस् – Libido
दिव्य-दर्शन – Vision
परिवर्तक – Transformer
पृथक्कृत – Differentiated
प्रकार – Types
प्रक्षेपण – Projection
प्रगति – Progression
प्रज्ञा – Wisdom
प्रतिगति – Regression
प्रतीक – Symbol
प्रत्यय – Idea
प्रत्यय-ग्रंथि – Complex of Idea
बहिर्मुखता – Extraversion
बहिर्मुखी – Extraverted
बिम्ब – Image
भाव – Affect
भावना – Feeling

मनोविश्लेषण – Psycho-analysis
मनोवैज्ञानिक काव्य – Psychological Poetry
महामाता – The Great Mother
मातृ-राज्य – Realm of Mother
माया – Anima
मुखौटा – Persona
लक्षण – Symptom
वत्सला – Loving Mother
विश्लेषणात्मक मनोविज्ञान – Analytical Psychology
वृत्ति – Instinct
व्यक्तिगत – Personal
व्यक्तिगत अचेतन – Personal Unconscious
वैयक्तिकता, व्यक्तिता – Individuality
व्यक्तित्व – Personality
संकल्पात्मक काव्य – Visionary Poetry
संवेग – Emotion
संवेदन – Sensation
समंजन – Adaptation
समाहित, आत्मीकरण – Assimilation
सहजानुभूति – Intution
सामग्री – Content
सामूहिक अचेतन – Collective Unconscious
साहचर्य – Association
स्वायत्तता – Autonomy
शिशुमनोविज्ञान – Child Psychology

परिशिष्ट – 3

नामानुक्रमणिका